农村祖辈

"替代父母" 隔代养育问题：

角色、支持与行动

吴永波　邓蓉 ◎ 著

中国纺织出版社有限公司

内 容 提 要

隔代养育是指照料与教育。造成隔代养育情况的大致有以下几种：父母进城打工，无法照顾孩子；单亲家庭，难以照顾；父母出国，不能照顾等。隔代养育有利于老年人的身心健康；祖辈的一些个性特点有利于孩子某些良好品质的形成；能够缓解家庭内部经济压力，利于家庭和社会的和谐。

图书在版编目（CIP）数据

农村祖辈"替代父母"隔代养育问题：角色、支持与行动 / 吴永波，邓蓉著 . -- 北京：中国纺织出版社有限公司，2021.7

ISBN 978-7-5180-8654-2

Ⅰ . ①农… Ⅱ . ①吴… ②邓… Ⅲ . ①农村—家庭教育—研究—中国 Ⅳ . ① G78

中国版本图书馆 CIP 数据核字（2021）第 121792 号

责任编辑：李凤琴　　责任校对：寇晨晨　　责任印制：储志伟

中国纺织出版社有限公司出版发行
地址：北京市朝阳区百子湾东里 A407 号楼　邮政编码：100124
销售电话：010—67004422　传真：010—87155801
http://www.c-textilep.com
中国纺织出版社天猫旗舰店
官方微博 http://weibo.com/2119887771
三河市宏盛印务有限公司印刷　各地新华书店经销
2021 年 10 月第 1 版第 1 次印刷
开本：710×1000　1/16　印张：16.5
字数：221 千字　定价：58.00 元

本书编写组

WRITING GROUP

主　　编：吴永波　　邓　蓉

编写组成员（以姓氏笔画为序）：

王　璐　邓　蓉　刘　竹　毕　瑜　吴永波

胡　慧　施曲海　游清富

目　　录

C O N T E N T S

第 一 章

相关基本概念及学术观点辨析

第一节　隔代养育家庭祖辈"替代父母"及社会支持内涵

一、隔代养育家庭现象与类型

社会学应用研究用来指代隔代养育现象所用的术语，则包括而不限于隔代养育、隔代抚育、隔代抚养、隔代教育等；用于指代这种家庭形式所用的术语则有隔代家庭、隔代家庭户[❶]（曾毅）、假三代家庭[❷]（郭志刚）等。

而隔代家庭形式术语之间的区别，也可从学界研究中追其脉络。其中，"隔代家庭"是由传统的家庭结构分类推出的，被归为主干家庭的一种，指的是由祖辈或外祖辈中的一方与孙子女组成[❸]的家庭，子辈完全缺席。隔代家庭户的提法，则来自曾毅等（1992）的论述，他们基于1982年[❹]第三次全国人口普查数据，认为中国的家庭结构可划分为一人户、一对夫妇户、核心家庭户、隔代家庭户、三代直系家庭户等。郭志刚（1995）则将隔代家庭称为"假三代家庭"，认为它是一种特殊的家庭形式，既执行代替二代户抚育下代的职能，又执行着三代

[❶] 曾毅. 中国人口分析 [M]. 北京：北京大学出版社, 2004.
[❷] 郭志刚. 中国人口发展与家庭户的变迁 [M]. 北京：中国人民大学出版社, 1995:109.
[❸] 孙丽燕. 20 世纪末中国家庭结构及其社会功能的变迁 [J]. 西北人口, 2004(5):13-16.
[❹] 曾毅, 李伟, 梁志武. 中国家庭结构的现状、区域差异及变动趋势 [J]. 中国人口科学, 1992(2):1-12.

户养老的职能。潘允康（2002）[1]则基于家庭代际层次和亲属关系的视角，提出核心家庭、主干家庭、联合家庭以及其他家庭四大类的家庭结构划分方式，特别地，他认为隔代家庭应归入其他家庭类型。

对隔代养育现象的定义也有多种说法。如韩云霞（2004）[2]将隔代教育定义为"祖辈家长对孙辈的看护和教育，一般是在三代家庭和隔代家庭中进行"。张光博主编之《社会学词典》[3]将隔代抚育定义为"二亲等关系中祖辈（或外祖辈）对孙子女（或外孙子女）的抚育"。也有学者把隔代抚育与隔代抚养（skip-generation raising）画上等号，认为隔代抚养"主要是指由爷爷奶奶或者外公外婆等上一辈老人来照顾孩子、教育孩子的抚养形式"。[4]综上可知，隔代养育现象术语之间主要是在"教导"和"养育"的侧重上有所区别，但"由祖辈对孙辈进行"这一主体要求是其核心要素。

也有不少学者对隔代养育进行分类。经典的分类方式有两种：按照教养风格和按照父母转让责任的程度。如按照教养风格来划分，常见的分法如：李赐平（2004）[5]提出的过分关注型、过分监督型、严厉惩罚型、民主理解型和温暖型；或卢乐珍（2004）[6]提出的守旧型、纵容型、身教型和民主型。若按照父母转让抚育责任的程度和祖辈承担责任的程度划分，则见郑杨（2008）[7]所分之四种类型：部分转让，较完善替代型；部分转让，局部替代型；全部转让，局部替代型；全部转让，较完善替代型。

二、农村祖辈"替代父母"界定 ☞

由上可知，不同隔代家庭中，子辈（"祖辈"指代老人一辈，以"子辈"

---

❶　潘允康.社会变迁中的家庭：家庭社会学 [M].天津：天津社会科学院出版社,2002.
❷　韩云霞.新型的隔代教育模式初探 [J].中国家庭教育,2004(3):19-24.
❸　张光博.社会学词典 [M].北京：人民出版社,1989:95.
❹　李亚妮.隔代抚养下的亲子关系分析 [J].学理论,2010(9):53-54.
❺　李赐平.当前隔代教育问题探析 [J].淮北煤炭师范学院学报：社会科学版,2004,25(4):137-139.
❻　卢乐珍.四种隔代教育类型的对比分析 [J].家庭教育,2004(10B):9-11.
❼　郑杨.对中国城乡家庭隔代抚育问题的探讨 [J].学术交流,2008(9):124-126.

指代缺席的成年人一辈，以"孙辈"指代被抚育的一辈，下同）缺席的程度有所不同，祖辈参与抚育孙辈的程度也很不同。为特别描述祖辈替代父母职能的现象，学界提出了"代理父母"或"替代父母"的概念。

在国外语境下，代理父母指的是祖辈取代子辈、成为孙辈的主要照料者和法定监护人。这种现象的成因，主要是社会问题和家庭严重失能，如父母离世，入狱，吸毒，患艾滋病，患精神病，未婚生子；婚姻破裂，家庭暴力，家庭内部性侵，贫穷；遗弃或虐待子女等因素。❶

而在国内语境中，代理父母这一概念涵盖的范围更广，指（外）祖辈直接承担起对孙辈日常起居、辅导学习、教育为人的责任；尽管祖辈并非孙辈的生父母，但实际上扮演着生养父母的角色、承担着生养父母的责任，故可认为代理父母这一概念是隔代教养的产物。❷最极端的情况是完全祖辈代理父母，这种情况多出现在农村家庭中，子辈因外出务工等原因完全缺席家庭，将孙辈全权交由祖辈。另一种是非完全代理父母，多出现在城市家庭中，即子辈虽然与孙辈共同居住，仅在上班期间不能照顾孙辈，便让祖辈代之。❸

总而言之，祖辈替代父母的程度不一、承担的义务内容各异，为进行尽可能广泛全面的考察，我们关注的是不必获得法定监护权、不必与孙辈长期共同居住、部分或全部代替子辈对孙辈进行抚养的情形。

三、社会支持资源系统

社会支持这一概念发源于国外心理学，后被社会学借鉴、广泛使用。国外学者索茨对社会支持的定义是："重要的他人如家庭成员、朋友、同事、亲属和邻居等为某个人所提供的帮助功能，这些功能典型地包括社会情感帮助、实

---

❶ 赵梅，邓世英，郑日昌，等．从祖父母到代理双亲：当代西方关于祖父母角色的研究综述 [J]．心理发展与教育，2004(4):94-96.
❷ 李妍．隔代教养问题的社会工作视角分析 [J]．井冈山学院学报,2008，7:121-122.
❸ 李梦圆．提升隔代抚养中祖辈幸福感的小组工作介入 [D]．吉林：长春工业大学,2017.

际帮助和信息帮助。"[1] 在国内社会学界，郑杭生（1996）[2] 提出的经典定义则是："各种社会形态对社会脆弱群体即社会生活有困难者所提供的无偿救助和服务。"陈成文与喻名峰（2000）则从社会学的角度，认为社会支持指的是一定社会网络利用一定的物质和精神手段，对社会弱势群体提供无偿帮助的选择性社会行为。[3] 但也有学者，如邱海雄，认为社会支持并非总是无偿帮助。他认为，社会支持既包括来自家庭内部的供养，也包括各类正式与非正式的协助和支援；社会支持一般而言是单向流动的，但在特定情况下，它也可以是一种社会交换。[4] 张义祯（2010）则主要从成员网络的角度，提出社会支持是一种系统，被支持者处于中心，与其有互动及帮助的个人、社会组织或政府机构等主体之间的互动活动构成网络，所有主体共同构成社会支持系统。[5]

具体来讲，社会支持可以分出资源系统和提供系统两个概念。资源系统指的是老年人具体的需求内容，涵盖生存和发展等各方面；它是其他子系统的基础要素。学界就如何划分老年人社会支持资源系统的问题基本达成一致，主要划分为三方面：经济资源、生活照料资源、精神资源。[6] 经济资源，即最基本的金钱、物质方面的支持；生活照料资源，即对老人日常活动、身体健康方面的支持；精神资源，即对老年人情绪、心理需求的支持。[7]

"何种社会支持由何种社会角色提供"则是提供系统这一概念要回应的问题。政府、社会组织、社区、家人、亲戚、朋友、邻居等，构成了老年人社会支持的主体，这些主体又可以被概括为正式和非正式两大支持系统。政府、社区、社会组织等应归入正式支持系统，正式支持提供者的特征是专业化、规范

---

[1] 马特·G.M.范德普尔.个人支持网概述 [J]. 国外社会科学,1994(7)：4.

[2] 郑杭生.转型中的中国社会和中国社会的转型：中国社会主义现代化进程的社会学研究 [M]. 北京：首都师范大学出版社，1996.

[3] 陈成文，喻名峰.论社会保障与社会支持 [J]. 长沙理工大学学报，2000(1):71-77.

[4] 兀琼杰.社会工作介入农村留守老人社会支持研究 [D]. 江西：井冈山大学,2017.

[5] 张义祯.农村老年妇女社会支持状况实证研究——以福建省为例 [J]. 中共福建省委党校学报，2010(8):71-78.

[6] 朱婷.我国老年人社会支持研究综述 [J]. 法制与社会，2010(19):192-193.

[7] 卫焕焕,李婷,姜月,等.我国老年人社会支持的研究进展 [J]. 护理研究,2016(10):1161-1162.

化、制度化，它们一般具有清晰的定位、特定的功能、固定的程序和正式的规则。亲人、朋友、邻居等则属于非正式支持主体，这一类主体提供支持全凭自愿，来源则主要基于血缘、地缘、情感❶。在具体划分上，社区和社会组织究竟属于正式支持还是非正式支持，在学界素有争论，但多数学者以其组织特征将其视为一种正式社会支持❷。

第二节　国内学术界关于隔代养育及其社会支持的见解

　　无论是隔代养育现象发生在国内还是国外，这种抚养模式都广泛地影响着家庭的生育、关系、劳动决策等行为。目前学界对中国隔代抚养现象的研究多聚焦在农村的隔代养育现象上面，并遵循着三个讨论路径进行探索：第一，关于隔代养育对象的影响研究。这一方面的研究主要集中在对由祖辈养育的农村留守儿童在心理、教育、行为等多方面与非留守儿童的差异。大部分的研究文献认为父母外出打工，由祖辈进行隔代养育，会造成留守儿童在教育方面学业表现不佳（段成荣、梁宏，2005；叶敬忠等，2006），在行为方面出现任性、内向、孤独、冷漠等性格，并且焦虑、抑郁、恐惧、易怒等不良心理问题的现象较为突出（蒋平，2005；李宝峰，2005；林宏，2003；叶仁荪等，2006）。第二，关于隔代养育与家庭之间的关系研究。这一方面的研究主要集中在隔代养育与家庭青年劳动力迁移决策、生育决策之间的关系研究。李超、罗润东通过对中国家庭追踪调查数据的分析，认为养老压力限制了家庭中劳动力的迁移行为，而隔代养育则促进了年轻劳动力的迁移，尤其是高中以下学历的农村劳动力家庭（李超、罗润东，2017）。周鹏等人则认为隔代养育可以促进女性生育二孩的决策（周鹏，2019）。第三，关于隔代养育承担者的影响研究。这一方面的研究主要集中在承担隔代养育的祖辈的心理健康情况。吴培材利用2013

---

❶　王云飞，高源．论农村社会结构变迁与农村留守家庭的社会支持 [J]．求实，2015(6):84-90.
❷　张友琴．老年人社会支持网的城乡比较研究——厦门市个案研究 [J]．社会学研究．2001(4).

年和 2015 年中国健康与养老追踪调查数据分析了隔代养育对农村老年人的身心健康的影响，他认为隔代养育通过增加中老年人的社会交际、锻炼次数与获得子女的经济支持的机会等路径，促进了农村中老年人的身心健康（吴培材，2018）。曲帅等人通过利用 2015 年中国综合社会调查数据分析了隔代养育中老年人的精神成本，他们认为老年人的身体健康、享受社会保障的强度、家庭收入状况以及子女数量会影响农村老年人进行隔代养育的精神成本（曲帅等，2019）。

综上所述，学术界对隔代养育的研究多集中在被抚养的孩童以及隔代养育的成因分析上，对隔代养育承担者的研究较少，且多集中在承担者的身心健康方面。对隔代养育承担者的特征，以及隔代养育的发展趋势也较少提及。然而，隔代养育对个人、家庭与社会的影响广泛，只有深入了解隔代养育的形成、内在机制和发展状况，才能更好地应对隔代养育带来的社会后果。因此，更好地了解隔代养育承担者的特征以及近年来的发展趋势至关重要。

一、农村祖辈隔代养育现象的人口统计学视角 ☞

国内学者已针对隔代养育做了大量研究，早期研究重心主要集中在隔代养育对孙辈成长的影响上，论调较为悲观，认为隔代养育会导致孙辈出现情绪问题、行为障碍、性格缺陷、人际交往障碍等[1]。后续研究逐渐将目光转向隔代养育中的祖辈一端，并形成了现状研究、成因研究、后果研究、社会支持研究几大模块。

不少学者直接基于人口普查数据，或建立模型进行估算，对我国农村隔代养育现状、隔代家庭数量、接受隔代养育的孙辈数量、进行隔代养育的祖辈数量及特点进行了人口统计学研究。

关于接受隔代养育的孙辈数量，并无可靠的全国性数据。周福林等（2014）使用 2000 年第五次人口普查数据与 2010 年第六次人口普查结构数据推算得出，2010 年全国有农村留守儿童 6102.55 万人，隔代监护和教育的现象比较普遍。

---

[1] 程翔宇. 近 5 年国内隔代教养对儿童社会适应性发展的影响的研究综述 [J]. 金田，2013(6): 355,343.

除此之外，各地的相关研究也得出相似结论。在一项以贵州省、浙江省某些山区的在校中小学生为对象的调研中发现，两省调查对象中的留守儿童占19.8%和20.1%，他们中有祖辈教养的各占56.5%和58.6%；在另外一项针对某所小学研究中指出，由祖辈的教养的学生比例为53.9%（李炎2003）。❶

关于隔代家庭数量，自21世纪初起，许多学者均警惕地注意到家庭规模的小型化、核心化与隔代家庭数量的上升。如王跃生以第五次全国人口普查数据为基础，通过比较第三、第四次人口普查数据，得出隔代直系家庭增长率最高的结论❷。赵静（2010）则基于对❸安徽省宋岗村与陈庙村两个行政村的调研，发现近十多年核心家庭比例有所下降，但仍居家庭结构类型之首，空巢家庭与隔代家庭则成为当前中国农村地区常态的家庭结构形式，并认为这是近十多年来中国农村家庭结构最显著的变化。杨菊华等人（2014）❹则回顾发现，1990年，祖辈与未婚孙子女同住，但父母不同住的家庭占全部家庭的0.7%（曾毅，2004），2000年隔代家庭约占全部家庭类型的1.9%，2005年隔代家庭约占全部家庭类型的2.9%。

黄国桂、杜鹏、陈功（2016）基于中国人民大学老年学研究所负责设计、由中国人民大学中国调查与数据中心负责实施的中国老年社会追踪调查（CLASS）2014年全国调查数据，混合城乡分析发现，中国老年人隔代照料的数量平均为0.52个，不提供隔代照料的老年人为26.71%；提供低强度隔代照料和高强度的隔代照料的老年人分别为55.72%和17.57%，每周至少一次照料孙子女的中国老年人占将近两成。❺

关于提供隔代抚养的祖辈特征，最直接的是年龄信息，郑杨（2008）提出，孩子的祖（外）父母的年龄主要集中在1940—1950年（即在2008年为58~68

---

❶ 郎佩. 行为主义理论介入隔代教养之效果研究 [D]. 陕西：西北大学,2015.
❷ 郑孔海娥. 二度母亲：社会转型期农村留守老年妇女抚育角色的变化——以湖北省浠水县L村为例 [J]. 华中农业大学学报：社会科学版,2012(3):66-72.
❸ 赵静. 当前中国农村家庭结构现状调查研究 [J]. 经济研究导刊,2010(3):42-43.
❹ 杨菊华,何炤华. 社会转型过程中家庭的变迁与延续 [J]. 人口研究,2014(2):36-51.
❺ 黄国桂,杜鹏,陈功. 隔代照料对于中国老年人健康的影响探析 [J]. 人口与发展,2016,22(6):93-100.

岁），出生年代跨越了解放前后人口无计划生育阶段；尤其是1950年以后新中国的第一次出生高峰期间，而寻求抚育帮助的子辈主要集中在1970~1985年之间（即在2008年为23~38岁）。对于其他人口学变量，李洪增（2004）❶较早地在上海市各区县进行了描述性研究：（1）幼儿的祖辈主要教养人年龄较大，但并非"年老体衰"，平均为53.91岁，但超过65岁的只有5.5%；（2）祖辈主要教养人中，祖父最高，祖母其次，外祖母第三，外祖父第四，男性多于女性；该项研究中"男性多于女性"的发现，在后续研究中很少得到验证。李超（2017）的研究也发现，养老抚幼责任主要由年长、女性和高中以下学历的劳动力承担❷。

笔者写作时，2020年第七次人口普查即将进行，未来的现状研究也应基于新的数据及时更新。

二、隔代养育问题形成的文化传统及家庭观念 ☞

国内对隔代抚养的成因研究，则可大致分为文化传统、经济社会变迁、家庭观念变迁几大方面；当然，这些因素也是相互联系和影响的。

在文化传统方面，"儿孙满堂""天伦之乐"是我国传统文化描绘的理想家庭图景❸，现实中祖辈对孙辈的疼爱甚至常常不亚于对子女的疼爱，形成有特色的"隔代亲"现象。这一传统也有其经济意义，学者认为，祖辈包揽家务、抚养孙辈才能让子辈最大限度的加入小农经济生产中，从而达到家庭的内部自给自足。总之，我国祖辈具有主动参与隔代抚养的文化传统。

然而，经济社会变迁也许是最重要的因素。具体而言，自改革开放以来，大批农村剩余劳动力涌向城市务工就业，与大家庭分离❹。由于城乡二元结构的限制，尤其在子女上学相关的户籍、学籍制度方面的受限，农民夫妻出外打

---

❶ 李洪曾.幼儿的祖辈主要教养人与隔代教育的研究 [J].学前教育研究，2005(6):28-30.
❷ 李超，罗润东.老龄化、隔代抚育与农村劳动力迁移——基于微观家庭决策视角的研究 [J].经济社会体制比较，2017(2):135-146.
❸ 张田，傅宏.隔代抚养关系中老年人的心理状态 [J].中国老年学杂志，2017,37(4):970-972.
❹ 王全胜.农村留守老人问题初探 [J].学习论坛，2007(1):73-75.

工时无法让子女跟随，只能请祖辈照料孙辈，学者认为这是隔代直系家庭猛增的主要原因。

随着经济社会变迁的是家庭观念的变迁，这也极大地影响了祖辈参与隔代抚养的程度和与子辈的关系。首先，长期分居本身就会导致外出务工者视野拓展，弱化家庭成员间的联系和父母对子女的掌控。其次，许多学者都认为，改革开放以来，养老育幼、相濡以沫的传统家庭观念日渐式微。例如李树茁、王欢（2016）指出，改革开放带来的市场化浪潮，使得经济理性以自我中心式的个人主义方式入侵家庭领域，家庭的核心价值理念——关爱与责任遭到侵蚀。王萍（2011）[❶]的研究则详细考察了男性外出务工人员的家庭角色认知，发现男性外出务工人员自认为只需负责为家庭提供经济保障，忽视了提供情感支持的角色义务，这自然会降低他们的家庭参与度、增加祖辈隔代抚养负担。就家庭养老与育幼的关系而言，唐灿（2005）研究发现[❷]，在计划生育背景下，家庭资源越发向作为独生子女的孙辈倾斜，祖辈被要求担负更多家庭责任（如抚育孙辈）、得到更少的赡养和照顾。更有部分子辈并非因为务工，而是因为育儿经验欠缺、贪图个人享受而将抚养责任甩给祖辈（张琦妍，李丹，2015）[❸]。

现有研究揭示，隔代抚养现象的成因是多层次而相互联系的：传统文化中固有的祖辈育孙习俗让祖辈不抗拒，甚至倾向于自发承担隔代抚养任务；经济社会变迁导致的子辈外出务工、不能承担抚养任务，是隔代抚养发生的主要的、直接的原因；经济社会变迁导致的家庭观念变迁，则将祖辈置于付出更多、得到更少的不利境地，这自然也包括要承担更重的隔代抚养责任。

三、隔代抚养对祖辈影响的变量及调节

已有的大量研究表明，隔代抚养对祖辈的影响由于多种因素的作用而呈现出不同的状况。可以将祖辈受到影响的方面分为生理健康、心理健康、人际关系、

---

❶ 王萍.男性角色失调下的农村留守家庭功能缺失现象——基于社会角色理论[J].改革与开放，2011(8):134-136.

❷ 唐灿.中国城乡社会家庭结构与功能的变迁[J].浙江学刊，2005(2):201-208.

❸ 张琦妍，李丹.国内外隔代抚养之痛与对策分析[J].外国中小学教育，2015(11):23-28.

经济状况几方面，人际关系又可以细分为与孙辈的关系、与子辈的关系、与配偶的关系、其他社会关系。

在生理健康方面，对留守老人的健康状况研究较多，可视为对农村隔代抚养祖辈的侧写（因其必为留守老人，但留守老人不一定承担了隔代抚养责任）。大多数学者认为，与非留守老人相比，留守老人的整体健康状况较差（贾亚娟 2011[1]；罗敏，姜倩，张菊英，2011[2]）。这是因为子辈缺席，祖辈必须独立承担日常生活、农作、隔代抚育等，身体负担自然加重。[3]然而 Guo（2008）[4] 等人也发现，承担抚养的中国祖父母们比不承担抚养责任的同年龄祖父母们有着更好的身体和心理健康状况，他们认为这是由于基于文化规范的家庭权威角色中对长辈的尊重和孝顺丰富充实了中国祖父母们的抚养角色。

在心理健康方面，研究又可分出对认知功能的影响和对情绪的影响两大模块。

所谓认知功能，指的是完成任务所需的信息处理能力，由多个认知域构成，包括定向力、注意、记忆、计算、分析、综合、理解、判断、结构能力、执行能力等[5]。学者主要围绕影响祖辈认知功能的因素进行了研究，例如葛国宏等（2012）[6] 的研究从孙辈依赖现象（即祖辈渴望孙辈黏着自己，以"除了我谁也带不好孩子"为荣）切入，以自编量表进行研究，发现农村及"农转非"老人孙辈依赖水平显著高于城市老人，且孙辈依赖水平与老年人认知功能负相关。宋璐等（2013）[7] 基于用进废退假设和女性作为照料者的社会规范，认为认知功能所受的影响与提供照料的强度、祖辈年龄、祖辈性别有关。相对于低强度

[1] 贾亚娟. 农村留守老年人口健康状况研究——以陕西农村为例 [J]. 农业考古, 2011,(3):204-206.
[2] 罗敏, 姜倩, 张菊英. 农村留守老人健康状况的影响因素研究 [J]. 四川大学学报 (医学版), 2011, 42(3):409-412.
[3] 吕颖. 对农村隔代家庭的探讨——关注留守老人健康和留守儿童教育 [J]. 改革与开放, 2012(4):141.
[4] GUO B, PICKARD J,HUANG J,A *Cultural Perspectiveonthe Health Outcomes of Caregiving Grandparents [J] Journal of Intergenerational Relationships,2008(5)*.
[5] 李舜伟. 认知功能障碍的诊断与治疗 [J]. 中国神经精神疾病杂志, 2006(2):189-191.
[6] 葛国宏, 陈传锋, 陈丽丽, 潘鑫, 岑爱飞, 丁轶男. 老年人孙辈依赖的现状、特点及其与心理健康的关系 [J]. 心理研究, 2012, 5(4):58-62.
[7] 宋璐, 李亮, 李树茁. 照料孙子女对农村老年人认知功能的影响 [J]. 社会学研究, 2013(6):215-237.

照料，高强度照料对祖父母认知功能的积极作用更大，但高强度照料的影响以祖父母的年龄和性别为条件；高强度照料对祖父而言认知功能衰退的保护性更强一些，且随祖父母年龄的增长，这种性别差异有进一步扩大的趋势。

在对情绪的影响方面，研究者关注的变量主要包括一般心理健康、生活满意度、抑郁、孤独等变量。

关于影响隔代抚养祖父母心理因素的变量，也有大量研究进行了分析。如张田（2017）[1]还基于前述描述性研究结果，对隔代抚养中影响祖辈心理状态的因素进行了分析，发现家庭关系的和谐、祖辈经济条件优渥、有配偶陪伴、不与子辈共同居住等，有利于祖辈心理健康；而家庭过度关注孙辈会对祖辈造成较大心理压力、忽略对祖辈的照顾，不利于祖辈心理健康。吴祁（2017）则研究了迁居城市进行隔代抚养的农村老人这一群体的生活满意度，发现"职业声望、身体健康状况、老家所属地区、子女是否常帮忙、子女是否提出给家用补贴、闲暇活动类型是否丰富、是否有谈得来的邻居或朋友、需回乡时能否成行"8 个变量与祖辈生活满意度正相关；[2] "最年幼孙辈所处阶段、与子女家庭是否常发生矛盾、家庭地位"3 个变量与祖辈生活满意度有负相关；关于隔代抚养如何影响老年人的孤独感，黄国桂（2016）等人基于中国老年社会追踪调查（CLASS）2014 年全国调查数据，发现隔代照料对老年人心理健康的影响主要是通过照料强度，而非待照料的孙辈数量；总体而言，隔代照料对老年人心理健康的影响是正面的，隔代照料强度高的老年人相对而言孤独感较低；在控制包括社会人口特征和代际支持在内的变量后，提供隔代照料的老年人感受到孤独的比例显著低于不提供照料的老年人。

特别地，由于外出务工的子女能为家庭带来额外的收入，关于子辈的经济补贴能否提升祖辈身心健康这一点，传统观点认为经济补贴可以解决祖辈的养老困难和生活开销，又是赡养和尊重的表现，能极大提升祖辈的幸福感（董欢枢，

---

[1]　张田，傅宏.隔代抚养关系中老年人心理状态的影响因素 [J]. 中国老年学杂志，2017,(20): 5169-5170.

[2]　吴祁.进城隔代抚养的祖辈生活满意度及其影响因素 [J].南通大学学报（社会科学版），2017 (5):79-86.

2018）[1]。但宋月萍（2014）[2]利用"中国流动人口问题研究"课题组在2009年搜集的外出务工子女和农村留守老人的配对数据，对留守老人健康状况和外出子女所提供经济支持和精神赡养的关系进行了分析，发现子女提供的经济支持对留守老人健康状况的影响并不明显。与经济赡养相对，外出务工子女与留守老人的联系频率，对促进农村留守老人的自评健康、缓解其忧郁孤独，甚至增进其身体机能上，都存在较为明显的正面影响。

隔代抚养对我国农村祖辈心理健康的影响绝非简单同向，而是受一系列因素的调节。

在人际关系方面，以祖辈为一端，可区分出祖辈与孙辈的关系、祖辈与子辈的关系、祖辈配偶的关系、祖辈的其他社会关系四方面的研究。

孔海娥（2012）的研究对隔代抚育中的特殊祖孙关系进行了描述，她认为由于子辈长期缺席，使祖辈再一次成为了孩子的母亲，即"二度母亲"。在其生命中再次承担照顾孩子的责任，倾注大量感情和精力；然而，祖辈也对如何管好孙辈感到迷茫，也因孙辈毕竟不是自己的孩子而有所顾忌。孙奎立、时涛、范立军（2013）[3]则对农村留守家庭的社会生态系统进行了微观、中观、宏观的分析，发现由于子辈缺席，孙辈和祖辈存在角色意义的理解困惑，由于诸多隔阂，孙辈的互动需求难以在家庭中满足，随即转向同龄群体、娱乐场所等。吴越（2017）则通过田野研究发现农村留守隔代家庭存在祖孙关系的恶性循环：祖辈往往只能做到保障孙辈温饱，不够了解，也难以把握孙辈的心理，教养难免简单粗暴或放任自流，导致孙辈拒绝与祖辈交流，而这又增加了祖辈的孤独感和焦虑感。[4]余盼、熊峰（2014）则通过访谈研究发现，祖辈与孙辈的关系会随孙辈年纪的增长由亲密依赖逐渐向疏远对立转变[5]。总而言之，隔代抚养

[1] 董欢枢.隔代养育对家庭关系的影响[J].商,2015(51):66.

[2] 宋月萍.精神赡养还是经济支持：外出务工子女养老行为对农村留守老人健康影响探析[J].人口与发展,2014,20(4):37-44.

[3] 孙奎立,时涛,范立军.农村隔代留守家庭社会生态系统与社会工作介入探析[J].社会福利(理论版),2013(3):22-24,59.

[4] 吴越.社会工作服务农村留守家庭隔代教养研究[D].江西：井冈山大学,2017.

[5] 余盼,熊峰.农村隔代教育中祖辈角色适应分析[J].湖北经济学院学报(人文社会科学版),2014(5):7-8,11.

中的祖孙关系呈现出"貌合神离"的特点：祖辈为孙辈提供高强度的物质照料，但双方心理距离疏远，祖辈缺乏管教孙辈、与孙辈修复关系的技巧。

徐盼盼（2016）在重庆市彭水县进行的访谈研究揭示了农村隔代抚养关系中祖辈与子辈的矛盾内容❶，发现祖辈和子辈围绕以下方面矛盾高发：（1）家庭费用分担的矛盾和冲突：孙辈花钱不节制，祖辈艰难补贴也不愿多向子辈要钱；（2）围绕孙辈教育，子辈平日不管不问，祖辈缺乏管教方式，双方相互指责；（3）日常生活习惯冲突，表现为子辈渐渐习惯的城市生活方式与祖辈农村生活方式的冲突；（4）赡养问题冲突，即子辈嫌弃失去劳动力的祖辈，相互推诿责任，提供经济帮助但日常照料极其缺乏，更关注孙辈，而对祖辈淡漠等。孔海娥（2012）的田野研究表明，由于家庭观念的变迁和子辈长期缺席的现状，祖辈也对子辈未来能否以赡养感到担忧和无望。陈锋（2014）❷则用"代际剥削"一词来描述第二代农民工与其父辈的关系，指出，子辈进行代际剥削的基本路径，是通过婚姻市场要价，倒逼父辈付出资源供自己的小家庭结婚、买房、立足于城镇，并依托父辈的隔代抚养和其他后续资助完成人口和生产的再生产；但祖辈"续后"的家庭信仰，使得他们仍然恪守责任伦理，承担包括隔代抚养在内的义务，却不能获得成比例的赡养。不过，隔代抚养并非对祖辈和子辈的关系带来全然负面的影响，也有学者（如李全棉，2004）❸观察到，子辈缺席会导致婆媳接触减少，子辈夫妻年底回来一般只待半个月左右，婆婆把媳妇当成从城里来的"客人"，有的甚至"相敬如宾"，传统的婆媳矛盾大幅缓和。

由于传统性别规范中女性更多承担照料责任，故祖辈与子辈的关系中，存在祖辈性别效应。宋璐（2015）❹的研究表明，照料孙子女与高水平代际矛盾相关，且高强度照料的影响更为明显。由于照料角色的性别差异，低强度照料和高强度照料都与男性祖辈的高水平矛盾相关，而低强度照料对女性祖辈没

❶ 徐盼盼.重庆市农村隔代抚养家庭代际冲突研究 [J].法制与社会,2016(4):188-189.

❷ 陈锋.农村"代际剥削"的路径与机制 [J].华南农业大学学报 (社会科学版),2014(2):54-63.

❸ 李全棉.农村劳动力外流背景下"隔代家庭"初探——基于江西省波阳县的实地调查 [J].人口与发展,2004(6):31-36.

❹ 宋璐,李亮,李树茁.老年人照料孙子女对农村家庭代际矛盾的影响研究 [J].心理科学,2016(5):1137-1143.

有显著影响。女性子辈与祖辈的代际矛盾水平低于男性子辈，且向女性子辈提供低强度隔代照料显著降低与男性祖辈的代际矛盾。

子辈性别效应也是不少学者关切的话题，宋璐（2018）[1]认为理性的祖父母进行隔代抚养并非关注孙子女，而是选择最受目标子女重视的投资形式，换取未来赡养；并且为了确保被选择的子女清楚明白自己被选择承担养老责任，理性祖父母在投资强度上也会注意差别化，多照料孙子女、少照料外孙子女即为具体表现。

总而言之，祖辈与子辈的关系表现出利益交换与无偿付出并存、期望与失望同在、祖辈付出多而子辈回馈少的特点。

在祖辈与配偶的关系方面，张琦妍提出隔代抚养会对祖辈的婚姻质量产生消极影响，因双方都将精力投入在孙辈身上，争吵事端增加，维护婚姻质量的精力减少。张静（2018）[2]则提出，很多家庭都无力负担全家同住的房子，常见的情况是（外）祖母在子女家长期居住，帮助照顾孙子女，（外）祖父则独居在自己家里，长此以往必然会严重影响祖辈的婚姻质量。

在其他社会关系方面，研究发现的总体趋势是隔代抚养会挤占祖辈进行社交、参与社会活动的时间。梅鹏超（2014）调研昆明祖辈监护人需求时，发现祖辈在照顾孩子的过程中，既放弃了自己原有的工作，还减少了参加社交娱乐活动的时间和机会[3]。张云熙（2015）在调研云南藏区农村老年协会组织时，发现当地老人一度也陷入各自孤立的局面，但老年协会通过组织藏族宗教仪式、文娱活动、调解家庭矛盾等活动，有效满足了老年人的社交需求。

但总体而言，国内针对隔代抚养对农村祖父母夫妻关系、其他社会关系之影响的研究大多只进行了理论推理，实证研究还很缺乏[4]。

---

[1] 宋璐,冯雪.隔代抚养:以祖父母为视角的分析框架[J].陕西师范大学学报:哲学社会科学版,2018(1):83-89.
[2] 张静.祖辈分析视角下隔代抚养的不利影响及对策研究[J].法制与社会,2018(12):132-133.
[3] 梅鹏超.留守家庭隔代教养问题的社会工作探索——以昆明市Q社区为例[D].云南:云南大学,2014.
[4] 张云熙.农村老年人社会支持网的再造和延伸:云南藏区农村老年协会[J].改革与开放,2015(6):63-65.

如前所述，以往的研究显示，子女外出务工对老人的经济供养增加显著，如杜鹏（2004）[1]、孙娟娟（2006）[2]等学者提出，在传统儒家孝悌思想的大背景下，隔代养育既能弥补家庭照料等方面的缺位又能让祖辈从外流的子女手中得到经济补偿，有利于提高老人的生活质量；即使在特定家庭之内子辈一时无法赡养祖辈，也会因为参与了城市经济建设、通过宏观再分配、最终有利于建设社会养老制度而反哺祖辈。

但近来大量研究表明，子辈外出务工给祖辈带来的经济支持非常有限，且会被隔代抚养支出抵消相当大的部分。苏锦英、王子伟（2009）[3]对比留守老人与非留守老人的状况，发现二者的经济来源构成非常相似，均为来自配偶或自己的占50%左右、来自子女的占45%左右，这就否定了"子女外出务工会增加对留守老人潜在的经济支持"的假设。叶敬忠、贺聪志（2009）[4]则发现，八成左右的留守老人还需要自养，方式是从事农业生产或其他副业；外出务工子女尽管收入提高，供养老人的实际水平却普遍非常低；少数子女外出后反而减少了对留守老人供给的经济资源，甚至出现"赡养脱离"现象；有些留守老人则由于监护孙辈，经济负担反而加重，呈现出代际经济的逆向流动模式。贺聪志、叶敬忠（2010）[5]还指出，留守老人与子辈的关系其实是一种互惠交换关系，老人以隔代抚养交换经济赡养，但当老人因年老力衰、自身劳动负担过重等原因，难以进行大体对等的交换，也真正陷入需要帮助的困境时，家庭成员对老人的赡养意愿却会下降。宋月萍等人（2014）则进行定量研究发现，农村留守老人承担的隔代照料任务，事实上将很大一部分来自外出子女的经济资助用于替其看管留守子女，每年需要为这些留守儿童支出3653元，占子女给予

---

[1] 杜鹏,丁志宏,李全棉,等.农村子女外出务工对留守老人的影响 [J].人口研究,2004,28(6):44-52.

[2] 孙鹃娟.劳动力迁移过程中的农村留守老人照料问题研究 [J].人口学刊,2006(4):16-20.

[3] 苏锦英,王子伟.A Survey on the Current Situation of Rural Left-behind Old People 农村地区留守老人基本状况调查 [J].医学与社会,2009,22(2):11-13.

[4] 叶敬忠,贺聪志.农村劳动力外出务工对留守老人经济供养的影响研究 [J].人口研究,2009,33(4):44-53.

[5] 贺聪志,叶敬忠.农村劳动力外出务工对留守老人生活照料的影响研究 [J].农业经济问题,2010,(3):46-53.

钱物的 82.7%。

　　总而言之，祖辈承担隔代抚养、可从子辈处得到大量经济支持的传统观点，已被大量研究否定，当前学界的共识是：隔代抚养为祖辈带来的经济收益很小，几乎被成本抵消，极端情况下祖辈还需"倒贴钱"。我国农村隔代抚养祖辈的经济状况不容乐观。

四、社会支持的影响

　　对农村隔代抚养祖辈社会支持的现状研究，可分为资源系统和提供系统两大部分。除此之外，学界也对社会支持状况对农村祖辈有何影响进行了大量研究。

　　学界普遍同意资源系统可划分为经济资源、生活照料资源、情感／精神资源三大部分。经济支持，即最基本的金钱、物质方面的支持；生活照料资源，即对老人日常活动、身体健康方面的支持；精神资源，即对老年人情绪、心理需求的支持[1]。

　　如前所述，承担隔代抚养任务的祖辈从子辈处得到的经济支持相当有限，且大部分又花费到隔代抚养中，许多祖辈还需要自己劳作、补贴花销。因此，农村祖辈的经济资源现状不容乐观。除此之外，张友琴（2001）[2]通过对厦门市城乡老人社会支持网的比较研究发现，农村老人的经济资源结构单一、来源脆弱；具体而言，城市老年人的经济支持网主体多样，且以正式经济支持为主，但农村老年人的经济支持网中没有离退休金这一部分，制度性的正式支持所占比重极小（4.4%），家庭是他们最主要的支持来源。

　　由于大量子辈外出务工、常年与祖辈分离，农村同住者多为"老弱病残"，我国农村祖辈得到的生活照料资源也很有限；承担隔代抚养任务，则会进一步加剧生活照料资源的缺口。例如李强（2001）[3]对外出农民工汇款情况的调查

[1] 卫焕焕，李婷，姜月，康丽娜，谢姣.我国老年人社会支持的研究进展[J].护理研究，2016，(10):1161-1162.

[2] 张友琴.老年人社会支持网的城乡比较研究——厦门市个案研究[J].社会学研究.2001(4).

[3] 李强.中国外出农民工及其汇款之研究[J].社会学研究，2001(4):67.

显示，成年子女与老年父母通常并不同住，难以直接提供健康和生活上的照料；同时，中青年劳动力大量外迁，留守老人必须亲自处理农活、家务、抚养孙辈的任务。贺聪志（2010）则发现，农村劳动力的大量外出减少了老人能够获得的照料资源，原本，照料责任多由外出女性子女承担，但现在留守老人（尤其是女性）和其他未外出子女不得不填补其空缺，变相加重了实际照料提供者的劳动负担。在生活照料供给缺乏的情况下，当前留守老人普遍缺少日常生活照料和扶助，疾病照料缺失问题尤其严重，同时安全上也存在很大隐患。

对于精神资源，研究总体发现，精神赡养、心灵沟通对于农村祖辈来讲还较为奢侈。王传华（2001）[1] 指出，与城市相比，农村老人渴望但不苛求精神赡养，相当一部分老人是满足于温饱，而很少思考营养保健、娱乐活动等"进阶"需求。李全棉（2004）则着眼于祖辈从孙辈处得到的精神支持，发现祖孙共处虽然能在一定程度上缓解精神孤独，提升老人的人生价值，然而年幼的孙辈很难为老人的身体健康或者情绪健康提供实质性的照顾，成年子女一代又"远水难解近渴"，农村老人精神赡养处于匮乏状态。孙鹃娟（2006）则就农村老人孤独感进行了实证调查，数据表明，农村老人在子女外出之前，不孤独的比例超过80%，感到经常孤独和偶尔孤独的比例共计仅16.6%；但子女外出后，老人感到经常孤独和偶尔孤独的比例之和超过50%，不孤独的比例下降到49.2%。宋月萍（2014）则指出，外出务工子女，尤其是年轻一代外出务工人员与农村联系淡化，"孝道"精神式微。

综上所述，我国农村隔代抚养祖辈的社会支持来源的特点是：家庭占绝大部分，正式支持缺位。

正式支持的主体包括政府、基层社区组织、社会组织等。政府为农村祖辈提供社会支持，主要是通过宏观政策、制度、法律法规等途径。王云飞（2015）认为，国家权力不断向农村基层深入，对农村各项事务的影响力也越来越显著。与农村祖辈社会支持相关的法律法规、政策制度，包括而不限于家庭、养老、助残、扶贫、医疗等方面。

---

[1]　王传华.农村老人赡养问题不容忽视 [N].法制日报,2001-1-20.

    家庭政策是以家庭整体为目标对象的一系列政策，承载的功能包括而不限于加强家庭发展能力、替补家庭缺失的功能、提升家庭成员福利，是赡养老人、抚育儿童、夫妻关系等问题不可分割的背景，也是本领域学者讨论的重点。中国妇联于 2010 年发布的《中国和谐家庭建设状况问卷调查报告》显示，有超过一半（56.4%）的家庭认为国家现行的家庭支持政策力度不够；有 8.6% 的受访家庭自感"基本没有政策支持"，还有 20.3% 的被访者表示"不清楚哪些政策跟家庭有关"❶，这部分说明了我国家庭政策是缺位的、令民众缺乏实感的。总体而言，学界认为我国家庭政策由于历史原因存在鲜明的特点和较大的局限，不能适应家庭结构、经济社会剧变的现实，也提出了一些改进方向。胡湛与彭希哲(2012)❷鲜明地指出，单位制度被取消后，家庭承接起下沉的福利供给责任，不得不负担起原先单位所有的相当大部分福利功能；然而我国社会保障和社会福利制度却并未跟上，且并未以家庭为视角、考虑不同类型家庭的福利需求，而是大多以个人作为基本的政策客体或福利对象。吴帆（2012）认为，我国家庭政策具有如下局限：第一，缺乏专门以家庭为基本单位的一般性家庭政策；第二，政策碎片化；第三，政策操作性弱，不够具体；第四，政策过分注重事后救济；第五，家庭税收政策的再分配功能不足。李树茁（2016）则梳理了我国家庭政策的发展历史，总结出：自始以来即是高度重视家庭的国家，各项社会政策几乎都围绕家庭展开，呈现出"家庭主义"的特质，属于家庭主义阶段；中华人民共和国成立初期，为了集中全力促进社会大国家越过家庭，通过城市中的单位和农村的公社提供了多项家庭政策，属于去家庭化阶段；到改革开放、公社与单位瓦解后的摸索平衡阶段。在这样的家庭政策背景下，农村老人能得到的正式支持水平是可想而知的。

    近期的研究也敏锐地捕捉到家庭政策的良性探索与积极变迁。如韩央迪（2014）❸通过分析上海市近期政策，指出当前我国家庭政策有如下转变：（1）

❶ 吴帆.第二次人口转变背景下的中国家庭变迁及政策思考 [J].广东社会科学,2012(2):23-30.

❷ 胡湛,彭希哲.家庭变迁背景下的中国家庭政策 [J].人口研究, 2012(2):3-10.

❸ 韩央迪.转型期中国的家庭变迁与家庭政策重构——基于上海的观察与反思 [J].江淮论坛,2014,(6):136-141.

政策理念上从隐性家庭主义到显性家庭主义的转向,开始注重对家庭的支持;(2)政策对象上从家庭生育到家庭成员及整体的转变;(3)政策主体上从缺位到多元主体的共同介入,如上海有市妇联儿童和家庭工作部及一大批服务性社会组织;(4)在政策过程中从自上而下到自下而上的相对融合。然而一些重大缺陷仍然存在,例如:(1)家庭政策中国家立法缺位,使得政府在家庭政策中的不作为具有合法性;(2)政策视角中家庭的概念模糊不清,覆盖不全;(3)注重对特殊弱势成员的补救性照料,而忽视对家庭整体的嵌入性支持;(4)缺乏清晰的权威的公共统筹机构。

　　学界认为农村养老政策取得了一定成就,有利于提高老年人收入、减少贫困、减少老年人劳动供给,但还存在发展不平衡、绝对水平不高等问题。如黄俊辉、李放(2013)[1]采用因子分析和聚类分析方法,构建了农村养老保障政策绩效的综合指标体系,纳入养老保险、最低生活保障、养老服务、五保供养四个方面,对中国27个省域的农村养老保障政策绩效进行测度、排序和聚类分析。结果表明,中国农村养老保障政策绩效整体水平偏低,省域差异显著,但经济发展水平并非农村养老保障政策绩效的决定性因素;各省域养老救助、养老机构、养老保险等养老保障政策子系统发展极不均衡。张川川、John Giles、赵耀辉[2]等人(2015)采用中国健康与养老追踪调查数据,使用量化方法研究了新型农村社会养老保险对农村老年人收入、贫困、消费、主观福利和劳动供给的影响。结果表明,农村老年人的收入水平因"新农保"养老金收入而显著提高,贫困发生减少、主观福利提高,在更广的视域下,也在一定程度上有利于促进家庭消费、减少老年人劳动供给。除此之外,研究还发现"新农保"的政策影响存在异质性,健康状况较差的老年人受到的政策影响更显著。王旭光(2017)[3]采用定量方法,

---

[1] 黄俊辉,李放.农村养老保障政策的绩效考察——基于27个省域的宏观数据[J].人口学刊,2013(1):15-21.

[2] 张川川,John Giles,赵耀辉.新型农村社会养老保险政策效果评估——收入、贫困、消费、主观福利和劳动供给[J].经济学(季刊),2015(1):207-234.

[3] 王旭光.新型农村养老保险政策提升农民消费水平了吗——来自CFPS数据的实证研究[J].南方经济,2017(1):1-12.

研究"新农保"是否提高了农民的消费水平，发现在不考虑样本自选择情况下，新农保对于未满 60 岁的老人的消费、储蓄行为影响不显著，但能显著促进已满 60 岁、可以领取养老金的老人的消费，尽管在考虑样本自选择情况时该效应不明显。

对于来自基层社区组织的支持，许多研究发现农村老人从中得到的社会支持非常有限，这也与前述家庭政策的缺乏一脉相承，"家庭政策中国家立法缺位，使得政府在家庭政策中的不作为具有合法性"（韩央迪，2014）。例如，叶敬忠（2009）指出，大量外流的农村劳动力改变了维系传统养老秩序的结构性因素，使得家庭养老的传统难以为继，削弱了社区对老年人的支持功能，且国家没有提供正式的替代性资源来尽可能填补留守老人的丧失。孙鹃娟（2006）则发现，基层的社会照料网络，如农村基层组织、农村社区、志愿者等还很不完善。贺聪志（2010）则将村集体归入"缺位型照料供给者"，具体而言，农村社会化照料服务机构极度匮乏，集体经济基础薄弱，社会保障体系也较为简陋；由于社会福利资源有限，只能优先用于农村"五保户"、优抚对象和病残等特困户的最基本物质生活；农村敬老院和养老院是能够照料农村老年人的服务主体，但其数量稀少、难以覆盖广大需求，且往往限制入住主体资格，如敬老院仅限"五保户"；因此，农村社会化养老服务市场极小，即使子辈提供经济支持，祖辈也难以购买养老服务。张义桢（2010）在福建省农村调研也发现，尽管已有一些基层社区建设规划，但福建省农村社区建设试点村庄在全省村庄中所占比例仍然较低，而且试点时间尚短，可以预期在很长一段时间内，全省农村社区建设总体状况的落后状况不能得到改善。

来自社会组织的支持是近年来方兴未艾的趋势。例如，不少学者对非政府组织寄予厚望，但张义桢（2010）在福建调查发现，目前"老人会"等组织出现在不少村落，其本质是农村老年人服务性 NGO（非政府组织），在满足农村老年人休闲娱乐需求等方面，发挥了一定作用。但 "老人会"难以涵盖农村老人在健康、护理、求助、沟通等多方面的需求。当前我国 NGO（非政府组织）组织的发育发展状况并不乐观，这既有历史与传统的原因，也有 NGO（非政府组织）组织发展环境的限制，现有的 NGO（非政府组织）组织也未充分发挥功能。也有不少社会工作学者在探索小型干预项目，服务于农村隔代抚养老年人的育孙培训、精神慰藉、实际帮助等需求。如孙奎立等（2013）结合社会生态系统分析，提出社工介入隔代留守家庭应遵循如下原则：1）正确认识隔代留守家庭的形态特点，即中间一代的缺席；2）重点介入微观和中层社会生态；3）坚持"助人自助"的需求与增能导向；4）以整个家庭而非个人作为案主。兀琼杰（2016）在江西吉安，设计了争取恢复该村唯一进镇公交车运营、"共筑一个家"社区活动和组建支持小组的三个方案，探索农村留守老人社会工作模式。吴越（2017）则设计了"大手拉小手"隔代家庭成长互助小组，通过祖孙互助活动，纠正各自的负性自我认知，增进祖孙沟通、缓解祖孙矛盾。但也有学者并不看好社工在中国农村能发挥的作用，如王云飞（2015）认为，社会工作引入农村留守家庭的社会支持中，可能水土不服：农民的接受程度存疑、社会工作与农村社会环境能否契合、社工能否长期坚持在农村服务等，都亟待进一步检验。

非正式支持的主体，包括农村祖辈的家人（配偶、子女、其他亲属），邻居、朋友、同事等。

贺寨平（2006）[1]采用范德普尔的问卷[2]，对于非正式社会支持的提供者进行了经典的研究，结果发现：亲属是农村老人首要的非正式支持提供者，具体而言，儿子主要提供实际的物质支持，提供的支持种类也最多；女儿其次，主要提供的内容是疾病照料及家庭重大决定时的咨询、参考；配偶主要起到抚慰低落心情、陪伴外出的作用；兄弟姐妹与配偶类似，主要辅助调和家庭矛盾及共同娱乐；其他更远亲属的作用最小，主要是在一些日常琐事（如帮忙念信，暂借日用品等）上帮助老人；除亲属外，社交支持的主要提供者则是朋友，其次是邻居的支持，来自工作的人际关系提供的社交和情感支持则很少。学者认为这是因为农村没有能聚集许多人的职业，自然很少产生同事关系，故业缘关

---

[1]　贺寨平.农村老年人社会支持网：何种人提供何种支持[J].河海大学学报（哲学社会科学版），2006(3):9-12.

[2]　Van der Poel.Delineating personal support network[J].*SocialNetworks*,1993,15:49-70.

系在农村的重要性不显著。朱婷（2010）则发现，农村老人的经济资源首要来自自身的农业生产，其次来自子女提供；在日常照料资源方面，配偶是农村老人最重要的照顾者；在精神资源方面，亲属是农村老人最主要的陪伴者。张义祯（2010）调研福建农村的老年女性也发现，儿子是农村老年妇女的赡养责任的最重要的承担者，包括经济支持和遇到困难时求助的支持；子女数量或兄弟姐妹数量越多，则农村老年妇女获得的情感支持越强；对于"有心事时最先求助谁"，34.9%的老人首先选择与配偶说；20.1%的老人选择首先与女儿说；17.2%的老人选择首先与儿子说。张义祯认为，当前女性老人过度依赖非正式社会支持，这一客观现实状况不仅让她们的晚年生活不确定、无尊严，也给其家人带来沉重的负担。

学界已就社会支持对农村祖辈具有重要的正向影响达成共识。具体而言，社会支持水平高的农村祖辈，主观幸福感、生活满意度较高，孤独感较低，情绪问题较轻。

如贺寨平（2002）[1]年对农村老年人的社会支持网络建模，结果发现，老年人社会支持网的关系强度与老年人的生活满意度显著正相关，但对身体状况没有效应；网络资本质量中的经济收入水平这一变量对老年人的身心状况有明显的影响，但受教育程度和职业地位的效应不显著；网络资本（社会关系者有没有能力提供支持）的影响力，比关系强度的影响力更大。胡宓（2012）[2]着眼于建立纳入负性生活事件、社会支持、社会联系的农村老人情绪问题模型，发现农村老人的负性生活事件与社会关系对情绪问题的影响存在交互作用，高水平的负性生活事件刺激与低水平社会联系结合，将导致最大的患情绪问题的风险。韦艳、刘旭东、张艳平（2010）[3]利用 2009 年陕西省农村老年女性生活福利状况调查数据，定量分析了社会支持和农村老年女性孤独感之间的关系，

---

[1] 贺寨平. 社会经济地位, 社会支持网与农村老年人身心状况 [J]. 中国社会科学, 2002(3):135-148.

[2] 胡宓. 社会联系、社会支持与农村老年人情绪问题相关研究 [D]. 湖南：中南大学, 2012.

[3] 韦艳, 刘旭东, 张艳平. 社会支持对农村老年女性孤独感的影响研究 [J]. 人口学刊, 2010(4): 41-47.

结果发现，社会支持与农村老年女性孤独感显著负相关；因此，农村老年女性若想降低孤独感、增进身心健康，需拓广社会交往面、获取丰富的代际情感支持和周到的日常生活照料。

五、拓展中的学术视野

综上所述，国内对于农村祖辈进行隔代抚养的现状、影响和社会支持状况，已有了不少研究，取得了相当丰硕的成果，但在以下方面研究尚少，或还可改进：

一是急需更新人口学数据和政策法规梳理。近年来国内人口结构又有新变动，2020 年又将进行第七次全国人口普查；脱贫攻坚取得重大进展，东西部经济差距相对缩小，返乡就业创业成为新趋势，外出务工潮有所回流；国家对农村、养老等议题越发重视，政策、法规有了新内容、新导向。同时，人口统计数据和政策法规梳理作为进一步研究的基础，因此急需梳理人口、经济数据和政策法规的基础研究。当前有不少研究仍直接基于 2010 年以前学者的梳理成果，这很难反映当前现实，也很难形成有意义的学术讨论。

二是增强纵向追踪、多种信源方法。当前绝大多数实证研究均采用大样本横断自我报告方式，获得了丰富的描述性数据，揭示了隔代抚养一般状况，但研究方法也可以更进一步。例如进行追踪研究，探讨承担隔代抚育的年限对老年人的状态有何影响，同时排除自然老化的效应。又例如，大量使用自我报告数据，难以避免社会赞许效应、老年人不一定如实报告自己遭遇的困难；或者老人对自己的状态缺乏客观认识；因此不妨补充多种渠道的数据，例如他人评定、客观测试数据，等等。

三是研究群体的范围需进一步拓宽。当前我国农村隔代抚养老人的研究，很大程度上成了"我国农村子女外出务工所致隔代抚养"的老人研究。子辈因其他原因导致的隔代抚养，如服刑、吸毒、参军，或纯粹抛家弃子，鲜有研究。这些隔代抚养形式中，子辈对祖辈的经济支持、情感回馈、未来的赡养许诺，子辈和孙辈的亲子关系、祖孙相依为命的程度，很可能与外出务工的状况存在显著差异，因此当前的研究结论恐怕难以描述这些人群的处境，需要进一步研究。

除此之外，跨文化、跨地区的对比也是可以探索的学术蓝海，例如农村少数民族隔代抚养的祖辈鲜有研究，而他们的文化传统、家庭观念、社会经济地位也很可能与汉族农村老人有显著差异，非常值得探索。就算在汉族之内，东部与西部、南方与北方，不同文化亚区之间的隔代抚养状况有何差异，祖辈的心态、参与程度、社会支持又有何不同，也很值得研究。

四是加强对祖辈人际关系影响的实证研究。当前研究成果中，还可完善的是隔代抚养对农村祖辈人际关系的影响。当前国内针对农村隔代抚养祖辈夫妻关系和其他人际关系的论文多基于一般常理和理论推演，缺乏实证研究，而国外对隔代抚养祖辈的夫妻关系、社会关系已有大量成果。当前研究表明，配偶是农村老人的首要日常照料者和重要的心理依托，为促进农村老人的心理健康，也很有必要对其夫妻关系受隔代抚养的影响状况进行研究。

第三节　国外隔代抚养研究

隔代抚养（grandparenting或grandparent childcare），指由祖父母对孙子女进行抚养，根据祖父母参与抚养的程度不同，还可细分出由祖父母作为孙子女首要照料者、父母一代缺席的监护型隔代抚养（custodial grandparenting,这样只由祖孙两代组成的家庭叫作跨代家庭skipped generation household）[1]，和父母一代作为主要照料者、祖父母仅提供补充性照料的非监护型隔代抚养（noncustodial grandparenting,这样由三代人组成的家庭叫作多代家庭multigenerational household）。但需要强调的是，"监护"的指称并不意味着祖父母一定与被抚养的孙子女存在法律上的监护关系，而仅指他们是孙子女的首要照料者；这种照料可能是家庭内部非正式决定的结果，而不一定进行了赋予监护权的法律手续。

---

❶ Keene, J.R.(2010).Under one roof : *a review of research on intergenerational co-residence and multigenerational households in the united states. Sociology Compass,* 4(8) : 642-657.

国外对隔代抚养的研究始自20世纪50年代，当时由于经济发展，出生率和死亡率的比例变动，平均寿命增加，使得大部分人能活到成为祖父母的年纪，三代同堂首次成为普遍现象。早期研究对隔代抚养采取积极观点，认为大多数祖父母并不用承担太多责任，为孙子女的成长而骄傲[1]；20世纪60年代和70年代，研究者开始正视更多元的祖孙关系，涌现了一些解释角色差异的理论；20世纪80年代，该领域的两大研究重点是祖父母在隔代抚养中的满意度和隔代抚养与祖父母幸福感之关系的研究。[2]

近期国外隔代抚养对祖父母效应的研究，大致可分为以下几个领域：隔代抚养的人口学变量和成因；隔代抚养对祖父母的影响；政策与干预；跨文化和少数族群研究。笔者将对以下领域进行介绍，并试图为中国未来研究提出建议。

一、人口学变量与成因　☞

在国外，隔代抚养亦日趋普遍。2012年，美国7%的儿童与祖父母共居在多代家庭中，其中67%的家庭由祖父母担任一家之长；多于270万的祖父母不仅与孙子女同住，而且是他们的首要照料者[3]。2009年，澳大利亚有66万儿童被祖父母照料，显著多于诸如日间托管中心和课后托管的照料方式[4]。2005年，欧洲约50%的祖父母某种程度上参与了孙子女的抚育[5]。就人口变量而言，美国大多数监护型祖父母在65岁以下（72%），是祖母而非祖父来抚育（77%），

---

[1] Albrecht, R.(1954).The parental responsibilities of grandparents.*Marriage & Family Living*, 16(3), 201-204.

[2] Pruchno, R.A., & Johnson, K.W.(1996).Research on grandparenting: review of current studies and future needs.

[3] Sumo, Jen'nea, Wilbur, J.E., Julion, W., Buchholz, S., & Schoeny, M.(2017).Interventions to improve grandparent caregivers' mental and physical health: an integrative review. *Western Journal of Nursing Research*, 019394591770537.

[4] Jenkins,B.(2010).Grandparent childcare in Australia: a literature review.(report). Elder L.rev.

[5] Hank, K., & Buber, I.(2007).Grandparents caring for their grandchildren: findings from the 2004 survey of health, ageing, and retirement in europe. *Journal of Family Issues*, 30(1): 53-73.

并且处于已婚状态（54%）[1]。值得注意的特点在于性别：女性在大多数社会中都会作为抚养亲属(kin-keeper)进行社会活动[2]，因而比男性更可能和子女与孙子女情感亲密，也更可能成为年幼孙子女生活中的关键人物[3]。祖父母的性别可能会影响他们对角色重要性的主观感知。学者还发现，不论与孙子女接触的频率如何，祖母都比祖父能从隔代抚养角色中获得更多乐趣[4]。也有学者认为，考虑到传统的性别角色和女性作为抚养亲属的普遍性，研究多聚焦于祖母并不令人吃惊；但这却造成了对祖父母研究的女性化偏差，不利于理解祖父抚养。几乎没有文献侧重研究祖父的角色[5]。

另一个值得注意的特点是种族差异较大：在所有抚育孙子女的祖父母中，有51%是高加索裔白人，38%是非裔，13%是拉美裔；但就各种族而言，非裔美国人（4.3%）和拉美裔美国人（2.9%）比起高加索裔白人（1%）更可能养育孙子女[6]。2014年，有14%的非裔孙子女与祖父母同住，而在拉美裔中该比例为12%，在高加索裔中该比例为7%[7]。

除了监护型和非监护型的经典二分外，学者还将隔代抚养进一步细分类型，如根据祖父母与孙子女的关系紧密程度，将祖孙关系分为重大影响型、支持型、

[1] Auller-Thomson, E., & Minkler, M.(2000).The mental and physical health of grandmothers who are raising their grandchildren. *Journal of Mental Health and Aging*, 6, 311-323.

[2] Monserud, M.A..(2008).Intergenerational relationships and affectual solidarity between grandparents and young adults. *Journal of Marriage and Family*, 70(1): 182-195.

[3] Mills, T.L., Wakeman, M.A., & FEA, C.B.(2001).Adult grandchildren's perceptions of emotional closeness and consensus with their maternal and paternal grandparents. *Journal of Family Issues*, 22(4):427-455.

[4] Somary, K., & Strieker, G..(1998).Becoming a grandparent: a longitudinal study of expectations and early experiences as a function of sex and lineage.*The Gerontologist*, 38(1): 53-61.

[5] Mann, R..(2007).Out of the shadows: grandfatherhood, age and masculinities. *Journal of Aging Studies*, 21(4): 281-291.

[6] American Association of Retired Persons.(2003).Financial assistance for grandparent caregivers: TANF.AARP Webplace.Retrieved February 17, 2004, from http://www.aarp.org/confacts/money/tanf.html.

[7] Ellis, R.R., & Simmons, T.(2014).Coresident grandparents and their grandchildren: 2012. Retrieved from https://www.census.gov/content/dam/Census/library/ publications/2014/demo/p20-576.

被动型、权威导向型或疏离型❶；或者按照祖父母每周用于抚育孙子女的时间（即参与抚育的程度），将隔代抚育分为全时型（每周三十小时及以上），部分型（每周少于三十小时），零星型，和无常规抚育型❷。最后需要特别注意的是，有必要区分隔代抚养中的监护型和非监护型，虽然学界对前者的研究较多，但后者在实际生活中更为普遍。

　　学者认为，文化背景、社会经济因素和个体差异共同决定祖父母参与抚育的程度❸。

　　理论取向的学者基于经济学视角提出交换假说，认为家庭成员的互动类似于商品和服务的交换（这些商品和服务不一定是金钱的），是否提供协助取决于提供服务的价格和花费时间的机会成本；家庭成员通过将商品和服务的交换最优化，来达到互助、利己的效果。就隔代抚养而言，祖父母可能通过提供育儿服务，换取子女未来照料的承诺。这种经济学视角还认为，这种交换往往不是以成文的合同形式进行的，而是以文化习俗中的角色预期、孝道责任和互惠关系，隐晦地体现的❹。而实证取向的研究发现，在美国，祖父母成为孙子女主要照料者的原因主要是子女一代的缺席或失能：子女离婚、吸毒、被捕、失业、死亡，或者抛弃虐待孙子女❺。也有学者发现，经济危机时年轻人往往无力独自负担住房，就会倾向于回到父母家中，导致跨代家庭的出现❻。还有学者

❶ Cherlin, A.J., & Furstenberg, F.F.(1986).The new American grandparent: A place in the family, a life apart. *New York: Basic Books*.

❷ Vandell, D.L., McCartney, K., Owen, M.T., Booth, C., & Clarke-Stewart, A.(2003).Variations in child care by grandparents during the first three years. *Journal of Marriage and Family*, 65:375-381.

❸ Silverstein, M., Giarrusso, R., & Bengtson, V.(2003).Grandparents and grandchildren in family systems.A socio-developmental perspective.In V.Bengtson & A.Lowenstein (Eds.), *Global aging and challenges to families* (pp.75-102).New York: Aldine de Gruyter.

❹ Keene, J.R..(2010).Under one roof: a review of research on intergenerational coresidence and multigenerational households in the united states. *Sociology Compass*, 4(8):642-657.

❺ Hayslip, B., & Kaminski, P.(2005).Grandparents raising their grandchildren: A review of the literature and suggestions for practice.*The Gerontologist*, 45:262-269.

❻ Taylor, P., Kochhar, R., D'Vera Cohn Jeffrey, S., Passel Velasco, G., Motel, S., & Patten, E.(2011).Fighting poverty in a tough economy, Americans move in with their relatives. Washington, *DC: Pew Research Center Social & Demographic Trends*.

认为,颁布于1996年的个人责任与工作机会法案(personal responsibility and work opportunity act),要求未婚先孕的未成年妈妈必须与父母同住才能领取社会福利,以期鼓励这些未成年妈妈在成人监督下接受教育,客观上也导致了大量孙子女与祖父母同住的情况。[1]学者还发现,在幼儿之中隔代抚养而不是商业育儿服务尤为普遍,学者认为,这是因为隔代抚养对孩子和母亲来说都是更优选择:对孩子而言,许多人仍对远离生母的商业育儿心怀恐惧,认为这可能有害孩子的心理健康,而祖母是母爱的次优提供者[2];对母亲而言,隔代抚养可经家庭内部非正式协商安排,比起商业育儿服务,更灵活、更能满足幼儿母亲灵活的时间安排。[3]

理论取向的学者提出利他假说和社会常规与义务假说。[4]利他假说认为,即使没有明确可预期的回报,家人也会出于对彼此的关切和情谊相互支持,这会使得家庭面对外界挑战时更有韧性。社会常规与义务假说则认为,存在不成文的社会常规,规定家庭成员相互应怎样对待、以何等频率提供何种帮助。例如,非裔美国人隔代抚养率高,且比起高加索裔,更高比例的祖父母认为抚育孙子女是自己的责任,美国学者认为这应部分归因于非裔美国人的文化背景,在非裔群体中育儿被认为是整个家庭共同的责任,祖母也往往高度参与对孙子女的抚育;另外,由于奴隶制的历史原因,非裔美国人在社区和亲族内更团结[5],因此对他们而言包含祖父母的扩展家庭仍是支持的重要来源[6]。

然而,就某个具体的隔代抚养行为而言,很难清楚区分出其中交换、利他、

[1] Miranne, K.B., & Young, A.H.(2002).Teen mothers and welfare reform: Challenging the boundaries of risk. *Journal of Family and Economic Issues*, 23 : 361-379.

[2] Kuhlthau, K., & Mason, K.O..(1996).Market child care versus care by relatives: choices made by employed and nonemployed mothers. *Journal of Family Issues*, 17(4) : 561-578.

[3] Yi, F.Y..(1994).Piecing together child care with multiple arrangements: crazy quilt or preferred pattern for employed parents of preschool children. *Journal of Marriage and Family*, 56(3) : 669-680.

[4] Keene, J.R..(2010).Under one roof: a review of research on intergenerational coresidence and multigenerational households in the united states. *Sociology Compass*, 4(8) : 642-657.

[5] Scannapieco, M., & Jackson, S.(1996).Kinship care: The African American response to family preservation. *Social Work*, 41, 190-196.doi:10.1093/sw/41.2.190.

[6] Hall, J.C.(2007).Kinship ties: Attachment relationships that promote resilience in African American adult children of alcoholics.Advances in Social Work, 8, 130-140.Retrieved from http://journals.iupui.edu/index.php/advancesinsocialwork/article/view/136.

社会常模和义务的成分，以上理论也无法涵盖微观层面的个体差异，因此也有学者呼吁对理论保持谨慎、对复杂现实保持开放❶。

二、隔代抚养对祖父母的积极作用与消极影响

隔代抚养对祖父母的影响主要可分为生理类、社会经济类、心理类。

在生理方面，研究者发现，隔代抚养的祖父母比无需抚育孙子女的祖父母报告更多的糖尿病、高血压、失眠❷；以 20 年为时段观察，隔代抚养的祖父母健康状况更可能较差❸，更无力管理自己的病情、处方和服药❹。

在社会经济方面，祖父母抚育孙子女首先会导致更大的经济压力，包括住房拥挤、开销增加等，当子女一代失能时尤其如此❺。同时，一些祖母可能本还在工作年龄，却不得不为了照顾孙子女放弃全职工作、失去收入来源❻。监护型祖父母还可能面临不利的法律政策环境。就美国而言，首先，虽然存在对被收养孩子的经济援助（Temporary Assistance for Needy Families, TANF），但许多监护型祖父母往往是由于家庭危机进入抚育角色，事发突然，再加上援助项目宣传不足，导致许多监护型祖父母无力自行弄明白该福利体系并获取援助❼。

❶ Silverstein, M., Conroy, S.J., Wang, H., Giarrusso, R., & Bengtson, V.L..(2002).Reciprocity in parent-child relations over the adult life course.*The Journals of Gerontology Series* B: *Psychological Sciences and Social Sciences*, 57(1)：S3-S13.

❷ Minkler, M., & Fuller-Thomson, E.(1999).The health of grandparents raising grandchildren: Results of a national study.*American Journal of Public Health*, 93：1384-1389.

❸ Strawbridge, W.J., Wallhagen, M.I., Shema, S.J., & Kaplan, G.A.(1997).New burdens or more of the same? Comparing grandparent, spouse, and adult-child caregivers.*The Gerontologist*, 37: 505-510.

❹ Kolomer, & Stacey, R..(2009).Grandparent caregivers' health and management of prescription medication. *Journal of Intergenerational Relationships*, 7(2-3):243-258.

❺ Livingston, G.(2013).At grandmother's house we stay.Washington, DC: Pew Research Center Social & Demographic Trends.Retrieved from http://www.pewsocialtrends .org/2013/09/04/at-grandmothers-house-we-stay'.

❻ Musil, C.(2000).Health of grandmothers as caregivers: A 10-month followup. *Journal of Women and Aging*, 12：129-145.

❼ Letiecq, B.L., Bailey, S.J., & Porterfield, F..(2008)."we have no rights, we get no help"：the legal and policy dilemmas facing grandparent caregivers. *Journal of Family Issues*, 29(8)：

其次，尽管立法和司法更倾向于将父母无力照护的孩子交给亲属抚养，而不是交给无亲缘关系的收养家庭，但在发收养补贴时，这两类家庭被区别对待，亲属抚养家庭收到的补贴和服务都较少❶。再次，哪怕父母完全失能，许多监护型祖父母的抚育是家庭中的非正式安排，祖父母未尽法律手续、未取得法律承认的监护者地位，导致他们在安排孙子女医疗、教育等方面时缺乏法律权利，还时刻担心失职的子女要领回孩子，进退维谷、举步维艰❷。最后，许多祖父母自身贫病，但也不信任国家抚育系统，不愿将孙子女交出，也不愿联系支持机构获取服务❸。

在心理方面，早期研究对祖父母角色对老人的影响持乐观态度，认为祖父母不必承担太多责任，且从孙子女的成长中感到骄傲和满足❹。更近的研究开始正视祖父母的个体差异和真实压力。在积极方面，抚育孙子女可以增强老人的生活目标感、幸福感和家族传承感❺，让老人得以和孙子女建立亲密的关系❻。韩国研究者发现，隔代抚养的角色和参与程度会影响祖父母的幸福感，而抚育孙辈给祖父母带来的负担程度是中介变量，而孙辈的尊敬又会调节该中介效应❼。一项对有抑郁病史的祖父母的研究发现，尽管有抑郁病史的祖父母比普通祖父母报告更多压力，但双方报告的积极经历没有差别❽。而在认知能力方面，学

---

❶ Ehrle, J., & Geen, R.(2002).Kin and non-kin foster care: Findings from a national study. *Child and Youth Services Review*, 24(1/2):15-35.

❷ Bruce, E.A.(2004).A parent's rights under the Fourteenth Amendment: Does Kentucky's de facto custodian statute violate due process？ *Kentucky Law Journal*, 92, 529.

❸ Cox, C.B.(Ed.).(2000).To grandmother's house we go and stay: Perspective on custodial grandparents. *New York: Springer*.

❹ Albrecht, R.(1954).The parental responsibilities of grandparents. *Marriage & Family Living*, 16(3):201-204.

❺ Erhle, G.M., & Day, H.D.(1994).Adjustment and family functioning of grandmothers raising their grandchildren.*Contemporary Family Therapy*, 16:67-82.

❻ Giarrusso, R., Silverstein, M., & Feng, D.(2000).Psychological costs and benefits of raising grandchildren: Evidence from a national survey of grandparents.In C.Cox (Ed.), To grandmother's house we go and stay: Perspectives on custodial grandparents (pp.71-90). *New York: Springer*.

❼ Park, E.H..(2018).For grandparents' sake: the relationship between grandparenting involvement and psychological well-being. *Ageing International*(6): 1-24.

❽ Izquierdo, A., Miranda, J., Bromley, E., Sherbourne, C., Ryan, G., & Kennedy, D., et al.(2015).Grandparenting experiences among adults with a history of depression: a mixed-methods study.*General Hospital Psychiatry*, 37(2):185-191.

者发现，每周花一天时间照顾孙子女的祖父母，在加利福尼亚语言学习测试(California Verbal Learning Test,测试工作记忆)中表现最好,但每周照顾孙子女五天以上的祖父母分数较低，这意味着高强度的抚育对认知能力有消极预测关系。

在消极方面，监护型祖父母进入该角色，往往是由于子女一代的离婚、吸毒、监禁、失业或死亡，祖父母一方面为子女的遭遇悲伤痛心，也会感到被社会污名化和孤立、不能或不愿寻求帮助，而且会感到被抚育职责打乱个人发展目标、影响工作和婚姻[1]、占据社交时间[2]。隔代抚养祖父母也比不需抚育的祖父母报告更多的抑郁、焦虑[3]。就产生压力的原因而言，学者认为可分为三类：第一类是长时间照顾小孩子导致的一般压力；第二类源于祖父母内心的冲突，一方面他们也许在情感上不愿照顾孙子女，另一方面他们又认为自己应当为家庭奉献，于是哪怕子女并未强逼，他们也会感到被抚育功能困住，既烦恼又为这种烦恼内疚；第三类压力源于承担抚育职责后生活状态的变迁，若生活方式发生重大改变，压力也会出现。[4]

针对上述显得相互矛盾的结论，学者提出，至少在认知能力问题上，这可能是因为研究方法：大部分研究都集中在监护型祖父母中，他们高投入地参与到抚育孙辈中，但现实中仅提供补充照料的祖父母更普遍，他们的压力状况和心境截然不同；另外，监护型祖父母也往往受教育程度更低、经济和身体状况更差，这些背景因素本就与较差的认知功能相关，而非履行监护职责让其认知

[1] Musil, C., Schrader, S., & Mutikani, J.(2000).Social support stress and the special coping tasks of grandmother caregivers.In C.Cox (Ed.), To grandmother's house we go and stay: Perspectives on custodial grandparents (pp.56-70). *New York: Springer*.

[2] Park, H.H., & Greenberg, J.S.(2007).Parenting grandchildren.In J.Blackburn & C.Dulmus (Eds.), Handbook of gerontology: Evidence-based approaches to theory, practice, and policy (pp.397-425), *Hoboken, NJ: John Wiley*.

[3] Minkler, M., & Fuller-Thomson, E.(1999).The health of grandparents raising grandchildren: Results of a national study. *American Journal of Public Health*, 93, 1384-1389.

[4] Binks, Pricilla, Grandmothers Providing Childcare in South Australia: A Study by the Young Women's Christian Association of Adelaide (1989).

功能下降❶。但还缺乏对这两类祖父母的对比研究。

三、跨文化及少数族群研究特色 👉

对社会中少数族群的研究也是隔代抚养研究的一大分支。就美国而言，主要的少数族裔是非裔和拉美裔，研究通常围绕着导致少数族裔走向隔代抚育的社会经济困境与文化习俗展开，多采用与高加索裔白人对比研究的视角。研究者认为，理解少数族裔的文化，对真正理解他们的独特需求，进而提供对口帮助意义重大。除此之外，尽管绝大多数针对隔代抚养中祖父母状况的研究都来自美国，来自亚洲（韩国、日本）、智利、欧洲、澳大利亚等地的研究者，也针对本国现实开展了一系列研究，得出了与针对美国白人祖父母的研究不同的结论，如一项智利的纵向研究发现，控制心理健康基线水平等因素后，抚育孙子女两年后，每周照顾孙子女四小时及以上的祖父生活满意度提高、祖母抑郁风险降低❷。

如有学者对美国本土印第安裔的抑郁状况展开研究，发现尽管印第安人有抚育孙辈、尊重祖辈的文化传统，但现实中祖父母承担育儿责任却不是由于文化，而是由于子女一辈失能和缺位，他们也不愿把孙子女交付到国家收养系统中，于是不得不亲自抚育。这样，作为家庭拯救者的印第安裔祖父母比起高加索裔祖父母，报告了更差的社会经济状况、更大的育儿压力和更严重的抑郁程度❸。又如前述智利研究，虽然研究者的结论是越多花时间抚育孙子女，祖父母相关功能越好，但每周四小时的育儿投入仍然很低，可能只是因为还未达到导致损害性压力的拐点。因此，在解释少数族裔的隔代抚养问题时，不能一味向其文化传统逃避，而要横向对比针对相似人群的研究，注意考察研究方法和

❶ Arpino, B., & Bordone, V..(2014).Does grandparenting pay of？ the effect of child care on grandparents\" cognitive functioning. *Journal of Marriage and Family*, 76(2), 337-351.

❷ Grundy, E.M., Albala, C., Allen, E., Dangour, A.D., Elbourne, D., & Uauy, R(2012). Grandparenting and psychosocial health among older chileans: a longitudinal analysis. *Aging & Mental Health*, 16(8):1047-1057.

❸ Letiecq, B.L., Bailey, S.J., & Kurtz, M.A.(2008).Depression among rural native american and european american grandparents rearing their grandchildren. *Journal of Family Issues*, 29(3):334-356.

得出结论的过程，并看到文化传统和社会经济因素的综合作用。

四、多层次公共帮扶系统及综合性干预方法 ☞

　　国外学者发现，担当抚育职责的祖父母面临的重大问题之一是孤立无助，因此社会支持对他们而言至关重要。研究表明，更高的社会支持（包括实际支持和情感支持）与更高的自评健康水平、减轻了的亲职压力、减轻的抑郁、更高的角色满意度相关，其中来自亲属的支持作用最大[1]。基于此，国外学者设计了一些针对祖父母的试验性干预方案，并结合学术发现对政策制定者提出了一些建议。

　　美国现已存在针对隔代抚养的多层次的公共帮扶系统，主要布局在老年福利和儿童福利这两大板块下[2]。最主要的联邦性支持项目是成立于 2000 年的全国家庭照料者支持项目（National Family Caregiver Support Program, NFCSP），它赋予各州资助非正式照料者的权力，包括五种类型的支持服务：（1）信息服务；（2）获取服务的途径；（3）个体咨询，支持小组，和在健康、营养、理财、决策、问题解决方面针对抚育者的培训；（4）替代性育儿服务，让照料者能暂时休息；（5）其他补充服务。另一大联邦政策是 2003 年的《公平生活：帮扶儿童与少年的祖父母法案 Living Equitably: Grandparents Aiding Children and Youth Act, LEGACY）》。该法案主要解决祖父母或其他抚育儿童的亲属的住房问题。[3] 在医疗保险和经济补贴方面，则有补贴性保险收入（supplemental security income, SSI），针对 17 岁及以下儿童的社会保险，TANF，Medicaid，和儿童健康保险项目（Children's Health Insurance Program, CHIPS），等等。[4]

---

[1] Emick, M., & Hayslip, B.(1999).Custodial grandparenting: Stresses, coping skills, and relationships with grandchildren.International. *Journal of Aging and Human Development*, 48:35-62.

[2] Burnette, D., & Fei, S.(2013).A comparative review of grandparent care of children in the u.s.and china. *Ageing International*, 38(1):43-57.

[3] Smith, C.J., & Beitranm, A.(2003).The role of federal policies in supporting grandparents raising grandchildren families. *Journal of Intergenerational Relationships*, 1(2):5-20.

[4] Hayslip, B., & Kaminski, P.L.(2005).Grandparents raising their grandchildren: a review of the literature and suggestions for practice.*The Gerontologist*, 45(2):262-269.

但学者发现支持性政策的宣传工作严重欠缺，许多祖父母对之并不知情，2000 年 92% 的美国祖父母未得到任何社会保险福利帮助，85% 未得到任何公共扶助服务，因此社会福利工作人员应当更主动，有必要进一步加强宣传和普法工作[1]，如建立州内的家事导航系统（Kinship Navigator System），提供一站式宣传、热线、转介服务。其次，监护型祖父母缺乏处理孙子女教育医学事宜的法律地位，立法者应当考虑通过医疗同意法案（Medical consent laws）和教育同意法案（educational consent laws）[2]。再次，针对祖父母往往未进行法律手续、不是法律承认的正式监护者问题，学者建议采用事实监护的立法模式，如肯塔基州和印第安纳州法律已经规定，如果祖父母作为首要照料者和孙子女共居了一定时间（3 岁以下儿童需要半年，3 岁以上儿童需要一年），法律即承认祖父母为事实监护者，具有和父母一样的法律地位[3]。立法者也应当考虑放宽收养的要求，使得亲属照料者能更容易地满足收养家庭的要求，从而得到国家收养补贴。最后，考虑到许多祖父母贫病交加，学者建议国家建立育儿辅助项目和心理服务项目[4]。

学者基于社会学、心理学、法律知识，设计了一些试验性干预项目，较重要的包括跨学科案例管理模式（interdisciplinary case management）、支持小组、心理教育小组、认知行为训练或技能训练等。

跨学科案例管理模式，意味着联系不同领域的专业人士，集体为某家庭的个案提供评估、计划和改善。不同学者结合自己的学科背景，对健康祖父母计划的活动进行了改编，如营养学家向其中加入了营养教育和身体锻炼成分[5]。

[1] Dellmann-Jenkins, M., Blankemeyer, M., & Olesh, M.(2002).Adults in expanded grandparent roles: Considerations for practice, policy, and research. *Educational Gerontology*, 28:219-235.

[2] Generations United.(2005).Public policy agenda for the 109th Congress.Washington, DC: Author.Retrieved July 26, 2006, from http://ipath.gu.org/documents/AO/109th_PPA.

[3] Bruce, E.A.(2004).A parent's rights under the Fourteenth Amendment: Does Kentucky's de facto custodian statute violate due process? *Kentucky Law Journal*, 92, 529.

[4] Letiecq, B.L., Bailey, S.J., & Porterfield, F.(2008). "we have no rights, we get no help" : the legal and policy dilemmas facing grandparent caregivers. *Journal of Family Issues*, 29(8):995-1012.

[5] Kicklighter, J.R., Whitley, D.M., Kelley, S.J., Shipskie, S.M., Taube, J.L., & Berry, R.C.(2007). Grandparents raising grandchildren: A response to a nutrition and physical activity intervention. *Journal of the American Dietetic Association*, 107, :1210-1213.

在案例管理模式中,较有名的变体是由Whitley创立的健康祖父母计划(Project Healthy Grandparents)[1],其指导思想是,家庭面对压力时具有调适的韧性,因此应关注其积极资源，而非一味关注缺陷。该项目包括月度家访，小组活动，及法律咨询服务。家访通常由护士和社工进行，旨在评估健康状况、评估健康行为，进行保健教育。小组活动由社工带领，包括参加支持小组和接受育儿培训。另外，还有法律从业者（如由执业律师指导的法学院学生）为该家庭提供家事方面的法律建议。近期研究发现接受跨学科案例管理服务后，祖父母心理压力降低，家庭应对风险能力提高[2]。

支持小组则旨在提供社会支持，减轻社会隔离感，建立新的社会关系网络，或者教导祖父母如何更好地利用既有的社会资源。学者对残障孙子女的祖父母进行支持小组干预，发现三个月的干预期后，干预组的抑郁症状明显减少，抚育者角色掌控感和力量感加强[3]。另一项研究则发现，在情感支持、育儿和获取支持服务之中，报告在情感支持方面获益的祖父母最多，其次是育儿和法律与理财服务。[4]

心理教育小组则在营养、身体健康、压力管理、育儿和宗教信仰方面，对祖父母和孙子女进行教育。一项持续十二周的心理教育小组干预研究发现，该干预能减轻祖父母压力和抑郁，教会祖父母更适宜的育儿行为，让祖父母能在日常生活中运用习得的技巧应对问题[5]。另一项干预研究采取基于网络的小贴

---

[1] Whitley, D.M., White, K.R., Kelley, S.J., & Yorke, B.(1999).Strengths-based case management: the application to grandparents raising grandchildren. *Families in Society*, 80:110-119.

[2] Kelley, S.J., Whitley, D.M., & Sipe, T.A.(2007).Results of an interdisciplinary intervention to improve the psychosocial well-being and physical functioning of African American grandmothers raising grandchildren. *Journal of Intergenerational Relationships*, 5:45-64.

[3] McCallion, P., Janicki, M.P., & Kolomer, S.R.(2004).Controlled evaluation of support groups for grandparent caregivers of children with developmental disabilities and delays. *American Journal on Mental Retardation*, 109:352-361.

[4] Leder, S., Grinstead, L.N., & Torres, E.(2007).Grandparents raising grandchildren: Stressors, social support, and health outcomes. *Journal of Family Nursing*, 13, 333-352.

[5] Duquin, M., Mccrea, J., Fetterman, D., & Nash, S.(2004).A faith-based intergenerational health and wellness program for grandparents raising grandchildren. *Journal of Intergenerational Relationships*, 44:105-118.

士形式，向祖父母提供育儿和儿童发展知识，研究者发现干预之后祖父母对孙子女需要的回应程度提高，一些祖父母还希望获得法律和经济方面的建议，尽管研究者也承认这项干预存在语言壁垒局限（对非英语家庭来说不太友好），提供的内容也更偏向于幼儿，不太适用于青少年❶。

认知行为训练或技能训练则旨在教授祖父母用于应对抚育中的心理、社会挑战的实用技巧。如有学者开发出资源感知训练(resourcefulness training, RT）模式，在四周的项目中教授自助技巧和求助技巧，并进行一系列研究，发现干预组的自助技巧和求助技巧水平显著提高，压力抑郁水平显著降低❷。另一些干预研究则旨在提高祖父母对育儿技巧的自我效能感，如学者发明的KinCareTech项目，由两个模块的网络课程组成，教导祖父母提高育儿技巧。接受干预的祖父母表示，可以理解和操作这项干预所需的软件，在解读儿童问题行为、促进幼儿阅读技巧发展方面获益良多。❸还有学者设计了12到14次的小组学习课程体系，包含赋权（empowerment）、自尊、哀伤、沟通、处理问题行为、法律问题等内容。祖父母们报告在沟通、自尊、处理哀伤方面获益最多。❹

国外学者在回顾隔代抚养领域多年来的研究成果时，主要从以下方面对研究进行了反思，这对我国未来研究也有参考价值。

就干预研究而言，学者认为多数干预研究采用的模式都是单个干预组前测后测设计，缺乏对照组和严格的随机分配；样本量往往较小，有时小至十人左右，得出的结论可靠性存疑；在取样上，存在种族、性别、地理分布的偏差，许多研究基于方便取样和研究导向，选择居住在城市的非裔祖母作为被试，这

---

❶ Loree, A.M., Beliciu, D., & Ondersma, S.J.(2014).KinCareTech: Interactive, internet-based software to support kinship caregivers. *Journal of Family Social Work*, 17:154-161.

❷ Zauszniewski, J.A., Musil, C.M., Burant, C.J., & Au, T.(2014a).Resourcefulness training for grandmothers: Preliminary evidence of effectiveness. *Research in Nursing & Health*, 37:42-52.

❸ Loree, A.M., Beliciu, D., & Ondersma, S.J.(2014).KinCareTech: Interactive, internet-based software to support kinship caregivers. *Journal of Family Social Work*, 17, :154-161.

❹ Cox, C.(2014).Personal and community empowerment for grandparent caregivers. *Journal of Family Social Work*, 17:162-174.

导致其他少数族裔的失声，对祖父研究的严重缺乏，和对乡村居民的忽略。其次，也应当严格区分监护型祖父母和非监护型祖父母，这两个人群的需求和心理状况非常不同。最后，大量干预研究聚焦于提高祖父母的心理健康，未来研究需要研究祖父母的生理健康，如体育活动、营养水平和睡眠状况。❶

就描述性研究而言，学者认为当前研究可能存在取样偏差，因为许多调查对象均是社会帮扶项目参与者，他们可能与那些不愿或不能得到帮助的人群存在差异；对乡村、男性、少数族裔的研究也仍不足。其次，在大规模代表性抽样之外，为了研究小群体，也应当采用质性研究，以获得深入的研究成果。同样，在横断研究之外，也需要进行一些扎实的纵向追踪研究，以探究隔代抚养的长期作用机制。❷

第四节　当前我国农村隔代养育状况的认知及利弊分析

一、农村经济社会结构的变迁导致的隔代养育普遍化

20世纪90年代以来，中国步入了改革开放的高速发展时期。随着城市化、工业化进程的快速推进，中国经济与社会发生了巨大的变化。城市化、工业化对劳动力人口的内在需求，导致城乡社会之间的流动限制逐步放开，大量的农民进城务工。据中国统计局统计，2019年中国农民工人口达到2.9亿人，其中外出农民工人口达到1.7亿人。然而即使是城乡之间的流动限制放开，作为流动人口主力军的农民工，在面对城乡之间的户籍制度分割以及在此基础上的住房、医疗、教育、养老等社会生活各个方面的制度藩篱，农民工群体难以在城

---

❶ Sumo, Jen'nea, Wilbur, J.E., Julion, W., Buchholz, S., & Schoeny, M.(2017).Interventions to improve grandparent caregivers' mental and physical health: an integrative review. *Western Journal of Nursing Research*, 019394591770537.

❷ Hayslip, B., & Kaminski, P.L.(2005).Grandparents raising their grandchildren: a review of the literature and suggestions for practice.*The Gerontologist*, 45(2):262-269.

市完成其举家迁移的行为，只能成为候鸟式的流动大军。这种流动式的迁移行为最直接的后果就是农民工的家庭在空间上处于拆分的状态：家庭中的青壮年劳动力在城市务工，用以完成他的简单再生产并获得支持其家庭再生产需求的货币收入，家庭中的老人与幼儿在农村进行其家庭再生产的一切活动（沈原，2006；任焰、潘毅，2006；任焰、张莎莎，2015）。

留守儿童现象正是这种拆分式的家庭再生产模式的直接体现。2015年，中国农村留守儿童占农村儿童总数的35.6%❶。据中国民政部调查数据显示，2017年中国农村留守儿童有697万人，其中，四川、安徽、湖南、河南、江西、湖北、贵州7省的农村留守儿童总数占全国总数的69.7%❷。虽然近些年，一些农民工的个体流动方式转变为家庭迁移模式，但是，仍然存在占比庞大的留守儿童群体。这些留守儿童的抚养责任从父母落到了祖父母或者外祖父母的身上。

目前，隔代养育成为了农村留守儿童家庭抚育的主要特征。据中国民政部调查数据显示，96%的农村留守儿童由祖父母或者外祖父母照顾，仅4%的农村留守儿童由其他亲戚朋友监护❸。这种由祖父母或者外祖父母替代父母作为事实上的监护人，抚育孙子女或者外孙子女的养育模式，学术界称之为隔代养育。这种隔代养育模式不仅对农村留守儿童的成长产生了很大的影响，对隔代养育承担者——祖辈来说，其影响也十分深远。

英国人类学家弗思把家庭中的父亲、母亲、孩子作为基本的结构。费孝通在《生育制度》一书中曾经指出，夫妻建立婚姻关系的本质是建立家庭双系抚育制度，夫妇即父母，是孩子的抚育的承担者。夫妻关系与亲子关系形成了家庭的基本关系结构。从这个意义上来说，无论是国内还是国外，家庭中，夫妻

---

❶ 中国社工新闻网，中国留守儿童占农村儿童总体35.6%，http://www.swchina.org.cn/gyhd/28879.html.

❷ 中华人民共和国民政部，图表：2018年农村留守儿童数据，http://www.mca.gov.cn/article/gk/tjtb/201809/20180900010882.shtml.

❸ 中华人民共和国民政部，图表：2018年农村留守儿童数据，http://www.mca.gov.cn/article/gk/tjtb/201809/20180900010882.shtml.

即父母是抚育儿童的主要承担者。在传统的家庭结构中，祖辈在抚育孩童的角色上退出了。因此，隔代养育并不是一个新现象，也不是中国特有的现象。但是，祖辈进行隔代养育的原因却有着国别差异。

在国外，祖辈承担起孩童的养育责任较多地发生在家庭发生破裂或处于特殊情境的情况下，比如父母一方或者双方因为酗酒、精神问题、家庭暴力、吸食毒品、犯罪等情况，无法进行孩童养育（叶仁荪等，2006；Burnette et al., 2013；）。Cynthia Andrews Scarcella通过对美国孩童的亲属抚养现象的研究（由父母之外的亲属抚养孩童）发现，2002年美国抚养儿童的亲属中，祖父母占比约为6成（Cynthia Andrews Scarcella, 2003）。

在中国，隔代养育现象与经济社会的转型密不可分。费孝通从家庭关系的变迁研究中发现，传统家庭中，虽然祖辈也会作为家庭成员参与到抚育孩童的家庭活动中去，但直到工业化进程之后，祖辈这一家庭成员抚育孩童才真正发生了家庭中抚育责任的角色变化：作为家庭成员的祖辈在工业发展的背景下，承担了父母的责任，继续照料孙子女或者外孙子女（费孝通，2004）。在城市中，由于妇女走出私人领域，进入公共领域，成为劳动力市场中的一员，城市家庭中的孩童抚育责任则落在已经退休或者即将退休的祖辈身上。在农村，由于家庭中青壮年人口向城市迁移，留守在村中的孩童抚育责任就落在了同样留守在村庄的祖辈身上。

二、祖辈"替代父母"角色功能及其优劣之势

马克思主义哲学认为，事物具有两面性，事物总是以正反两面一起出现。在分析隔代教育这个特定事物时，我们既要看到其积极作用，又要仔细分析其负面影响，充分认识隔代教育所造成的影响更加有利于我们在具体操作时扬长避短。

农村老人在抚养和教育儿童上有一定的经验基础。在隔代教育的家庭中，老人作为已经有过养育子女经验的抚养者，相比于自身子女更具有养育孩子的经验。对儿童在成长过程中可能出现的问题有更为经验的处理方式，且由于自

身年龄较大，实践经验也更为丰富，可以在养育儿童的过程中更容易发现和解决问题，帮助其健康成长。一般来说，农村老人所抚养的孩子可以在生活照料和安全保障上更优于正常养育的孩子，且隔代教育的儿童在身体素质上更为优秀。

隔代养育能够在一定程度上解放父母的时间和精力。随着社会分工的逐渐明细，社会生活节奏和压力也日趋增加，大多数外出务工的父母既要负责挣钱又要教育孩子，在教育孩子和挣钱两个方面不能很好平衡，容易两边不讨好，隔代教育在一定程度上可以缓解父母当前的困境。农村老人可以将父母从教育孩子和挣钱的压力中解放，让父母能够更好地工作，为孩子提供更好的经济条件。

祖辈平和的心态有利于孩子的教育。父母承担着整个家庭的生活压力，当工作压力过重时容易将负面情绪带给孩子，造成不和谐的家庭环境，给孩子带来心理压力，对孩子的成长环境造成不利影响。相对于父母，老人所面临的压力更少，有着相对平和的心态，能够更加有耐心去教育和抚养孩子，加上老人自身心理在某种程度上与儿童类似，更容易与儿童相处，建立和谐融洽的关系，为他们实施正确的教育提供了非常轻松和谐的心理基础。

隔代养育还可以缓解家庭经济压力，有利于家庭和谐。对于农村家庭而言，相比于务农，父母选择外出务工，可以为家庭直接增加经济来源。此外，农村老人自身由于没有工作单位，基本上没有退休金，老人在隔代教育中父母为子女提供生活费，在一定程度上也补贴了老人的生活，且隔代教育可以拉近老人与儿童的距离，增加整个家庭的情感，更好地组建和谐有爱家庭❶。老人们在精神上得到很大慰藉，也有利于和谐家庭与和谐社会的建构❷。

老人的溺爱不利于儿童的成长。由于我国在一定时期处于城乡二元分野的现状之中，城乡差距较大，城市无论是在各方面都相比于农村更为优越，在农村老人年轻时生活的时代，农村条件更为艰苦。大部分老年人由于时代所限没有能够让自己的子女享受良好的生活条件，因此想把自己对子女的缺欠弥补到

---

❶ 薛静华,欧阳文珍.隔代养育利弊的心理学分析 [J].当代教育论坛(学科教育研究),2008(2):62-63.
❷ 齐红艳.隔代养育的家庭教育利弊分析 [J].儿童大世界(上半月),2017,000(4):20-22.

孙辈身上，从而产生"隔代亲"的现象。但农村老人的过度疼爱使得在教育孩子时往往采取娇惯、姑息和纵容❶。容易让孩子在认知、情感行为等方面出现偏差，影响孩子的身心健康。

老人的溺爱不利于儿童的正常社会化，容易造成儿童以自我为中心，任性、懒惰，且独立生活能力差，难以适应社会，甚至产生青少年犯罪。有数据显示，在中国农村有60%的青少年犯罪与隔代教育家庭有关，不少问题青少年就是由于父母外出务工，由祖辈抚养长大的。

压抑儿童的个性发展。农村老人的教育和抚养观念多是由自身经历和实践形成，并不一定是科学合理的，但老人教育观念形成的时代背景和社会环境与当前时代存在较大的差距，在教育孩子的时候多是陷入经验主义的困境，如果教育观念并不能适应当前时代的发展，在教育孩子过程中直接采取传统的教育方式，并不能帮助孩子健康成长❷。

隔代养育容易造成贫困代际传递。农村老人一般受教育程度不高，没有较为正确的教育观念，且由于老人年纪较高，且随着孩子的不断成长，特别是当孩子处于青春期时候，容易产生叛逆心理，加之祖辈的权威心理，跟孩子沟通交流少，难以对孩子产生约束。本身由于农村教育资源的短缺和周边环境的影响，孩子容易产生厌学心理，不愿意继续到学校接受教育，从而早早地进入社会，从事较为基础性的工作。在当今现代化的信息社会，没有接受良好的高等教育，仅仅靠从事劳动力密集型产业，想要实现自身阶层的向上流动几乎不可能。特别是在农村大部分贫困家庭，父母为改善家庭环境和为后代提供良好的教育环境而选择外出务工，期望子女能够通过教育走出父辈困境，实现"鲤鱼跃龙门"，但往往因为孩子缺乏父母的陪伴和隔代教育的不足，反而不利于子女成长，大部分人不能考上大学，甚至由于成绩较差不能考上高中，仅仅完成义务教育就不得不重复父辈的老路，造成贫困的代际传递。从全国来看，2020年是打赢脱贫攻坚的收官之年，要想从根本实现脱贫攻坚，教育是一项重中之重的事业，

❶ 周荣.浅析隔代教育在创建学习型家庭中的利与弊 [J].教师,2014,000(34):127-127.
❷ 旭东英,红西.当前隔代教育存在的问题、归因及对策 [J].西藏科技,2011,000(12):8-9.

隔代教育的负面影响不仅不利于全国脱贫攻坚战略完成，还对后续乡村振兴战略的实施造成难以估量的负面作用。

　　总的来说，隔代养育是我们当前社会转型发展期的一项特殊产物，且随着农村劳动力的外流呈现出不断扩大的趋势。虽然隔代教育在解放父辈生产力，传承传统文化，促进孩子在孩童时期的成长方面有一定的积极作用，但是由于父母陪伴的缺失、祖辈教育观念和教育能力的不足，无论从孩子自身的成长发展和家庭教育，还是社会发展方面都带来较为突出的负面影响。对比看来隔代教育的弊端更为突出。解决好农村留守儿童的隔代教育问题，既是对孩子健康成长的关心负责，又是为做好基础教育缩小城乡差距，高质量完成脱贫攻坚战，早日实现中华民族的伟大复兴夯实基础。

第二章

农村隔代养育"替代父母"角色及其身心影响实证研究

第一节 数据来源与变量测量说明

本实证研究数据来源于两个方面：一是笔者在全国范围内随机抽样调查的一手数据；二是利用北京大学中国社会科学调查中心（ISSS）实施收集的具有全国代表性的追踪调查数据和中山大学劳动力动态调查（CLDS）数据。现对数据和主要变量做一说明。

一、数据收集及变量说明

根据研究需要，本研究共组织 51 名访问员，采用问卷调查法和结构访谈法，于 2017 年 7—9 月赴农村进行入户调查，抽样考虑到地区差异和经济水平，调查范围涵盖东部、中部、西南片区，由于实际情况限制没有对西北地区进行抽样，最终发放问卷 1200 份，有效回收 1097 份，有效回收率 91%。

1. 调查样本构成

样本区域分布是：在北方主要调查河北、河南两省共 191 份；东部地区主要调查福建、江西、浙江三省共 233 份；西南地区主要调查重庆、四川、云南、贵州、四省共 491 份；中部地区主要调查湖南湖北两省共 182 份。具体的样本结构如下：

①替代父母的角色结构。本次调查中祖父占 25%，祖母占 44%，外祖父占14%，外祖母占 16%。基本符合我国农村隔代养育实际情况。

②替代父母的年龄结构。替代父母的平均年龄为 63 岁，其中 45 岁以下的青年人替代父母 3 人，占比 0.3%；中年人替代父母 362 人，占比 33.1%；年轻老人替代父母 647 人，占比 59.1%；老年人替代父母 83 人，占比 7.6%；另外 80 岁以上的高龄老人 30 人，占比 2.7%。结构合理，较好满足抽样要求（见表 1）。

表 1 样本结构

	频率	百分比	有效百分比	累积百分比
	祖父	275	25.1	25.2	25.2
	祖母	483	44.0	44.3	69.5
角色	外祖父	154	14.0	14.1	83.7
	外祖母	178	16.2	16.3	100.0
	合计	1090	99.4	100.0	
	青年人（<44 岁）	3	0.3	0.3	0.3
	中年人（45~59 岁）	362	33.0	33.1	33.3
年龄	年轻老人（60~74 岁）	647	59.0	59.1	92.4
	老老年人（75~89 岁）	83	7.6	7.6	100.0
	长寿老人（＞90 岁）	0.0	0.0	0.0	100.0
	合计	1095	99.8	100.0	
	小学及以下	693	63.2	64.0	64.0
	初中	286	26.1	26.4	90.4
文化程度	高中及中专	82	7.5	7.6	98.0
	大专及以上	22	2.0	2.0	100.0
	合计	1083	98.7	100.0	
	未婚	12	1.1	1.1	1.1
	已婚	858	78.2	78.4	79.5
	分居	21	1.9	1.9	81.4
婚姻状况	离异	19	1.7	1.7	83.1
	丧偶	182	16.6	16.6	99.7
	其他	3	0.3	0.3	100.0
	合计	1095	99.8	100.0	

③文化程度结构分布。抽样样本的文化程度结构分布，小学及以下的占64%，初中的占26.4%，高中及中专的占7.6%，大专及以上的占2%。样本文化程度结构符合实际情况，结构合理，有较好的代表性。

④婚姻状况结构。婚姻方面，已婚者占78.4%，丧偶者占16.6%，分居者占1.9%，离异者占1.7%，未婚者占1.1%，其中74.2%的祖辈是与配偶共同生活在一起共同抚养孙辈。结构分布符合整体情况，有较好的代表性。

2. 主要变量测量

笔者很关注隔代养育祖辈角色转换及其身心影响，因此笔者在问卷设计时，将角色转换界定为角色心理和角色行为的变化，其中角色心理变化指抚养孙辈前与抚养孙辈后内心感受的转换，包括希望照看孙辈的时长、抚养孙辈的心情与想法；角色行为主要指抚养孙辈的方法，包括教育方法、日常生活照料。

同时笔者将隔代养育对替代父母的身心影响限定在身体影响和心理影响，身体影响又分为积极身体影响、消极身体影响，其中积极影响包括身体健康、扩大人际交往圈，消极影响包括生病次数、生气、向其他人抱怨、睡眠不足、不能按时吃饭、家务活增多、劳累过度、感冒生病、减少劳作时间、减少休闲时间、增加日常开支。心理影响又分为积极心理影响、消极心理影响，其中积极影响包括变年轻、生活更有趣、很有成就感、很开心、很有满足感，消极影响包括：很不愉快、很不顺心、产生不再想照看孩子、打骂孩子的想法。

二、借用中国家庭追踪调查数据及变量说明

1. 中国家庭追踪调查（CCFPS）数据及变量

笔者还利用中国家庭追踪调查(China Family Panel Studies,CFPS)进行农村隔代养育承担者特征与发展现状的分析描述。中国家庭追踪调查数据是由北京大学中国社会科学调查中心（ISSS）实施收集的具有全国代表性的追踪调查数据，目前共有2010、2012、2014、2016、2018年五期调查数据。该数据旨在通过跟踪收集个体、家庭、社区三个层次的数据，反映中国社会、经济、人口、

教育和健康的变迁，重点关注中国居民的经济与非经济福利，以及包括经济活动、教育成果、家庭关系与家庭动态、人口迁移、健康等在内的诸多研究主题。

中国家庭追踪调查数据中，并没有定义隔代养育。笔者将以"由祖辈对孙辈进行养育"这一概念进行隔代养育的界定。在数据中，笔者将"过去6个月，您是否为子女料理家务或照看孩子"这个问题视为对祖辈是否进行隔代养育的测量，将"过去6个月，您有多经常为子女料理家务或照看小孩"这个问题视为祖辈进行隔代养育程度的测量。从隔代养育承担者的方面来直接测量隔代养育情况，是较为客观、科学的测量方法（周鹏，2020）。

2. 中国劳动力动态调查（CLDS）数据及变量说明

笔者使用了2012年的家庭数据，探究隔代养育对农村留守儿童学业的影响。该调查是由中山大学社会科学调查中心设计并实施的一项全国追踪调查，调查对象为中国城乡中的家庭、劳动力个体，调查内容聚焦于中国劳动力的现状与变迁，涵盖了教育、工作、迁移、健康、社会参与、经济活动、基层组织等众多议题，我们所需要的关于隔代养育的变量在该数据中均有涉及。

2012年中国劳动力动态调查家庭问卷中并没有直接定义隔代养育，但有多个问题可以对隔代养育进行判定。笔者通过"家庭同住类型""孩子父亲是否外出务工""孩子母亲是否外出务工"作为判断隔代养育的标准。

我们使用2018年中国家庭追踪调查数据分析隔代养育对老年人健康状况的影响。因变量为老年人的自评健康与他评健康。自评健康是老年人被访者对自身健康主观评价，他评健康是访问员对被访问老年人健康状况的主观评价。

第二节　农村隔代养育"替代父母"现状基础分析

正因为中国隔代养育承担者的特征散落在各类留守儿童的研究当中，且数据多为省一级的调查数据，难以准确把握隔代养育承担者的特征。因此，笔者利用近期的、具有全国代表性的数据对隔代养育现状与承担者的特征进行描述和分析。我们主要关注的是农村隔代养育现象，所以针对的是农村隔代养育的群体特征。

一、中国农村隔代养育覆盖面 ☞

按照隔代养育的测量标准，我们利用2012年、2016年、2018年中国家庭追踪调查数据进行了农村祖辈承担隔代养育责任的现状分析❶。具体的结果如表2所示。2012年、2016年、2018年我国60岁以上进行隔代养育的老年人比例分别为37.96%、37.92%、48.25%。

表2　中国农村隔代养育情况（2012—2018）

年份	是否隔代养育			
	是（频数）	比例（%）	否（频数）	比例（%）
2012	1653	37.96	2308	58.27
2016	1880	37.92	3040	61.79
2018	1952	48.25	2085	51.65

如图1所示，我国农村隔代养育情况，虽然在2016年有较小幅度的降低，但在2018年有了较大的增长。总的说来，我国农村隔代养育情况呈上升的发展趋势。

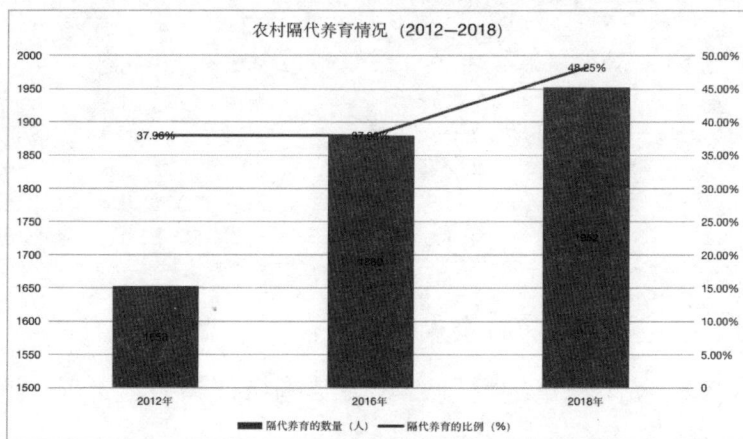

图1　中国农村隔代养育发展趋势（2012—2018）

---

❶ 2014年中国家庭追踪调查没有对老人帮助子女照看孩子进行调查，故而没有选择CFPS2014年的数据进行分析。

二、隔代养育的原因 ☞

根据表3数据，隔代养育的原因中，平均选择了2.45个原因，最高的是愿意帮助子女减轻负担，占比72.6%，其次是子女进城务工，占比62%，其实这两个原因很大程度上同源，合计是超过一半隔代养育家庭是因为外出务工分担子女抚养负担造成。表明经济高速发展，城乡收入差距明显，农村就业机会缺乏，大量青壮年劳动力不得不外出务工，迫于生计，祖辈被迫承担"替代父母"责任。在父母无暇顾及未成年子女成长的家庭中，由祖辈全面承担对孙辈的监护、照顾、抚养和教育责任的实际角色，随着城镇化进程加快、社会流动频繁、家庭结构改变的过程，是具有时代特点的趋势性、普遍性事实。

表3 中国农村隔代养育原因（单位：%）

隔代养育原因[a]	响应		个案百分比
	个案数	百分比	
子女身体残疾	31	1.2%	2.8%
子女犯罪	10	0.4%	0.9%
子女双亡	21	0.8%	1.9%
子女虐待孩子	7	0.3%	0.6%
子女执意不履行抚养权	23	0.9%	2.1%
子女离异或分居	145	5.4%	13.3%
子女进城务工	678	25.2%	62.0%
您喜欢孩子	404	15.0%	37.0%
您愿意帮助子女减轻负担	793	29.5%	72.6%
带孩子让我有成就感	211	7.9%	19.3%
让我与孙子的感情更亲近	337	12.5%	30.8%
其他	27	1.0%	2.5%
总计	2687	100.0%	245.8%

注 a 使用了值1对二分组进行制表。

三、农村隔代养育的性别、年龄结构特征与发展趋势 ☞

2016年中国家庭追踪调查数据显示，中国农村隔代养育的承担者（60岁以上）的平均年龄为66.4岁，且男性和女性的平均年龄相差无几。具体结果如表

4 所示: 60~65 岁的农村老年人成为农村隔代养育的主要承担者,占 53.08%;
66~70 岁的农村老年人占隔代养育承担者的26.39%;71~75 岁的农村老年人占
隔代养育承担者的13.12%;而81岁以上的高龄老人占隔代养育承担者的7.41%。
同时,不同年龄组老年人承担隔代养育的性别结构相差不大。总的来说,我国
农村隔代养育的承担者是(60 岁以上)以 60~70 岁老年人为主要的群体,且性
别结构比较均衡。

表 4　中国农村隔代养育承担者的性别、年龄构成(单位:%)

年龄组	女	男	全国
60~65 岁	28.98	24.11	53.08
66~70 岁	12.8	13.59	26.39
71~75 岁	6.93	6.18	13.12
76~80 岁	2.38	2.74	5.13
81~85 岁	0.93	0.77	1.7
86~90 岁	0.19	0.38	0.57
90 岁以上	0.0	0.011	0.011
合计	100	100	100
平均年龄	66.16	66.66	66.4
标准差	0.18	0.04	0.11

　　然而,2016 年中国家庭追踪调查的截面数据呈现出来的农村承担隔代养育的
老年人群体在性别结构上的差异不大的现象,仅仅是一个发展阶段,展现了农村
承担隔代养育的老年人群体在性别上的差异逐渐减小。如图 2 所示,2012—2018
年,农村隔代养育承担者的性别比例从 2012 年的 45 : 55,发展到 2016 年的
52 : 47,再到 2018 年的 50 : 49,呈现一个性别差异逐步缩小的发展态势。

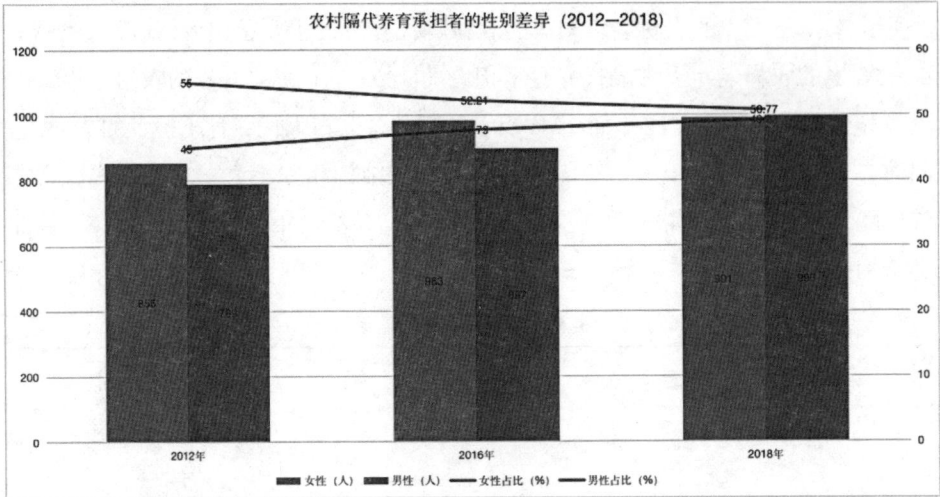

图 2 农村隔代养育承担者的性别差异

不仅如此，2012—2018 年，中国农村隔代养育承担者的年龄差异也呈现了两极分化，60~70 岁的老年人群体保持着增长的态势，而 70 岁以上的老年人所占比例基本上呈现下降趋势。 具体情况如图 3 所示。

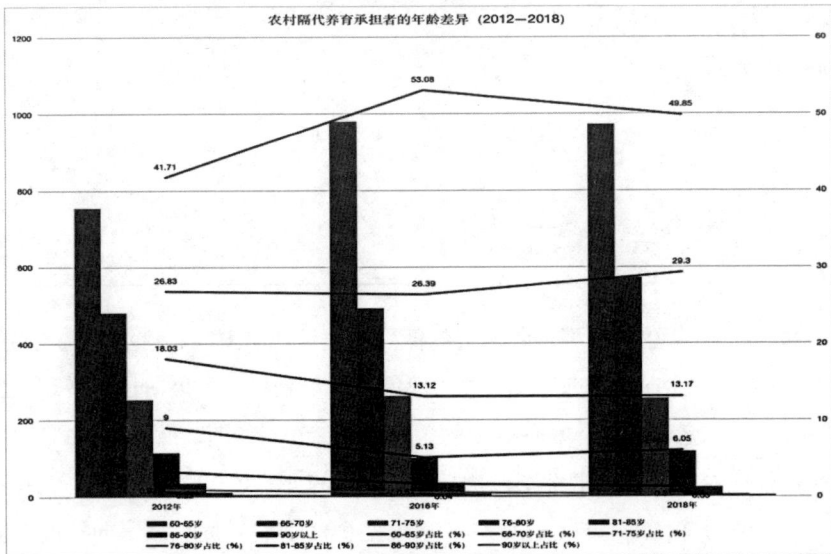

图 3 中国农村隔代养育承担者的年龄差异（2012—2018）

四、农村隔代养育的区域分布

中国农村隔代养育现象多分布在中、西地区。如图 4 所示，2012—2018 年，中国农村隔代养育现象不断向西部集中，尤其是 2016—2018 年间，西部地区老年人承担隔代养育的比例增加了约 9 个百分点，如今约三分之一的隔代养育现象出现在西部地区。2012—2018 年间，中国农村隔代养育的重点地区还是中部地区，虽然 2016—2018 年间，中部地区的隔代养育占比有所下降，但是仍然占据了 45% 的比例，成为农村隔代养育的主要阵地。东部地区的隔代养育现象发展缓慢，稍有上升。

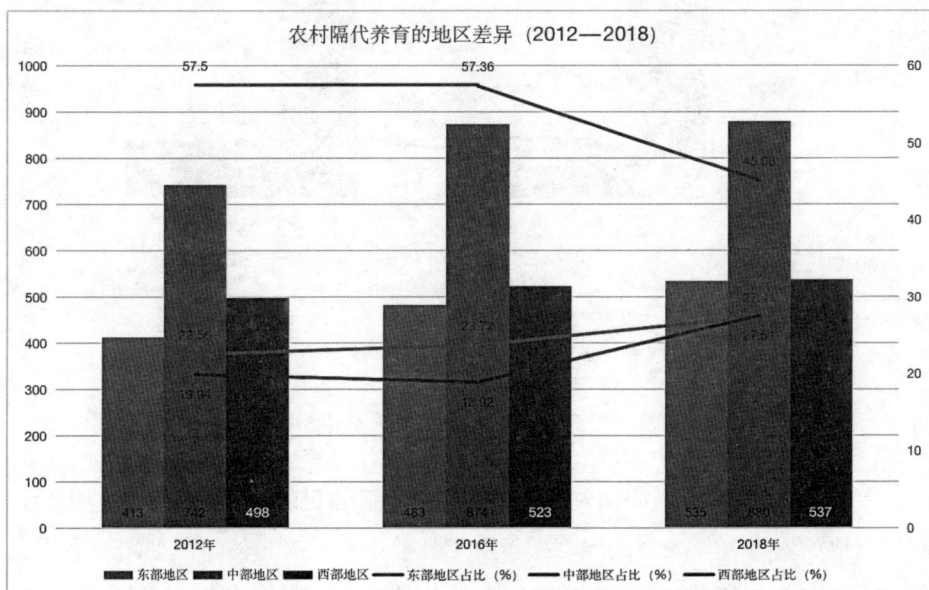

图 4　中国农村隔代养育的地区分布（2012—2018）

五、农村隔代养育承担者的参与深度

如果将农村老年人是否承担孙子女（外孙子女）作为农村老年人参与隔代养育的依据，那么农村老年人对孙子女（外孙子女）照料的付出则可以看作是

老年人承担隔代养育的参与深度。笔者将按照调查数据中"过去6个月，您有多经常为子女料理家务或照看小孩"作为界定依据，将回答"几乎每天"作为老年人每天进行隔代养育的判断标准；将回答"一周3~4天""一周1~2天"作为老年人经常进行隔代养育的判断标准；将回答"一月2~3天""一月1天""几个月一天"作为老年人偶尔进行隔代养育的判断标准。

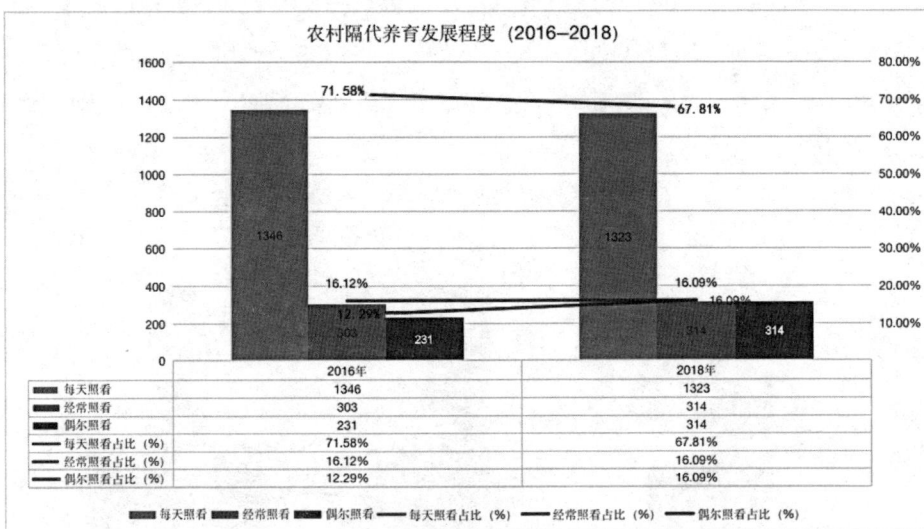

农村隔代养育发展程度（2016—2018）

	2016年	2018年
每天照看	1346	1323
经常照看	303	314
偶尔照看	231	314
每天照看占比（%）	71.58%	67.81%
经常照看占比（%）	16.12%	16.09%
偶尔照看占比（%）	12.29%	16.09%

图5 中国农村隔代养育承担者参与深度（2016—2018）

2016—2018年间，中国农村老年人参与隔代养育的深度向完全承担集中，超过六成的农村老年人每天照看孙子女（外孙子女）。具体情况如图5所示，在2016—2018年间，虽然农村老年人每天照看孩子的比例略有下降，从2016年的71.58%下降到2018年的67.81%，但总体上老年人每天帮助子女照看孩子的比例仍然高达67%以上。因此，如果以每天照看的频率来说，在农村，超过六成的老年人完全承担起了养育孙子女（外孙子女）的责任和角色。可见，农村的隔代养育现象十分普遍，且老年人参与程度普遍很深。

这一结论在居住状况数据中得到部分印证（见表5）。我们尝试从是否和配偶同住与是否和成年子女同住两个问题中侧面探索农村隔代养育的责任和参与度，在隔代养育的家庭中，有 61.6% 的替代父母没有和成年子女同住，意味着他们需要全面承担隔代养育责任，尤其是有 15.1% 的替代父母既无配偶同住，也没有和成年子女同住，独自承担隔代养育责任，同时仅有 38.4% 的替代父母会和成年子女同住，一起承担养育责任。

表 5　是否和配偶同住与是否和成年子女同住交互分析（单位：%）

			是否和成年子女同住		总计
			是	否	
是否和配偶同住	是	计数	296	502	798
		占总计的百分比	27.5%	46.7%	74.2%
	否	计数	117	161	278
		占总计的百分比	10.9%	15.0%	25.8%
	总计	计数	413	663	1076
		占总计的百分比	38.4%	61.6%	100.0%

六、农村隔代养育"替代父母"的经济状况

研究者探索农村隔代养育"替代父母"的经济状况，主要涉及两个变量：成年子女给"替代父母"照顾和赡养费用和"替代父母"的支出与收入对比情况。具体情况见表 6，从表中可以看出，照顾和赡养费平均在 500 元左右，低于 1000 元的占比 65.4%，收支介于略有结余和收支平衡之间，说明基本平衡，入不敷出的只有 19.5%，但这部分人值得我们关注。

表6 农村隔代养育"替代父母"的经济状况（单位：%）

	类目	频率	百分比	有效百分比	累计百分比
	没有	199	18.1	18.3	18.3
	500 以下	225	20.5	20.7	38.9
照顾和	500~999	288	26.3	26.4	65.4
赡养费	1000~1999	232	21.1	21.3	86.7
	2000~2999	95	8.7	8.7	95.4
	3000 以上	50	4.6	4.6	100.0
	总计	1089	99.3	100.0	
	结余很多	173	15.8	15.9	15.9
支出与收入	略有结余	378	34.5	34.7	50.6
的情况	收支平衡	326	29.7	29.9	80.5
	入不敷出	213	19.4	19.5	100.0
	总计	1090	99.4	100.0	

另外，二者的相关关系呈现低度的负相关，在0.01水平上相关显著，见表7。

表7 农村隔代养育"替代父母"的相关关系

类目	平均值	个案数	标准 偏差	斯皮尔曼 Rho	N
照顾和赡养费	2.95	1090	1.385	−0.109[**]	1084
支出与收入的情况	2.53	1090	0.979		

注 ** 在0.01级别（双尾）相关性显著。

第三节 农村隔代养育家庭祖辈"替代父母"角色转换

随着城市化进程加快，大量农村青壮年劳动力外出，农村隔代教育家庭与日俱增，农村隔代养育群体不断增大。已有较多文献尝试基于地区性调查数据，研究隔代养育的成因、隔代养育对留守儿童的影响等，却较少关注隔代养育家庭中祖辈作为"替代父母"的角色转换及其身心影响。余盼从角色观念和角色行为两方面探究祖辈角色适应，具体分为身份认同、教养心理、教养信心、生活习惯、教养方式、人际关系❶。在文献研究的基础上，我们采用问卷调查和半结构访谈的方法，从宏观定量数据与微观民族志调研两方面分析祖辈在隔代养育过程中的角色转换，主要从角色体验、角色行为、角色适应三方面展开。

首先，角色体验主要围绕祖辈抚养孙辈的感受与决策情绪等方面，包括隔代养育的主动和被动性、决策心理、祖辈照顾孙辈时长的心理预期和隔代养育顾虑程度等四个变量。

其次，角色行为主要从抚养方法、教育方法、日常照顾等方面入手，深入探讨祖辈的角色行为规范与教养方式。

再次，角色适应将其概括为四个方面：负向的心理适应、正向的心理适应、生理适应、生活方式的适应。本文通过对角色体验、角色行为、角色适应等方面进行描述性统计分析，通过相关性分析、单因素方差分析、二分类 logistics 回归、多元线性回归等方式综合探究祖辈在隔代抚养关系中的角色转换现状以及影响因素。祖辈作为隔代养育关系中的"替代父母"，在孙辈的成长中发挥着安全阀的作用，基于社会角色理论，深入探究祖辈的角色参与、角色转换，有利于促进隔代养育良性发展。

一、角色体验

"角色体验"是指祖辈在隔代养育过程中扮演"替代父母"这一角色时的决策情绪与情感体验，包含了隔代养育主动和被动性、决策心理、祖辈照顾孙辈时长的心理预期和隔代养育顾虑程度四个变量。

首先，隔代养育主动和被动性的测量，主要是从隔代养育的原因和性质来确定的。隔代养育的被动性源于某种客观因素，如子女身体残疾、子女犯罪、子女双亡、子女虐待孩子、子女执意不履行抚养权、子女离异或分居和子女进城务工等原因。隔代养育的主动性源于某种主观因素，如喜欢孩子、愿意帮助子女减轻负担、带孩子有成就感和与孙子的感情更亲近等因素隔代养育。在数据分析的处理上，选

❶ 余盼，熊锋．农村隔代教育中祖辈角色适应分析 [J]．湖北经济学院学报（社科版），2014(5):7-9.

择主动原因的选项数作为主动性的分数，选择被动原因的选项数作为被动性的分数，主动性分数减去被动性的分数作为隔代养育主动程度的度量指标。

其次，决策心理是指祖辈做出抚养孙辈这一决定时的情感体验，决策心理受到多种因素的影响，其表现形式也是复杂多变的。为降低测量难度，我们将决策心理的主观感受分为积极情绪体验和消极情绪体验。积极情绪体验主要表现在开心和愉快；消极情绪体验主要表现在决定抚养孩子时感到焦虑和担心。在数据分析的处理上，选择开心和愉快的项目数做积极体验程度，选择焦虑和担心的项目数做消极体验程度，积极体验程度分数减去消极体验程度分数代表隔代养育决策感受程度，分数越高越倾向于正性体验。因此，整体上的隔代养育决策感受状况可分为三种，若被访者只有积极情绪体验，就认定为积极的决策心理。若只有消极情绪体验，就归为消极的决策心理。既有积极情绪体验，又有消极情绪体验，则处于纠结状态。

再次，祖辈照顾孙辈时长的心理预期主要是从隔代抚养关系维系的时间长度进行测量。

最后，隔代养育顾虑主要集中在孙辈的安全问题、教育问题、行为问题，顾虑程度由抚养孩子时担心的项目数决定，选择担心的选项数越多，表明被访者隔代养育顾虑程度越高。

1. 隔代养育关系中祖辈的角色体验现状

从表 8 中农村隔代养育"替代父母"的角色体验状况可知，首先，隔代养育的成因和性质以主动原因为主。在传统文化观念和利他主义心理影响下，祖辈自身主观原因往往大于客观被动原因。农村社会中家庭关系亲密，家庭群体之间依托于感情和伦理而形成一种有机的结合方式。在农村隔代养育家庭中个体与个体之间所形成的亲密关系以及在初级群体中产生的归属感和认同感，促使祖辈自发地愿意代替子辈履行抚养孙辈的职责，一方面是由于现实原因所迫，另一方面祖辈更愿意自发的去承担这一神圣职责。同时，在农村也有少数子辈由于身体残疾、犯罪、双亡、离异等客观原因无法履行赡养祖辈、抚养孙辈的边缘少数群体，这一群体的数量不容忽视，该群体的数量直接或间接地影响祖孙两代人的命运。对于这一特殊群体更需引起学者们关注，来改善其境况。隔代抚养的普及不仅有经济压力、生计等被动原因，在父母无暇顾及未成年子女成长的家庭中，由祖辈全面承担对孙辈的监护、照顾、抚养和教育责任的实际角色，是伴随着城镇化进程加快、社会流动频繁、家庭结构改变的过程，是具有时代特点的趋势性、普遍性事实。

表8 农村隔代养育"替代父母"的角色体验状况（单位：%）

	类目	频率	百分比	累计百分比
隔代养育决策感受状况	积极感受体验	513	46.8	46.8
	纠结	370	33.7	80.5
	消极感受体验	214	19.5	100.0
	总计	1097	100.0	
照顾时长的心理预期	短期，半年以内	29	2.7	2.7
	短期，半年到一年	67	6.1	8.8
	一年到三年	102	9.3	18.1
	三年以上	189	17.2	35.4
	依实际情况而定	548	50.0	85.5
	我不知道	158	14.4	100.0
	总计	1093	100.0	
隔代养育的顾虑	孩子的安全问题	855	34.9%	34.9
	孩子的教育问题	787	32.1%	67.0
	孩子的行为问题	537	21.9%	88.9
	因为自己生病或突然去世，孩子无人照看	273	11.1%	100.0
	总计	2452	100.0%	

其次，祖辈在隔代养育过程中以积极感受体验为主，这部分人群在调查中占比46.8%，有19.5%的祖辈以消极感受体验为主。抚养决策的感受状况往往是复杂多元的，不仅存在消极感受体验，同时也存在积极感受体验，因此，有33.7%的祖辈时常处于一种纠结复合的状态。

再次，祖辈照顾孙辈时长的心理预期多存在一种不确定的因素，一半以上的祖辈认为隔代抚养关系的维系以及抚育时长应根据具体情况再做定论。而做出继续抚养决策的祖辈多以长期照料为主，时长在三年以上，这部分人群占比17.2%。

最后，在隔代养育中，祖辈作为"替代父母"承担了监护人的责任，对孙辈未来的成长发展存在较多的顾虑与担心，主要聚焦于孙辈的安全问题、教育问题。农村社会中由于学校教育师资力量薄弱，加之，基础设施不够完善，城乡间青少年的教育差距存在明显差距。近年来，关于农村留守儿童溺水事故接连发生，校园欺凌事件层出不穷等，无疑加重了家长对于孩子的教育、安全等方面的焦虑。

2. 隔代养育关系中角色体验的因素分析

从表9农村隔代养育"替代父母"角色体验的相关性分析可得知，首先，隔代养育决策的积极感受程度和顾虑程度呈现负向相关，在统计学意义上显著。隔代养育关系中，祖辈对孙辈的顾虑程度越高，尤其是在教育和安全等方面的担心和忧虑越明显，则祖辈在做出隔代抚养决策时，其心理感受往往呈现一种负向效应，产生消极的负面情绪和心理感受。其次，隔代养育决策的积极感受程度越高，则祖辈在隔代养育中的主动性越明显，二者的相关性在统计学意义上显著。隔代养育决策感受程度、顾虑程度、主动程度三者间的相关性较高。祖辈成为"替代父母"，其社会角色在隔代养育过程中也将发生变化，角色体验中的决策感受程度、顾虑程度等在很大程度上促进角色决策的发展。

表9 农村隔代养育"替代父母"角色体验的相关性分析

类目	分类	隔代养育决策感受程度	顾虑程度	隔代养育主动程度	照顾时长的心理预期
隔代养育决策感受程度	皮尔逊相关性	1	-0.079^{**}	0.371^{**}	-0.042
	Sig.（双尾）		0.009	0.000	0.170
	个案数	1097	1095	1093	1094
顾虑程度	皮尔逊相关性	-0.079^{**}	1	0.092^{**}	0.077^{*}
	Sig.（双尾）	0.009		0.002	0.011

续　表

类目	分类	隔代养育决策感受程度	顾虑程度	隔代养育主动程度	照顾时长的心理预期
顾虑程度	个案数	1095	1095	1092	1093
隔代养育主动程度	皮尔逊相关性	0.371**	0.092**	1	−0.052
	Sig.（双尾）	0.000	0.002		0.088
	个案数	1093	1092	1093	1091
照顾时长的心理预期	皮尔逊相关性	−0.042	0.077*	−0.052	1
	Sig.（双尾）	0.170	0.011	0.088	
	个案数	1094	1093	1091	1094

注　** 在 0.01 级别（双尾），相关性显著; * 在 0.05 级别（双尾），相关性显著。

表 10 是不同自变量对祖辈角色体验影响的单因素方差分析结果。可以看到：如果仅考虑"照看孙辈时长"单个因素的影响，则角色体验总变差（28584.639）中不同时长可解释的变差为 2891.243，抽样误差引起的变差为 25693.396，它们的方差分别为 722.811 和 24.103，相除所得的 F 统计量的观测值为 29.989，对应的概率 P 值近似为 0，如果显著性水平 a 为 0.05，由于概率 P 值小于显著性水平，所以应拒绝原假设，认为希望照看孙辈的不同时长对祖辈的角色体验产生显著影响。根据调查结果可知有 50.1% 的祖辈希望通过具体情况确定抚养孙辈的时长，但实际上是祖辈出于传统文化观念影响，已经自觉地把抚养孙辈的责任和义务落到自己肩上，且尽最大努力延长抚养孙辈的时间，以减轻子女家庭负担。

如果仅考虑"决定抚养孙辈时的感受""抚养孙辈的焦虑与担心""抚养孙辈与抚养孩子的不同"单个因素的影响，通过其总变差、可解释的变差、抽样误差、F 统计量、对应的概率 P 值小于显著性水平（$a=0.05$），所以认为决定抚养孙辈的不同感受、抚养孙辈的不同焦虑与担心、抚养孩子相比抚养孙辈的不同感受均对祖辈的角色体验产生显著影响。

表 10 不同自变量对祖辈角色体验影响的单因素方差分析结果

	平方和	df	均方	F	显著性
希望照看孙辈时长对祖辈角色体验影响的单因素方差分析结果					
组间	2891.243	4	722.811	29.989	0.000
组内	25693.396	1066	24.103		
总数	28584.639	1070			
决定抚养孙辈时的感受对祖辈角色体验影响的单因素方差分析结果					
组间	13739.578	12	1144.965	81.601	0.000
组内	14845.061	1058	14.031		
总数	28584.639	1070			
抚养孙辈的顾虑程度对祖辈角色体验影响的单因素方差分析结果					
组间	15498.820	12	1291.568	104.424	0.000
组内	13085.819	1058	12.368		
总数	28584.639	1070			

农村隔代养育发展的普遍性趋势与老年人自身传统文化观念有很大关系，大多数老年人认为弄孙为乐，抚养孙辈为子女减轻家庭负担，从而实现自身价值，其角色心理的变化大多是积极愉悦的情绪，扮演"替代父母"这一角色不仅需要角色体验适应，同时角色行为也要进行适当转变，最终实现角色转换。

二、角色行为

笔者探讨的祖辈在隔代养育过程中的角色行为既包括教养方法、学习教育、生活照料等方面。其中，定量层次上侧重于对抚养方法的测量，同时辅之以半结构访谈进行深度分析，聚焦于祖辈对孙辈的学习教育与日常生活照料。

1. 隔代养育关系中祖辈的角色行为现状

"角色行为"是社会按照人们角色扮演的身份分配给个体的社会行为模式。在隔代养育家庭中祖辈的角色行为呈现出多样化的行为模式，扮演着不同的社会角色。部分隔代养育家庭中祖辈仅仅提供生活上的照料，并不负担教育的责任，还有一些隔代养育家庭中祖辈的角色发挥至关重要的作用，不仅承担"养"

的责任，也要负起"育"的义务❶。从表 11 我们可以发现有 76.81% 的祖辈在隔代教育过程中其抚养方法发生改变，说明大部分祖辈在进行隔代教育过程中意识到，且在社会角色扮演过程中履行不同的行为模式。

表 11　教养方法的变化

		频率	百分比	累积百分比
抚养方法的变化	是	283	27.13	27.13
	否	760	72.87	100
	总计	1043	100.0	

由于问卷设计存在一定的局限性，无法细致探讨在隔代养育家庭中祖辈的角色行为的内涵性和外延性的变化，为进一步分析祖辈在隔代养育中角色行为的发展与变化，笔者通过走访调研，详细访谈了祖辈在养育孙辈过程中的行为变化。通过访谈可知：

"像我这种读书少，都只读过几天夜班的人，我在学习上其实帮不了忙，我们主要是让孙伢子吃好，穿好，身体长得高就行了，主要在生活上面照顾，起码吃穿不愁，我们自己平时都省吃俭用，好的都给孙伢子吃，我们的衣服都有补巴，但是我孙伢子穿的都是新衣服，学习上我们就是监督，督促他学习，先把家庭作业写了再出去玩，但是我没读过书，不会教，主要就靠老师在学校里面教，现在农村很多老师都走了到大城市教书，赚的钱多，农村确实很辛苦。"（C-CM170813，个案 1，70 岁，小学文化，与配偶共同抚养 12 岁的孙子）❷。

从以上访谈内容我们可知，祖辈在隔代养育过程中成为"替代父母"主要照顾孙辈的衣食起居，在学习教育上主要起监督作用，但由于祖辈自身文化程

❶　李洪曾.祖辈主要教养人的特点与隔代教育 [J].上海教育科研,2006(11):27-30, 71.

❷　引文代码是根据引文性质、来源、获得时间进行编码的。引文性质包括访谈内容 (C) 和会议讲话 (M) 两类，CM 是被访者的化名，170813 指访谈或会议时间为 2017 年 8 月 13 日，访谈地点白羊村。访谈资料中括号内注释的内容是笔者为方便读者理解，根据访谈上下文内容而添加的注释。

度不高，学习教育作用较弱。在生活照顾中我们可以发现传统农村老年人弄孙为乐、利他主义的思想，祖辈平时省吃俭用甚至在生活上苛刻自己，但对于孙辈的需求确实尽力满足，在乡土社会以血缘关系为纽带而形成强大的有机结合，在农村隔代养育家庭中个体与个体之间所形成的亲密关系以及在初级群体中产生的归属感和认同感，促使祖辈自发地愿意代替子辈履行抚养孙辈的职责。

"像我们的孙伢子他学习好不用我管，很自觉，你看我屋里贴的奖状，都是三好学生，学习标兵都是他的，他一生下来就会读书，平时他爹爹看报纸看书，他都在旁边跟着看，我儿子是我里村里书读得比较多的，平时可以给孙伢子讲题目，以前他当过老师的，我呢主要就是照顾他们爷孙俩的生活起居，生活上面，崽女每个月都会寄钱给我们，我们主要是帮他爸妈带人，他们要出去赚钱，我们现在干活还干的动，还可以帮忙减轻家庭负担，不过我不晓得我老了怎么办，崽女家庭负担重，我们要是老了，干不动了，谁来帮他们"（C-HT170822，个案 2 祖辈女，74 岁，小学文化，夫妇两人共同抚养 14 岁孙子）。

从以上访谈我们可以得知该家庭祖父文化水平较高，在孙辈的学习教育过程中提供较大的帮助，且能在自我学习中帮助孙辈养成良好的学习习惯。夫妇两人共同抚养孙辈，女性主要负责操持家务照顾家庭生活起居，由于是隔代，在生活中祖辈对孙辈大多是比较宠爱的方式，且祖辈由于传统文化观念的影响，自觉承担照看孙辈的责任，帮助子女减轻家庭负担，这一动机使得农村隔代养育披上合理的外衣，隔代养育现象愈演愈烈，但祖辈也表达了对自己年老之后的忧思，随着年龄增大，身体机能日渐衰弱，最终祖辈扮演"替代父母"这一角色发生中断。

2. 隔代养育"替代父母"角色行为的影响因素分析

从前文可知，隔代养育过程中祖辈承担了孙辈的生活照料、行为培养、学习监督等责任，其教养行为与方式对孙辈的成长发挥重要作用。为进一步探究祖辈角色行为受到何种因素的影响，农村祖辈在隔代教育过程中角色行为与其自身特质和家庭支持有何种联系。笔者尝试进行二分类 logistics 回归模型进行分析。以往研究中学界往往从家庭和个人两方面入手来探讨对祖辈角色行为的影响。根据前述已有研究所提出的理论假设，结合本文社会调查的相关数据。本文从角色扮演和家庭支持的角度分析二者对祖辈的角色行为如何产生影响？以及产生何种影响？

假设 1：祖辈的文化水平越高，抚养孙辈时更容易对角色行为做出适当性改变。

假设 2：祖辈抚养孙辈时期角色心理体验和抚养子辈相比较差异越大，更容易对角色行为做出适当性改变。

假设 3：隔代养育中祖辈的角色适应性越高，越容易对角色行为的改变产生影响。

假设 4：隔代养育关系中家庭支持越多，祖辈抚养孙辈时更容易对角色行为做出适当性改变。

因变量选取的是"祖辈的教养方法是否改变"，为名义变量。核心变量分别从个体和家庭两个层次进行分析，集中于"角色心理""角色适应""家庭支持"三方面。个人层次主要有祖辈作出抚养孙辈这一决策时的角色心理状况（C5 抚养孙辈时的想法），以及在抚养过程中个体的角色适应表现状况（具体见下文关于角色适应的因子分析），家庭层次主要有家人的支持，表现为子女和配偶对隔代养育的帮助。控制变量纳入了个体的人口学特征以及家庭情况，主要有角色关系（祖辈与孙辈的关系）、年龄（连续变量）、文化程度、婚姻状况、家庭收支情况等。

表 12 农村隔代教育中对祖辈角色行为产生影响的二元 logistics 回归分析

类目	模型 1	模型 2	模型 3	模型 4
	角色行为	角色行为	角色行为	角色行为
角色关系	−0.127	−0.113	−0.129	−0.133
	(0.0736)	(0.0741)	(0.0750)	(0.0758)
年龄	−0.0230[*]	−0.0209[*]	−0.0128	−0.00949

续 表

类目	模型1	模型2	模型3	模型4
	(0.00943)	(0.00947)	(0.00982)	(0.00995)
文化程度	0.346**	0.370**	0.355**	0.366**
	(0.117)	(0.118)	(0.120)	(0.123)
婚姻状况	0.0683	0.0657	0.0535	0.181
	(0.0643)	(0.0649)	(0.0660)	(0.0981)
家庭收支情况	−0.254***	−0.232**	−0.156	−0.129
	(0.0769)	(0.0774)	(0.0830)	(0.0844)
角色心理		−0.156***	−0.128**	−0.135**
		(0.0465)	(0.0481)	(0.0497)
角色适应				
负向的心理适应			−0.0895	−0.0633
			(0.0774)	(0.0788)
正向的心理适应			0.285***	0.276***
			(0.0811)	(0.0820)
生理适应			0.0214	0.0105
			(0.0766)	(0.0778)
生活方式适应			0.115	0.125
			(0.0732)	(0.0744)
家庭支持				
配偶支持				−0.509*
				(0.251)
子女支持				−0.334*
				(0.160)
_cons	2.715***	2.858***	2.207**	2.799***
	(0.682)	(0.686)	(0.715)	(0.776)
N	1017	1017	1012	1000
R^2	0.031	0.04	0.054	0.062

注 Standard errors in parentheses* $p < 0.05$, ** $p < 0.01$, *** $p < 0.001$。

表 12 中的四个模型分别反映了祖辈个人特质、角色心理、角色适应、家庭支持对其抚养孙辈过程中所产生的积极影响的分析结果。对于 logistics 模型的拟合度估计往往不能单独将对数似然比作为拟合优度指标被使用，因此需要通过比较存在嵌套关系模型的相对拟合情况来确定哪个模型拟合度更佳。从本文的四个模型中可发现判定系数 R^2（观测到的因变量方差中被模型解释掉的比例）在不断增大，模型一的判定系数为 0.031，模型二的判定系数为 0.04，模型三的判定系数为 0.054，模型四的判定系数值为 0.062，因此，我们认为模型 4 的拟合效果最好，祖辈的个人特质、角色心理、角色适应、家庭支持等方面对其角色行为产生影响，具体分析如下：

（1）个人及家庭基本情况方面。从模型一中可知，祖辈的年龄、文化程度、家庭收支情况均对祖辈的角色行为产生影响，影响效果在统计学意义上显著。首先，祖辈年龄对角色行为的影响系数为 -0.023，且在 5% 的水平显著；这表明在控制其他条件不变的情况下，年龄每增加一个值，祖辈角色行为做出改变的可能性就下降 0.023。其次，祖辈的文化程度对角色行为的影响系数为 0.036，且在 1% 的水平显著，这表明在控制其他条件不变的情况下，文化程度每增加一个值，祖辈角色行为做出改变的可能性就增加 0.036。再次，家庭收支情况对角色行为的影响系数为 -0.254，且在 0.1% 的水平显著，这表明在控制其他条件不变的情况下，家庭收支情况越好，则祖辈在抚养孙辈时其角色行为更容易发生变化。因此，假设 1 得到证实。祖辈的个人特质会影响其角色行为，尤其是当祖辈文化水平越高，其教养方式更容易产生变化，而当祖辈的年龄不断增大时，由于体力和心态大不如从前，则难以再根据实际情况调整自身的教养行为。

（2）角色心理方面。从模型二可知，加入祖辈角色心理这一变量后，模型解释力增加，且该变量在 0.1% 的水平显著，这表明在控制其他条件不变的情况下，祖辈抚养孙辈和子辈间的角色心理差异越大，则祖辈在抚养孙辈时其角色行为更容易发生变化。因此，假设 2 得到证实。隔代养育关系中祖辈虽承担"替代父母"的责任，但其身份和角色和子辈所承担的"父母"角色仍然存在区别，尤其是祖孙的关系，往往更容易让祖辈对孙辈产生溺爱心理，其教养孙辈的方式和角色行为往往不同于原先教养子辈的方式，而是会适当作出调整。

（3）角色适应方面，从模型三可知，加入角色适应的影响因子后，模型解释力增加，且正向的心理适应这一变量在 0.1% 的水平显著，这表明在控制其他条件不变的情况下，祖辈抚养孙辈的角色适应越强，即正向的心理适应越多，则祖辈在抚养孙辈时其角色行为更容易发生变化。因此，假设 3 得到证实。"正向的心理适应"主要包括：带孩子让我觉得生活更有趣、带孩子让我很有成就感、带孩子让我很开心、带孩子让我很有满足感、带孩子让我感觉自己变年轻、带孩子扩大我的人际圈等。在隔代养育关系中祖辈产生的积极心理感受越强烈，越容易促使祖辈的角色行为产生适应性改变。

（4）家庭支持方面。从模型四可知，加入家庭支持的两个变量后，模型解释力增加，且子女支持、配偶支持这两个变量在 5% 的水平显著，这表明在控制其他条件不变的情况下，祖辈的家庭支持越多，即配偶支持和子女所提供的帮助越多，则祖辈在抚养孙辈时其角色行为更难发生变化。因此，假设 4 得到证实。在隔代养育关系中若配偶间能互相帮助，或者子女也能在手段、情感、信息等方面提供支持，则祖辈抚养孙辈所承担的压力和责任会减少，因此其"替代父母"的角色行为无需作出太大的调整或改变。

三、角色适应

"角色适应"作为一个广泛的概念，获得了丰富的内涵与取向。社会角色的扮演是一个动态发展的过程，通过角色确定、角色表现、角色建构等步骤履行角色身份的权利与义务。本文的"角色适应"是通过对隔代抚养中祖辈身心感受的 19 项指标进行因子分析综合得来，并通过计算祖辈角色适应的综合得分，来评估隔代养育过程中祖辈的角色适应状况如何，并在此基础上通过多元线性回归分析来进一步探讨角色适应的影响因素。

1. 隔代养育关系中角色适应内涵结构

在角色扮演的实践中，个体努力通过角色表现赋予角色丰富的内涵行为，并获得社会认可和自身的积极肯定，从而适应角色的行为规范。祖辈在隔代养育关系中其角色适应面临着诸多挑战和难题，孔海娥曾提出农村留守老年妇女在抚育孙辈过程由传统的辅助性角色向"二度母亲"的转变中，成为孩子主要照顾者，老人们在年迈时担当起照顾孙辈的职责，对于其体力、心力均是极大考验❶。本文在探讨隔代养育关系中祖辈的角色适应时，基于社会角色理论的分析，通过量表测量祖辈在隔代养育关系过程中的"角色适应"程度，并计算角色转换过程中的综合得分。量表的内容包括抚养孙辈对祖辈造成的角色心理和行为等方面的影响，具体指标请见下表，正向影响的指标基于"从不"到"总是"分别赋值为 1~5 分，负向影响的指标进行反向计分，得分越高，表明角色适应程度越高。由于"角色适应"变量涉及的指标较多，不利于统计分析，在此采用因子分析的方法进行降维。统计结果显示，上述四个维度指标信度系数 Cronbach's Alpha 均大于 0.8，因子分析的 KMO 值范围处于 0.8~0.9 内，并且都通过了 Bartlett 显著性检验。

表 13 为公因子方差表。提取公因子之后，各变量未旋转的公因子方差有差异，其数值越大，对应变量与潜在共性因子的相关性越强。本文中关于"角色适应"的各项指标中，"带孩子让我睡眠不足""带孩子让我很不顺心"等都超过了 0.7，表明它们与隐性因子的相关性较强，其他因子与隐性因子的相关性也均在 0.5 以上，表明以上 19 项指标的相关性平均较强。

表 13 公因子方差

指标	公因子方差
带孩子让我感觉自己变年轻	0.542
因带孩子而向其他人抱怨	0.621
带孩子让我觉得生活更有趣	0.660
带孩子让我睡眠不足	0.728
带孩子让我很有成就感	0.655
带孩子让我不能按时吃饭	0.636

❶ 孔海娥.二度母亲:社会转型期农村留守老妇女抚育角色的变化——以湖北省浠水县L村为例[J].华中农业大学学报，2012（6）:15.

指标	公因子方差
带孩子让我很开心	0.651
带孩子让我家务活增多	0.696
带孩子让我很有满足感	0.590
带孩子让我劳累过度	0.590
带孩子让我很不愉快	0.657
带孩子让我很不顺心	0.703
带孩子减少我的劳作时间	0.623
有不再想照看孩子的想法	0.626
带孩子减少我的休闲时间	0.690
带孩子而生气	0.663
带孩子增加我的日常开支	0.576
产生打骂孩子的想法	0.623
带孩子扩大我的人际圈	0.308

根据表14，提取4个主成分的特征根大于1的公因子F1、F2、F3、F4。第一个主成分的特征根为5.643，它解释了总变异的29.701%；第二个主成分的特征根为3.561，它解释了总变异的18.743%；第三个主成分的特征根为1.614，它解释了总变异的8.492%；第四个主成分的特征根为1.021，它解释了总变异的5.375%；它们的累计贡献率达到了62.312%。

表 14 方差分解表

因子	初始因子			旋转前			旋转后		
	特征值	贡献率	累积贡献率	特征值	贡献率	累积贡献率	特征值	贡献率	累积贡献率
1	5.643	29.701	29.701	5.643	29.701	29.701	3.647	19.62	19.62
2	3.561	18.743	48.444	3.561	18.743	48.444	3.322	17.14	36.76
3	1.614	8.492	56.937	1.614	8.492	56.937	2.771	14.98	51.74
4	1.021	5.375	62.312	1.021	5.375	62.312	2.099	10.10	61.84
5	0.869	4.572	66.884						
6	0.777	4.092	70.976						
7	0.631	3.322	74.298						

续　表

因子	初始因子			旋转前			旋转后		
	特征值	贡献率	累积贡献率	特征值	贡献率	累积贡献率	特征值	贡献率	累积贡献率
8	0.580	3.052	77.350						
9	0.560	2.947	80.297						
10	0.541	2.847	83.144						
11	0.457	2.404	85.548						
12	0.432	2.275	87.823						
13	0.397	2.087	89.910						
14	0.373	1.963	91.873						
15	0.364	1.918	93.792						
16	0.339	1.786	95.578						
17	0.305	1.604	97.182						
18	0.290	1.526	98.708						
19	0.245	1.292	100.00						

为方便对因子命名，可以将矩阵进行旋转，自动排序，这样更容易看出得分高低，从而方便命名，见表 15。

表 15　旋转后的因子载荷矩阵

项目	共性因子			
	1	2	3	4
带孩子让我很不愉快	0.776	0.100	0.083	0.194
产生打骂孩子的想法	0.761	0.097	0.077	0.170
带孩子而生气	0.760	0.078	0.179	0.215
有不再想照看孩子的想法	0.760	0.178	0.105	0.075
带孩子让我很不顺心	0.758	0.129	0.181	0.282
因带孩子而向其他人抱怨	0.611	0.073	0.399	-0.288
带孩子让我觉得生活更有趣	0.110	0.801	-0.036	-0.065
带孩子让我很有成就感	0.100	0.798	0.074	-0.050
带孩子让我很开心	0.166	0.763	-0.040	-0.199

续　表

项目	共性因子			
	1	2	3	4
带孩子让我很有满足感	0.141	0.750	0.036	−0.073
带孩子让我感觉自己变年轻	0.024	0.730	0.039	0.081
带孩子扩大我的人际圈	0.023	0.512	−0.170	0.127
带孩子让我睡眠不足	0.239	−0.056	0.811	0.097
带孩子让我不能按时吃饭	0.158	−0.085	0.753	0.195
带孩子让我家务活增多	0.053	−0.008	0.708	0.438
带孩子让我劳累过度	0.174	0.059	0.682	0.302
带孩子减少我的劳作时间	0.231	−0.022	0.233	0.718
带孩子减少我的休闲时间	0.266	−0.074	0.395	0.677
带孩子增加我的日常开支	0.226	−0.060	0.285	0.663

表 16 主因子命令表是根据各因子相对主成分因子的得分系数的高低，对指标进行归类，第一主成分 F1 主要包括的项目有：带孩子让我很不愉快、产生打骂孩子的想法、带孩子而生气、有不再想照看孩子的想法、带孩子让我很不顺心、因带孩子而向其他人抱怨。这些指标都有一个特性，它们反映的是个体的负向心理感受。因此，将其命名为"负向的心理适应"。

第二主成分 F2 主要包括的项目有：带孩子让我觉得生活更有趣、带孩子让我很有成就感、带孩子让我很开心、带孩子让我很有满足感、带孩子让我感觉自己变年轻、带孩子扩大我的人际圈。这些指标都有一个特性，它们反映的是个体的正向心理感受。因此，将其命名为"正向的心理适应"。

第三主成分 F3 主要包括的项目有：带孩子让我睡眠不足、带孩子让我不能按时吃饭、带孩子让我家务活增多、带孩子让我劳累过度。这些指标都有一个特性，它们反映的是个体的身体状况。因此，将其命名为"生理适应"。

第四主成分 F4 主要包括的项目有：带孩子减少我的劳作时间、带孩子减少我的休闲时间、带孩子增加我的日常开支。这些指标都有一个特性，它们反映的是个体的日常生活与工作状况。因此，将其命名为"生活方式适应"。

表 16　主因子命名表

因子	指标	因子命名
因子一	带孩子让我很不愉快 产生打骂孩子的想法 带孩子而生气 有不再想照看孩子的想法 带孩子让我很不顺心 因带孩子而向其他人抱怨	负向的心理适应
因子二	带孩子让我觉得生活更有趣 带孩子让我很有成就感 带孩子让我很开心 带孩子让我很有满足感 带孩子让我感觉自己变年轻 带孩子扩大我的人际圈	正向的心理适应
因子三	带孩子让我睡眠不足 带孩子让我不能按时吃饭 带孩子让我家务活增多	生理适应
因子四	带孩子让我劳累过度 带孩子减少我的劳作时间 带孩子减少我的休闲时间 带孩子增加我的日常开支	生活方式适应

　　为了帮助理解与统计，我们进一步计算"角色适应"指标的总得分，将 19 项指标标准化为 1~100 的百分制值，由于负向指标已经进行反向计分，因此在数据分析的处理上，选择指标的项目分值累计相加，并计算出均值，得到"角色适应得分"。从表 17 中可知，被调查的 1096 位祖辈其角色适应得分的均值为 67.51 分左右，祖辈在隔代养育关系中从祖父母的身份转换为"替代父母"这一角色时，其角色适应性较高。当然，由于现实生活和环境因素所迫，存在

一些极端案例，部分祖辈在角色转换过程中出现角色不适、角色紧张甚至是角色冲突等情况，因为导致角色适应得分较低。

表 17 角色适应总得分

变量	样本	方差	均值	最小值	最大值
角色适应得分	1096	10.02	67.51	15	92

2. 隔代养育关系中角色适应的影响因素分析

从前文可知隔代养育过程中祖辈的角色适应包括四个方面：负向的心理适应、正向的心理适应、生理适应、生活方式的适应。通过计算角色适应得分可知，祖辈在隔代养育关系中角色适应得分越高，则祖辈对于"替代父母"这一角色的体验和行为表现更容易实现角色间的配合，也更利于促进隔代养育关系的良性发展。为进一步探究祖辈角色适应受到何种因素的影响，农村祖辈在隔代教育过程中角色行为与其角色心理、角色体验、角色教养行为有何种联系。笔者尝试进行多元线性回归模型分析。以往研究中学界往往从角色表现与角色调适两方面入手来探讨对祖辈角色适应的影响。根据前述已有研究所提出的理论假设，结合本文社会调查的相关数据。本文从角色分析视角出发，探讨祖辈的个人特质、角色心理、角色体验、角色教养行为等对祖辈的角色适应如何产生影响？以及产生何种影响？

假设 1：祖辈越年轻、文化水平越高，其角色适应性越强。

假设 2：祖辈抚养孙辈时期角色心理体验和抚养子辈时差异越大，其角色适应性越强。

假设 3：隔代养育中祖辈的角色体验越积极，其角色适应性越强。

假设 4：角色行为更容易作出改变，祖辈的角色适应性越强。

因变量选取的是"角色适应得分"，为连续变量。核心变量分别从个人特质和角色建构两个层次进行分析，具体从角色心理、角色体验、角色教养行为三个方面进行分析。角色心理主要是指祖辈作出抚养孙辈这一决策时的角色心理状况（C5 抚养孙辈时的想法）；角色体验主要指祖辈在隔代养育过程中扮演

"替代父母"这一角色时的决策情绪与情感体验，包含了隔代养育主动和被动性、决策心理、祖辈照顾孙辈时长的心理预期和隔代养育顾虑程度等三个变量；角色教养行为主要指侧重于对抚养方法的测量（C3 祖辈在隔代教育过程中其抚养方法发生改变）。控制变量纳入了个体的人口学特征以及家庭情况，主要有角色关系（祖辈与孙辈的关系）、年龄（连续变量）、文化程度、婚姻状况、家庭收支情况等。

表18 农村隔代教育中对祖辈角色适应产生影响的多元线性回归分析

项目	模型1 角色适应	模型2 角色适应	模型3 角色适应	模型4 角色适应
角色关系	0.307	0.421	0.257	0.177
	(0.296)	(0.291)	(0.279)	(0.280)
年龄	-0.109^{**}	-0.0916^{*}	-0.0338	-0.0341
	(0.0377)	(0.0372)	(0.0360)	(0.0360)
文化程度	0.878^{*}	0.919^{*}	0.912^{*}	0.748
	(0.419)	(0.412)	(0.398)	(0.400)
婚姻状况	0.813^{**}	0.790^{**}	1.022^{***}	1.030^{***}
	(0.265)	(0.261)	(0.249)	(0.250)
家庭收支情况	-2.727^{***}	-2.599^{***}	-1.924^{***}	-2.035^{***}
	(0.310)	(0.306)	(0.300)	(0.301)
角色心理		-1.118^{***}	-0.796^{***}	-0.663^{***}
		(0.186)	(0.181)	(0.185)
角色体验 隔代养育的主动性			1.392^{***}	1.54^{2***}
			(0.217)	(0.218)
隔代养育的决策感受			-2.198^{***}	-1.827^{***}
			(0.398)	(0.397)
隔代养育的顾虑程度			0.836^{**}	0.911^{**}
			(0.308)	(0.305)
角色行为				0.559
				(0.627)
_cons	77.24^{***}	78.36^{***}	72.85^{***}	71.91^{***}
	(2.677)	(2.640)	(2.732)	(2.797)
N	1068	1068	1066	1015
R^2	0.100	0.130	0.213	0.220

注　*Standard errors in parentheses* $p < 0.05$, ** $p < 0.01$, *** $p < 0.001$。

表 18 中的四个模型分别反映了祖辈个人特质、角色心理、角色体验、角色行为对其角色适应过程中所产生影响的分析结果。由于本文因变量"角色适应得分"已标准化为百分制连续指数，故此采用 OLS 回归进行分析。OLS 回归模型假定如下：

$$Y_i = a + B_1X_1 + B_2X_2 + B_3X_3 + \sum_{i=0}^{n} B_nW_i$$

其中 Y_i 代表本文因变量为角色适应得分；变量 X 代表本文纳入的解释变量，包括核心解释变量角色心理、角色体验、角色行为；表示各项控制变量如个体的人口学特征以及家庭情况，主要有角色关系（祖辈与孙辈的关系）、年龄（连续变量）、文化程度、婚姻状况、家庭收支情况等。α 为常数项，β 为各解释变量的回归系数，ε_i 为方程的随机扰动项。本文通过比较存在嵌套关系模型的相对拟合情况来确定哪个模型拟合度更佳。从本文的四个模型中可发现判定系数 R^2（观测到的因变量方差中被模型解释掉的比例）在不断增大，模型一的判定系数为 0.1，模型二的判定系数为 0.13，模型三的判定系数为 0.213，模型四的判定系数值为 0.22，因此，我们认为模型 4 的拟合效果最好，祖辈的个人特质、角色心理、角色体验、角色行为等方面对其角色行为产生影响，具体分析如下：

（1）根据回归结果，我们可以基于模型一的设定得到以下经验回归方程：$Y = 0.307X_1 - 0.109X_2 + 0.878X_3 + 0.813X_4 - 2.727X_5$。从以上回归方程可知，祖辈的年龄、文化程度、婚姻状况、家庭收支情况均对角色适应产生影响，影响效果在统计学意义上显著。祖辈年龄对角色适应的影响系数为 -0.109，且在 0.01 的水平显著；这表明在控制其他条件不变的情况下，年龄每增加一个值，祖辈角色适应性就下降 0.109。祖辈的文化程度对角色适应的影响系数为 0.878。且在 0.01 的水平显著，这表明在控制其他条件不变的情况下，文化程度每增加一个值，祖辈角色适应性就增加 0.878。家庭收支情况对角色行为的影响系数为 -0.2727，且在 0.001 的水平显著，这表明在控制其他条件不变的情况下，家庭收支情况越好，则祖辈的适应性越强。因此，假设 1 得到证实，祖辈的个人特质会影响其角色行为，尤其是当祖辈越年轻、文化水平越高，其角色适应性越强，而当祖辈的年龄不断增大时，由于体力和心态大不如从前，则角色适应性会降低。

（2）角色心理方面。从模型二可得到以下经验回归方程：$Y=0.421X_1-0.0916X_2+0.919X_3+0.79X_4-2.599X_5-1.118X_6$。加入祖辈角色心理这一变量后，模型解释力增加，且该变量在0.1%的水平显著，这表明在控制其他条件不变的情况下，祖辈抚养孙辈和子辈间的角色心理差异越大，祖辈的适应性会变强。从前文可知，因此，祖辈抚养孙辈和子辈间的角色心理差异越大，祖辈的角色行为做出适当性改变的可能性会增强，因为，会促进祖辈的角色适应性。所以，假设2得到证实。

（3）角色体验方面，从模型三可得到以下经验回归方程：$Y=0.257X_1-0.0338X_2+0.912X_3+1.022X_4-1.924X_5-0.796X_6+1.392X_7-2.198X_8+0.836X_9$，加入角色体验的三项变量后，模型解释力增加，且在0.1%和1%的水平显著，这表明在控制其他条件不变的情况下，隔代养育的主动性每增加一个值，角色适应性就提高1.392；隔代养育角色的感受程度越偏向于消极感受，则角色适应性就下降2.198；隔代养育的顾虑程度每增加一个值，角色适应性就提高0.836，说明祖辈在角色转换过程中存在主观能动性，虽然祖辈对于孙辈的教育与安全问题存在诸多方面的担忧，但并不会影响祖辈积极适应角色的发展。因此，假设3得到证实。隔代养育中祖辈的角色体验越积极，其角色适应性越强。

（4）角色行为方面。从模型四可知，加入角色行为变量后，模型解释力虽然增加，但该变量在统计学意义上并不显著，因此，假设4未得到证实。

综上所述，隔代养育中祖辈成为"替代父母"，其角色转换过程受到诸多环节和因素的影响，角色转换过程中包括角色体验、角色行为、角色适应，如何让祖辈积极承担其角色，促进角色转换，应从以上三个方面着手，提高祖辈积极的角色体验，科学改善其教养行为，增强其角色适应性。首先，祖辈应该从心理上正视这一身份转变，传统的祖辈对孙辈大多是娇惯溺爱，且由于隔代容易产生代沟，故祖辈从角色心理上应改变传统的思维定势和心理特征。其次，祖辈应树立积极的自我认同和教养信心，适当改变其角色行为如抚养方法、教育方法、日常生活照顾，教导孙辈养成孝敬长辈、热爱学习的良好习惯，家庭成员应加强沟通，父辈应通过其他渠道弥补孩子成长生活中的缺席，通过将祖辈、子辈、孙辈三者有机结合，从角色体验、角色行为、角色适应促进祖辈在隔代养育中实现角色转换。本文尝试从一些新的视角和维度来了解农村祖辈隔代抚养中的祖辈的角色转换，进一步探讨农村隔代抚养现象的难题，如何提高农村祖辈隔代抚养力，促进隔代抚养良性发展，并丰富了农村隔代抚养现象的研究内容。

第四节　农村隔代养育对"替代父母"身心影响

"照料带来了什么"即隔代养育产生了什么样的社会后果，是社会最为关切的问题。　既有文献已经为我们指明了方向。既有文献表明，关于隔代养育的问题大多散落在关于留守儿童的研究当中，这其实是反映了隔代养育是留守儿童问题其中的一个"因"。换句话来说，隔代养育对留守儿童的发展产生了重要影响。此外，关于隔代养育本身的研究也离不开承担者即老年人的研究。因此，我们将从隔代养育的对象——儿童与隔代养育的承担者——祖辈，两个方面来呈现隔代养育带来的社会后果。

一、隔代养育"替代父母"健康状况

隔代养育模式下，老年人逐渐丧失劳动力的同时，却无法步入退休，还需要重新承担养育者角色这一问题引起了学界对隔代养育行为如何影响中老年群体的探讨。而中老人的身体健康成为了这一研究中的重点问题。一方面，老年人的身体健康与其生活质量密切相关，另一方面，老年人的身体健康与隔代养育的行为决策密切相关。故而，老年人的身体健康，成了在研究隔代养育承担者的重要方面。

从表19中我们可以发现抚养孙辈的积极身心影响自变量的Pearson相关系数值均大于0.7，且积极的心理影响中自变量"生活更有趣、很有成就感"达到

了 0.8 以上，表明自变量间存在较强的相关性，且检验统计量的概率 P 值小于给定的显著性水平 (a 为 0.01)，认为变量间存在显著的线性关系。同时抚养孙辈的消极身心影响自变量的 Pearson 相关系数值大多是在 0.7~0.8，除去少数变量 Pearson 相关系数值较小，表明自变量间大多数存在较强的相关性，且检验统计量的概率 P 值小于给定的显著性水平 (a 为 0.01)，认为变量间存在显著的线性关系。

表 19　各自变量间简单线性相关分析相关性

变量	Pearson 相关性	显著性（双侧）	N
抚养孙辈的积极身体影响			
身体健康	0.793	0.000**	1089
扩大人际交往圈	0.729	0.000**	1089
抚养孙辈的消极身体影响			
生病次数	0.095	0.002	1082
生气	0.524	0.000**	1089
向其他人抱怨	0.383	0.000**	1089
睡眠不足	0.718	0.000**	1089
不能按时吃饭	0.706	0.000**	1089
家务活增多	0.767	0.000**	1089
劳累过度	0.707	0.000**	1089
感冒生病	0.478	0.000**	1089
减少劳作时间	0.632	0.000**	1089
减少休闲时间	0.741	0.000**	1089
增加日常开支	0.632	0.000**	1089
抚养孙辈的积极心理影响			
变年轻	0.750	0.000**	1094
生活更有趣	0.811	0.000**	1094

变量	Pearson 相关性	显著性（双侧）	N
很有成就感	0.808	0.000**	1094
很开心	0.792	0.000**	1094
很有满足感	0.774	0.000**	1094
抚养孙辈的消极心理影响			
带孩子让我很不愉快	0.777	0.000**	1090
带孩子让我很不顺心	0.807	0.000**	1090
有不再想照看孩子的想法	0.733	0.000**	1090
产生打骂孩子的想法	0.716	0.000**	1090

注　　** 在 0.01 水平（双侧）上显著相关。

综上所述可以推断"身体健康、扩大人际交往圈、变年轻、生活更有趣、很有成就感、很开心、很满足"较好地反映了隔代养育对祖辈产生的积极身心影响。从调查数据中我们可以发现 55.4% 的祖辈认为自己身体健康，57.4% 的祖辈认为抚养孙辈经常能扩大人际交往圈，64.8% 的祖辈觉得和孙辈生活常常使自己变年轻，82.4% 的祖辈认为抚养孙辈让自己的生活变得有趣多彩，75% 的祖辈认为抚养孙辈让自己很有成就感，78.8% 的祖辈认为很有满足感，86.5% 的祖辈认为隔代养育过程中常常感觉开心，愉悦。

"生病次数、生气、向其他人抱怨、睡眠不足、不能按时吃饭、家务活增多、劳累过度、感冒生病、减少劳作时间、减少休闲时间、增加日常开支、带孩子让我很不愉快、带孩子让我很不顺心、有不再想照看孩子的想法、产生打骂孩子的想法"较好地反映了隔代养育对祖辈产生的消极身心影响。从调查数据中我们可以发现在过去一个月内有 37.6% 的祖辈没有生病，47.3% 的祖辈生病周期在一周左右，15% 的祖辈生病周期长达 2~3 周，30.2% 的祖辈认为抚养孙辈过程常让人生气，20.9% 的祖辈在发生祖孙矛盾后常向其他人抱怨，37% 的祖辈认为抚养孙辈常睡眠不足，33.7% 的祖辈认为常不能按时吃饭，58.6% 的祖辈认为抚养孙辈导致家务活增多，40.5% 的祖辈认为抚养孙辈常导致劳累过度，

28.9%的祖辈认为抚养孙辈后自身身体常感冒生病,50.6%的祖辈认为抚养孙辈后减少劳作时间, 56.2%的祖辈认为减少休闲时间, 79.1%的祖辈认为增加日常开支, 15.9%的祖辈认为抚养孙辈很不愉快, 21.3%的祖辈认为带孙子常让自己很不顺心, 18.7%的祖辈常产生不想再照看孙辈的想法, 24.1%的祖辈常产生打骂孩子的想法。如何最大限度发挥隔代养育对祖辈产生的积极影响效用,降低消极影响损害, 对于改善祖辈生活现状, 促进隔代养育良性发展具有重要意义。

二、隔代养育"替代父母"健康的影响因素研究

1. 隔代养育"替代父母"自评健康影影响因素分析

笔者使用2018年中国家庭追踪调查数据分析隔代养育对老年人健康状况的影响。因变量为老年人的自评健康与他评健康,前者是隔代养育"替代父母"对自己健康主观评价,后者是访问员对被访问隔代养育"替代父母"健康状况的主观评价。核心自变量是否承担隔代养育责任以及参与隔代养育的深度,控制变量是老年人的个人人口特征,比如年龄、性别、受教育程度等变量。收入、地区类型是其他自变量。

表 20 隔代养育对老年人自评健康影响的 ologit 回归模型分析

VARIABLES	-1		-2		-3		-4	
自评健康	系数	OR	系数	OR	系数	OR	系数	OR
年龄	0.00702	1.01	0.00442	1.004	0.00533	1.01	0.00536	1.005
男性	−0.451***	0.64	−0.427***	0.65	−0.454***	0.64	−0.453***	0.64
小学	−0.151**	0.86	−0.144*	0.87	−0.118	0.89	−0.123	0.88
中学	−0.0906	0.91	−0.0551	0.95	−0.0221	0.98	−0.0278	0.97
大学以上	0.0165	1.02	0.0182	1.02	−0.0329	0.97	−0.0331	0.97
收入			−1.28e−05***	1.00	−1.20e−05***	1.00	−1.21e−05***	1.00
中部地区					−0.055	0.95	−0.0518	0.95
西部地区					0.291***	1.34	0.291***	1.34
完全参与							−0.221***	0.80

续 表

VARIABLES	-1		-2		-3		-4	
自评健康	系数	OR	系数	OR	系数	OR	系数	OR
经常参与							−0.165	0.85
偶尔参与							−0.382***	0.68
隔代养育	−0.202***	0.82	−0.204***	0.82	−0.238***	0.79		
/cut1	−2.154***	−2.339***	−2.270***	−2.270***				
/cut2	−1.392***	−1.577***	−1.506***	−1.505***				
/cut3	0.0996	−0.0824	−0.00707	−0.00499				
/cut4	0.729*	0.549	0.626	0.628				
McFadden's R^2	0.0082	0.0092	0.0110	0.0112				
Observations	3331	3331	3331	3331				

注 *$p < 0.1$, * $p < 0.05$, * $p < 0.01$ 双尾检验。

因为因变量自评健康为定序的类别变量，笔者采取了定序 logistic 回归模型。分析结果如表 20 所示。老年人是否承担隔代养育责任与老年人参与隔代养育的深度均对老年人的自评健康有着显著的负向影响。

具体来说，老年人承担隔代养育对其身体自评健康的影响是显著负向的。相较于不承担隔代养育的老年人而言，越是承担隔代养育，其身体自评健康评价越差的发生比相较不承担隔代养育的老年人减少 0.82 倍。老年人参与隔代养育的深度同样对其身体自评健康的影响是负向的。相较于不承担隔代养育的老年人而言，越是承担隔代养育，老年人每多参与进隔代养育中，其身体自评健康评价越差的可能性越高。完全承担隔代养育的老年人自评健康更差的发生比相较不承担隔代养育的老年人减少 0.8 倍。经常承担隔代养育的老年人自评健康更差的发生比相较不承担隔代养育的老年人减少 0.85 倍。偶尔承担隔代养育的老年人自评健康更差的发生比相较不承担隔代养育的老年人减少 0.68 倍。

从表 20 中，我们可以看出老年人是否承担隔代养育角色以及其参与隔代养育的深度都对老年人的自评健康有着显著的负向影响。而老年人的性别、受教育程度、收入、地区类型也对其自评健康有着影响。

2. 隔代养育"替代父母"积极身心健康影响因素分析

农村隔代养育是伴随着城镇化进程加快、社会流动频繁、家庭结构改变过程中出现的具有时代特点的趋势性、普遍性事实。农村隔代养育成因主要是子辈外出务工，祖辈帮助其减轻家庭负担，抚养孙辈，祖辈积极扮演"父母"角色，一方面帮助子女减轻家庭负担，另一方面照顾孙辈衣食起居，祖辈在隔代养育过程中实现自我价值，达到积极老龄化的效果。我们将祖辈的个人情况与积极身心影响相联系，个人情况主要从祖辈的性别、年龄、文化程度、年收入、婚姻状况、是否和配偶及子女生活在一起考虑，积极身体影响主要从身体健康、扩大人际交往圈考虑，积极心理影响主要从变年轻、生活更有趣、很有成就感、很开心、很有满足感来考虑。

对祖辈产生积极身心影响做一归类，可以形成三个基本假设：

假设1：个人基本情况对祖辈在隔代养育过程中产生积极影响。包括年龄、文化程度、年收入、婚姻状况等；

假设2：隔代养育对祖辈产生积极的身体影响，主要扩大祖辈的人际交往圈；

假设3：隔代养育对祖辈产生积极的心理影响，主要让祖辈变年轻、生活更有趣、很有成就感、满足感、开心感。

同时要注意某些变量间存在共线性的可能性，须有选择地挑选部分有意义的变量，通过多元线性回归分析隔代养育对祖辈产生的积极身心影响。

表21　隔代养育对祖辈产生积极身心影响的回归模型

模型	回归系数			
	模型1	模型2	模型3	综合模型
个人基本情况				
男性	-0.313			-0.001
年龄	-0.086***			-0.001
文化程度	0.780***			-0.011
年收入	0.213**			0.001
和配偶生活在一起	1.593***			0.032*
未和子女生活在一起	-0.460			-0.009
未婚	0.184			-0.061
分居	1.603			0.072*
离异	2.733**			0.073*

续 表

模型	回归系数			
	模型 1	模型 2	模型 3	综合模型
丧偶	2.204***			0.009
积极的身体影响				
身体健康		0.139		−0.631***
扩大人际交往圈		2.238***		1.007***
积极的心理影响				
变年轻			0.937***	0.995***
生活更有趣			1.130***	1.004***
很有成就感			1.033***	0.992***
很开心			1.125***	1.005***
很有满足感			1.027***	1.007***

注　*$p<0.1$，**$p<0.05$，***$p<0.01$ 双尾检验。

①在个人基本情况方面。在模型1中，我们发现年龄、文化程度、年收入、婚姻状况在隔代养育中对祖辈的积极身心影响具有显著效果。年龄越小的祖辈其体力、劳动能力都较好，能更好地适应于年轻孙辈生活，且承担一定的体力劳动。文化程度较高的祖辈在对孙辈日常生活照顾和学习教育方面具有一定的教养自信，且在实践中对于孙辈的管教更加轻松，方法更加科学，更容易使祖辈产生成就感。年收入较高的祖辈能比较好的满足自身与孙辈的生活需求，对于抚养孙辈有足够的物质基础抵抗隔代养育过程中产生的风险，减轻对生计问题的担忧与困扰，在医疗养老方面有较强的物质基础支撑。以往研究表明，廖和平、付睿（2012）发现老人主要面临经济拮据等问题，提高祖辈家庭收入，则有利于解决隔代养育过程中所产生的物质问题。足够的物质基础支撑更有利于促进隔代养育的发展。婚姻状况良好，且夫妇俩共同抚养孙辈能在一定程度上减轻隔代养育带来的负担，祖辈在隔代养育过程中并非全身心投入，面对家务劳作生计与抚养，祖辈一人无法全力应对，则需要配偶帮助。婚姻状况较好，且获得配偶在情感、手段、信息等方面的帮助，能极大地提高祖辈社会支持力度和满意度，从而促进隔代养育发展。乡土社会的中国以血缘为纽带，亲属支持发挥重要作用。

②在积极的身体影响方面。隔代养育对祖辈产生的积极身体影响主要有扩大人际交往圈，在乡土社会中农村邻里形成强大的社会支持网络体系，邻里支持系统作为较重要的初级群体，在隔代养育过程中，祖辈会通过以下活动：串门、喝茶水、唠嗑扩大人际交往圈，祖辈之间共同分享家常以及在隔代养育过程中遇到的问题，通过此种方式一方面扩大人际交往圈，另一方面形成较强大的社会支持网络。

③在积极的心理影响方面。隔代养育对祖辈产生的积极心理影响主要有变年轻、生活更有趣、很有成就感、很开心、很有满足感。祖辈与孙辈相处过程，由于孙辈年幼充满朝气，祖辈与孙辈生活，也较容易被孙辈感染，心态上会变年轻。农村祖辈受传统弄孙为乐思想的影响，在生活中与孙辈逗趣，能够为繁忙的劳作生活增添乐趣，且孙辈乖巧懂事，在情感上给予老人慰藉和心灵上的陪伴能让祖辈产生成就感、满足感、幸福感，喜悦之情溢于言表。

3. 隔代养育"替代父母"他评健康影响影响因素分析

我们同样使用2018年中国家庭追踪调查数据分析隔代养育对老年人他评健康状况的影响。他评健康是访问员对被访问老年人健康状况的主观评价，是一个1~10的得分变量，可以看作一个连续的变量，为了便于数据处理，笔者采取了线性回归模型进行分析。分析结果如表22所示。老年人是否承担隔代养育责任与老年人参与隔代养育的深度均对老年人的他评健康有着显著的正向影响。

表 22 隔代养育对老年人他评健康影响的回归模型分析

VARIABLES	系数	系数	系数	系数
年龄	-0.0266^{***}	-0.0249^{***}	-0.0250^{***}	-0.0250^{***}
男性	0.223^{***}	0.206^{***}	0.220^{***}	0.221^{***}
小学	0.302^{***}	0.295^{***}	0.278^{***}	0.280^{***}
中学	0.367^{***}	0.340^{***}	0.336^{***}	0.337^{***}
大学以上	0.0355	0.0341	0.0579	0.0569
收入		$9.82\text{e}{-}06^{***}$	$8.85\text{e}{-}06^{**}$	$8.84\text{e}{-}06^{**}$
中部地区			-0.177^{***}	-0.178^{***}
西部地区			-0.163^{**}	-0.165^{**}
完全参与				0.225^{***}

续　表

VARIABLES	系数	系数	系数	系数
经常参与				0.168*
偶尔参与				0.216**
隔代养育	0.206***	0.206***	0.214***	
Constant	6.236***	6.120***	6.240***	6.240***
Observations	3180	3180	3180	3180
R-squared	0.043	0.046	0.049	0.049

注　***$p < 0.01$。

具体来说，老年人承担隔代养育对其身体他评健康的影响是显著正向的。相较于不承担隔代养育的老年人而言，越是承担隔代养育，其身体他评健康越健康。老年人参与隔代养育的深度同样对其身体他评健康的影响是显著正向的。相较于不承担隔代养育的老年人而言，越是承担隔代养育，老年人每多参与进隔代养育中，其身体他评健康评价越好。完全承担隔代养育的老年人的他评健康比不承担隔代养育的老年人好 0.225 分。经常承担隔代养育的老年人他评健康比不承担隔代养育的老年人好 0.168 分。偶尔承担隔代养育的老年人他评健康比不承担隔代养育的老年人好 0.216 分。

从表 22 中，我们可以看出老年人是否承担隔代养育角色以及其参与隔代养育的深度都对老年人的他评健康有着显著的正向影响。而老年人的性别、受教育程度、收入、地区类型也对其他评健康有着显著影响。

从表 21、表 22 中，我们可以看出，隔代养育对老年人的自评健康与他评健康的影响是相互冲突的。

4. 隔代养育"替代父母"消极身心健康影响因素分析

隔代养育是一个漫长的过程，其涉及的主体特征明显。祖辈一般年龄较大，其身体机能日渐衰退，在进行日常生产劳作之时还需承担抚养孙辈的责任和义务，而孙辈年幼无知，主体间黏性较弱，青春叛逆期的孙辈容易与祖辈发生矛盾冲突。祖辈抚养孙辈不仅要照顾其生活起居，还需对孙辈进行学习教育，但祖辈由于自身文化水平较低，容易不从心，产生焦虑心理。学界对隔代养育对祖辈产生消极影响主要包括力不从心、经济压力、与亲朋好友交往减少，从而导致疲惫感、焦虑感、孤立感和内疚感等生理和心理负担，影响隔代养育"替代父母"的生活质量。笔者将祖辈的个人情况与消极身心影响相联系，个人情况主要从祖辈的性别、年龄、文化程度、年收入、婚姻状况、是否和配偶及子女生活在一起考虑，消极身体影响主要从生病次数、生气、向其他人抱怨、睡眠不足、不能按时吃饭、家务活增多、劳累过度、感冒生病、减少劳作时间、减少休闲时间，消极心理影响主要从很不愉快、很不顺心、有不再想照看孩子的想法、产生打骂孩子的想法来考虑。

对祖辈产生消极身心影响做一归类，可以形成三个基本假设：

假设 1：个人基本情况对祖辈在隔代养育过程中产生消极影响。包括性别、文化程度、年收入、婚姻状况等；

假设 2：隔代养育对祖辈产生消极的身体影响，主要从生病次数、生气、向其他人抱怨、睡眠不足、不能按时吃饭、家务活增多、劳累过度、感冒生病、减少劳作时间来体现；

假设 3：隔代养育对祖辈产生消极的心理影响，主要让祖辈很不愉快、很不顺心、有不再想照看孩子的想法、产生打骂孩子的想法。

同样在纳入不同变量模型分析时，要充分考虑其可能存在的共线性问题，只纳入部分有意义的变量，通过多元线性回归分析隔代养育对祖辈产生的消极身心影响，见表 23。

表 23　隔代养育对祖辈产生消极身心影响的回归模型

模型	回归系数		
	模型 1	模型 2	模型 3
个人基本特征			
男性	-1.174**		
年龄	0.026		
文化程度	-0.827**		
年收入	-0.513***		
和配偶生活在一起	0.896		
未和子女生活在一起	-0.227		
未婚	-4.393*		

模型	回归系数		
	模型 1	模型 2	模型 3
分居	−1.184		
离异	−0.939		
丧偶	−0.921		
消极的身体影响			
生病次数		1.289***	
生气		2.296***	
向其他人抱怨		1.763***	
睡眠不足		1.077***	
不能按时吃饭		1.062***	
家务活增多		0.875***	
劳累过度		1.266***	
感冒生病		1.437***	
减少劳作时间		0.969***	
减少休闲时间		1.154	
增加日常开支		0.936***	
消极的心理影响			
很不愉快			1.370***
很不顺心			3.864***
有不再想照看孩子的想法			1.580***
产生打骂孩子的想法			2.186***

注　*$p<0.1$，**$p<0.05$，***$p<0.01$ 双尾检验。

①在个人基本情况方面。在模型 1 中，我们发现性别、文化程度、年收入、婚姻状况在隔代养育中对祖辈的消极身心影响具有显著效果。隔代养育"替代父母"们因自身文化水平低无法为孙辈提供学习帮助，产生养育力不从心感，又因祖孙的生活环境、生长背景、价值观念等差异，祖辈认为孙辈不听从管教、特立独行；孙辈认为祖辈老顽固、不懂时代潮流等思想观念的摩擦，容易与日渐成长的孙辈产生代沟和矛盾，影响隔代养育良性发展。

祖辈的年收入越低，则生活越拮据，一方面难以满足家庭所需，另一方面加重生活开支，使得祖辈原本拮据的生活日益拮据，祖辈生活质量下降，一方面降低祖辈生活质量，祖辈缺乏足够资金应对医疗养老等问题。照顾孙辈衣食起居，若子辈缺乏强有力的经济赡养且祖辈劳动能力日益衰弱丧失经济来源，农村祖辈的医疗养老则会成为一大难题。

婚姻状况不佳，缺乏配偶支持，容易加重祖辈隔代抚养的负担，削弱其社会支持系统从而产生消极影响。

②在消极的身体影响方面。脱离理论认为老年人身体衰弱，形成了脱离社会的生理基础，不宜于继续担任社会角色，隔代养育"替代父母"由于孙辈年幼，很多事情无法独立完成如吃饭、睡觉、洗澡等，则需要祖辈牺牲休息时间、睡眠时间、劳作时间，容易导致祖辈无法按时吃饭、睡眠不足、劳累过度，极易生病、生气、向其他人抱怨、睡眠不足、不能按时吃饭、家务活增多、劳累过度、感冒生病、减少劳作时间等消极身体影响。

③在消极的心理影响方面。隔代养育对祖辈产生的消极心理影响主要有让祖辈很不愉快、很不顺心、有不再想照看孩子的想法、产生打骂孩子的想法，这种造成家庭关系不和谐对祖辈的身心健康极为不利。其中消极影响比重最大的是很不顺心，其次是产生打骂孩子的想法。农村祖辈由于文化水平较低，且由于传统观念"家丑不外扬"的思想，祖辈的负面情绪容易积压，缺乏释放系统，找不到情感诉求，且祖辈与孙辈的交流有限，且常用粗暴的教育方法"棍棒之下出人才"，更加加重祖孙之间的矛盾，产生不愉快、不顺心等负面消极情绪。

三、隔代养育对农村留守儿童学业的影响

农村留守儿童因为缺乏父母的照料，引发了社会各界的关注。目前，学界关于隔代养育对农村留守儿童的影响已经有非常丰富的研究成果。在众多与农村留守儿童相关的问题中，教育问题尤为引人关注（许琪，2018）。一方面是留守儿童大多处于学龄阶段，教育是其人生中非常重要的人生事件；另一方面，教育是社会化与阶层流动的重要途径，对留守儿童的身心发展以及人生道路有着重要影响（许琪，2018）。因此，教育问题成为留守儿童研究一个重要领域。

笔者将从隔代养育对农村留守儿童学业成绩入手，呈现隔代养育对农村儿童的影响。

隔代养育下孩子的成绩作为因变量，是一个二分类的类别变量。具体是通过问题"孩子的成绩怎么样"来获取。将回答"好""非常好"作为好成绩"中等""差""很差"作为差成绩。

而核心自变量是隔代养育情况，通过父母是否外出的变化分为：父母同时外出，祖辈完全隔代养育；父亲外出，母亲和祖辈进行养育；母亲外出，父亲和祖辈进行养育；父母皆未外出四种类型。

此外，我们还将家庭收入作为控制变量，将学校类型、孩子户口、是否上过补习班等基本变量作为其他自变量。

因为因变量为二分类的类别变量，笔者采取了logistic回归模型。分析结果如表24所示。隔代养育显著性地影响了农村留守儿童的学业成绩。相较于隔代养育的显著影响，家庭收入、学校类型、户口类型以及是否上补习班等因素对儿童的学业成绩影响并不显著。

表24 隔代养育对农村留守儿童学业成绩影响的 logistic 回归模型分析

因变量	Mod1		Mod2		Mod3		Mod4	
隔代养育下孩子成绩	系数	OR 值	系数	OR 值	系数	OR 值	系数	OR 值
家庭收入	0.0749	1.07	0.0664	1.06	0.0779	1.08	0.0729	1.07
公办学校			0.332	1.39	0.339	1.40	0.317	1.37
非农业户口					-0.340	0.71	-0.416	0.66
没有补习							-0.272	0.76
祖辈与母亲养育	0.893	2.44	0.283	1.33	0.285	1.32	0.272	1.31
祖辈与父亲养育	-1.216[*]	0.3	-1.839[**]	0.16	-1.826[**]	0.16	-1.860[**]	0.16
父母养育	2.369[**]	10.69	1.791	6.99	1.779	5.92	1.786	5.97
Constant	3.638[***]		3.949[***]		3.960[***]		1.854[*]	
McFadden's R^2	0.092		0.090		0.091		0.092	

续 表

| 因变量 | Mod1 | | Mod2 | | Mod3 | | Mod4 | |
隔代养育下 孩子成绩	系数	OR 值	系数	OR 值	系数	OR 值	系数	OR 值
Nagelkerke R^2	0.097	0.094	0.095	0.096				
Observations	1362	1362	1362	1362				

注　*p<0.1，**p<0.05，***p<0.01 双尾检验。

具体来说，在隔代养育的类型中，相较于完全由祖辈养育的儿童来说，祖辈与父亲共同养育模式对儿童的学业成绩的影响是显著负向的。祖辈与父亲共同养育的儿童的成绩相较于完全由祖辈承担隔代养育责任的儿童成绩来说，越是由祖辈与父亲共同抚养，其成绩变差的发生比相对祖辈完全养育的儿童减少0.3倍。完全由父母自己养育对儿童的学业成绩的影响是显著正向的。不考虑其他因素的前提下，父母完全承担养育责任的儿童的成绩相较于完全由祖辈承担隔代养育责任的儿童的成绩来说，越是由父母自己养育，儿童的成绩变得更好的发生比相比祖辈完全养育的儿童增加10.69倍。

从表24可以发现，隔代养育对留守儿童学业成绩的影响是显著的。在不同的隔代养育类型中，父母自己养育孩子模式对儿童的学业成绩有显著的正向作用。相较而言，其他模式对儿童学业成绩的影响不仅没有显著正向作用，还有显著的负向作用。对儿童学业成绩呈负向影响的是母亲外出，父亲与祖辈共同抚育模式，在这个模式中，祖辈并没有完全承担隔代养育责任。相较于这个不完全隔代养育模式，父亲外出，母亲留守和祖辈一起照顾儿童这一不完全隔代养育模式下，对儿童成绩的影响比完全祖辈进行隔代养育的影响要更正向一点。

第五节　农村隔代养育的新现象

一系列关于留守儿童的报道与研究，引起了政府的重视。近些年来，政府与一些社会组织都在积极地致力于改善留守儿童生存状况。数据显示，留守儿童的数量在下降。

笔者在广东省西部农村地区的调查发现，伴随着农村家庭经济条件的改善，农村家庭的流动决策开始出现从父母双方同时外出向父母一方外出转变的趋势。换而言之，隔代养育的情况在经济较为发达的农村地区开始出现变化。

D村位处粤西雷州半岛上的一个渔村，2016年该村被评为省级贫困村。D村所在小镇是广东省中等发展水平的地区，该村面积1770亩，东面直接滨海。截至2015年年底，该村户籍人口3866人，共842户。该村土地较少，全村共1100亩可耕地，且多为旱田和贫瘠坡地，人均耕地面积不足2分。由于多年的过度捕捞，该村的渔业收入也难以维持生计，因此该村青壮年劳动力大多流向珠三角和湛江市区务工。目前该村常年外出打工的人口约100多人，留守儿童36人，实际在村人口约2800人左右。

D村已婚家庭劳动力迁移的模式多为男性青壮年外出，女性留守的迁移模式，这也是选择D村进行田野调查的一个重要原因。总的说来，D村的家庭孩童养育的模式多为父亲外出务工，母亲留守家庭，承担养育孩童和照料老人的责任。这一家庭劳动力迁移的模式，来自家庭中父亲对孩子养育观念的转变。

老陈是D村外出务工经历十分丰富的人，早在本世纪初他就跟随亲戚去广东省湛江市、海南省做建筑工。结婚后，他从村里带了一些兄弟出门自己拉起了建筑队伍，开始承包一些建筑工程。他将自己的2个孩子留在D村，让老婆在家照顾。对于不让孩子母亲与自己一起出门做生意，而是留在家庭中照料孩子和老人，老陈有着自己的一套理念：

"我们这么努力干活是为了什么，不就是希望孩子可以好好成长吗？我看电视里面，那个留守儿童好惨，你们湖南的留守儿童也很多呀，看得我都要流眼泪。我们（村）这里就好，基本上都没有留守儿童……老年人照顾不好孩子的，他看不住，他自己都看不了，还怎么照顾孩子。（孩子）交给他看，都不放心，还是要父母自己带（孩子）……钱我有，赚了钱就是来给家里花的，不然男人要赚钱干什么，就是给老婆花的。老婆不用出来工作，她就帮我带好孩子，看好家里就是，赚钱是男人的事情。"

——老陈（案例 LT-LC-20170420）

在 D 村，与老陈相同看法的不在少数，认为赚钱是男人的事情，女性只要在家里照顾好小孩就可以了，同时也不放心将小孩交给爷爷奶奶照看。所以 D 村虽然是贫困村，但是相比于其他村落，父母双方同时外出，将小孩交给爷爷奶奶照看的家庭要少一些。同老陈一样看法的村民，大多在外务工的经济收入较好。否则，在农业、渔业收入难以满足家庭支出的情况下，女性还是不得不外出务工赚取货币收入，来补贴家用。

衫姐的老公就在深圳开挖掘机，她与老公是在深圳打工认识的。衫姐目前有 4 个孩子，最大的孩子刚读小学四年级。一开始，她与老公在深圳一起工作，小儿子就是在深圳生下来的。后来因为老公的工资提升了，以及深圳的生活成本太高，就回到家乡专职照顾 4 个孩子与两个老人。衫姐说，如果不是老公的工资还可以，家里又有小孩照顾，她可能也是将孩子交给爷爷奶奶照看，自己去深圳找工作了。

"当时 CM 厂招工……去厂里面的话，一个月也有两三千块钱呢。就是它是三班倒，要上夜班。夜班就是12点到8点，孩子没有办法看，不放心晚上不在。所以也没去。就在家里了……家里用钱当然是我老公给钱啦，我都不知道他一个月多少钱，反正每个月给我钱家用都就好了……嫁得好不好，看老公好不好，自己要不要做活……最重要还是孩子教得好不好。"

——衫姐（案例 SJ-WC-20170906）

在衫姐看来，她的主要任务就是照看孩子，赚钱养家是老公的任务，老公能赚钱就是嫁得好，过得好就是孩子教得好。这种育儿观念同样建立在家庭经济条件得到改善的基础上。

无论老陈与衫姐的案例是不是特殊现象，但我们可以认为它是农村一种新的育儿观念，并由此形成了一种隔代养育的新现象，祖辈和母亲共同养育孩子，父亲则外出务工挣钱。母亲成为孩子养育的主要责任承担者，祖辈则只是辅助的角色，甚至退出孙子女（外孙子女）的养育过程。

从粤西农村地区的隔代养育的新现象可以看出，一旦满足家庭经济能够支撑家庭再生产需求这个条件，隔代养育的现象会从完全由祖辈养育演变成为祖辈只承担一部分养育任务，甚至留守儿童转变为流动儿童的可能性也会大幅增强。

表 25 家庭规模、收入与地区类型对老年人承担隔代养育影响的 logistic 模型

VARIABLES	系数	OR	系数	OR	系数	OR
年龄	-0.0661^{***}	0.94	-0.0657^{***}	0.94	-0.0654^{***}	0.94
男性	-0.230^{***}	0.79	-0.270^{***}	0.76	-0.284^{***}	0.75
很健康	0.159	1.17	0.237	1.28	0.239	1.27
比较健康	-0.141	0.87	-0.0611	0.94	-0.0829	0.92
一般	-0.132	0.88	-0.121	0.89	-0.11	0.9
不健康	-0.298^{**}	0.74	-0.296^{**}	0.74	-0.332^{**}	0.72
家庭收入	$4.90e-06^{***}$	1	$9.27e-07$	1.00e+00	$1.20e-06^{**}$	1
家庭支出	$2.27e-08$	1.00e+00	$1.17e-08$	1.00e+00	$8.13e-09$	1
家庭规模			0.402^{***}	1.49	0.383^{***}	1.47
中部地区					0.0617	1.06
西部地区					0.445^{***}	1.56
Constant	4.406^{***}	3.004^{***}	2.939^{***}			
McFadden's R^2	0.048	0.141	0.145			
McFadden's Adj R^2	0.044	0.137	0.14			
Nagelkerke R^2	0.085	0.236	0.242			
Observations	3610	3610	3610			

我们还利用 2018 年中国家庭追踪调查的个人和家庭匹配数据来对这一新的发展趋势进行分析与验证。具体做法是将老年人是否承担隔代养育作为因变量,家庭收入与支出、家庭规模、地区等变量作为自变量,老人的年龄、性别、自评健康状况作为控制变量。由于因变量为二分类的类别变量,笔者采取了logistic 回归模型。分析结果如表 25 所示,在控制了老年人的年龄、性别与健康状况之后,家庭规模、家庭收入以及地区类型都对老年人是否承担隔代养育有着显著影响。

具体来说,家庭收入对老年人是否承担隔代养育有着显著的正向影响。家庭收入每增长一个单位,老年人不承担隔代养育的发生比增加 1 倍。家庭规模对老年人是否承担隔代养育有着显著的正向影响。家庭规模每增加一个单位,老年人不承担隔代养育的发生比增加 1.47 倍。地区类型对老年人是否承担隔代养育有着显著的正向影响。相较于东部地区,西部地区的老年人承担隔代养育的发生比要高 1.56 倍。

而老年人的性别、年龄、健康状况也对老年人是否承担隔代养育有着显著的负向影响。此外,家庭支出对老年人是否承担隔代养育的影响不显著。

因此,农村隔代养育承担者——祖辈退出隔代养育过程的重要因素是家庭经济条件,如果经济条件改善,那么农村家庭劳动力的迁移决策就会发生变化,农村隔代养育现象也随之发生变化。

第六节 关于隔代养育现状的讨论与思考

一、角色转换效果不佳

根据以上分析结果,我们发现农村隔代养育家庭祖辈成为"替代父母"的角色心理主要是积极愉悦情绪,占比 60.8%,祖辈受传统文化观念的影响自觉主动承担抚养孙辈的责任,来减轻家庭负担,利他主义动机促使其适应这一角色转变,同时 72.8% 的祖辈在抚养方法上发生改变,且认识到抚养孙辈与抚养子辈的不同，但由于自身文化程度较低，祖辈主要负责孙辈衣食起居，在学习教育方面主要依赖学校教育，67%的祖辈担心孙辈的安全问题、教育问题。从祖辈的角色转换综合得分看有33%的祖辈角色转换分值未达到平均分23分，且30分以上的高分段仅占9.6%。虽然祖辈在角色心理与角色行为适应方面都呈现较好的状态，积极愉悦的情绪主动承担隔代养育的责任，且在抚养方法上相应变化，以更好地促进隔代养育发展，但是综合其角色转换来看，其转换效果却不理想，据调查祖辈平均年龄在63岁，小学文化为主，家庭年收入大部分在2000~2999元，由于祖辈年纪较大，且文化程度低，家庭经济拮据，隔代养育过程中不仅要进行生产劳作同时要照顾孙辈日常起居，且祖孙年龄差异大，容易产生代沟发生代际冲突，隔代养育对于老年人来说本身责任重大，任务艰巨，再加之多项不可控现实因素导致祖辈在角色转换方面不理想，且容易产生诸多消极身心影响。

二、身心影响喜忧参半

隔代养育对祖辈产生不同的身心影响，存在积极方面也存在消极方面。祖辈受弄孙为乐的传统文化观念影响，在和孙辈相处过程中，64.8%的祖辈认为自己变年轻，82.4%的祖辈认为生活变得有趣多彩，75%的祖辈认为很有成就感，78.8%的祖辈认为很有满足感，86.5%的祖辈感觉很开心，从多元回归模型的验证中我们也发现个人基本情况对祖辈在隔代养育过程中产生积极影响，如年龄、文化程度、年收入、婚姻状况等，隔代养育对祖辈产生积极的身体影响，主要扩大祖辈的人际交往圈，隔代养育对祖辈产生积极的心理影响，主要让祖辈变年轻、生活更有趣、很有成就感、满足感、开心感。

隔代养育对祖辈造成的消极身心影响主要有：30.2%的祖辈认为抚养孙辈过程常让人生气，37%的祖辈认为常睡眠不足，33.7%的祖辈认为常不能按时吃饭，58.6%的祖辈认为家务活增多，40.5%的祖辈认为常导致劳累过度，28.9%的祖辈认为抚养孙辈后身体下降常感冒生病，15%的祖辈一个月的生病周期长达2~3周，50.6%的祖辈认为减少劳作时间，56.2%的祖辈认为减少休闲时间，79.1%的祖辈认为增加日常开支，部分祖辈认为抚养孙辈过程中由于祖孙代际冲突常导致不顺心，产生不想照看孙辈的想法，甚至有打骂孩子的想法。多元回归模型的验证中我们也发现个人基本情况对祖辈在隔代养育过程中产生消极影响，如性别、文化程度、年收入、婚姻状况等，隔代养育对祖辈产生消极的身体影响，主要从生病次数、生气、向其他人抱怨、睡眠不足、不能按时吃饭、家务活增多、劳累过度、感冒生病、减少劳作时间来体现，隔代养育对祖辈产生消极的心理影响，主要让祖辈很不愉快、很不顺心、有不再想照看孩子的想法、产生打骂孩子的想法。

三、城市化进程、拆分家庭与代际反哺的变化

改革开放的四十年也是中国城市化、工业化飞速发展的四十年。城市化、工业化的飞速发展建立在中国庞大的人口红利上。这种人口红利来源于中国庞大的、廉价的劳动力群体规模。廉价来自城市化、工业化进程中城市对劳动力再生产责任的推卸。中国大量的青壮年劳动力来自乡村的剩余劳动力。城市化、工业化对劳动力人口的内在需求，导致城乡社会之间的流动限制逐步放开，大量的农民进城务工，形成了庞大的农民工群体。然而，农民工群体因为城乡二元户籍制度造成的福利与身份的双重边缘化，成为城市的"边民"。农民工也因此难以举家迁移进城市，只能在家庭迁移策略中形成青壮年外出，老人或女性留守的迁移决策。农民工的家庭不仅在空间上是拆分的家庭，在社会再生产上也是拆分的：农民工自身在城市完成劳动力再生产，所得货币收入寄往农村家庭，其下一代的抚养和教育在乡村完成，即家庭成员尤其是代际成员的家庭再生产在乡村完成。（沈原，2006；任焰、潘毅，2006；任焰、张莎莎，2015）。

这种拆分的家庭再生产方式对农村家庭孩童养育的决策产生了深刻影响。事实证明，拆分式家庭再生产模式是正式制度失灵下的有效替代方式（郭瑜、孙瑞敏，2018）。这种替代方式普遍而具有活力，在一定程度上缓解了外出务工父母的养老、抚育负担，减轻了后顾之忧。这种拆分式家庭再生产模式之所

以有效，在于家庭分工出现了新的调整。农村老人，在传统的农村家庭中，只是孙子女（外孙子女）养育的辅助角色，并成为子女养老反哺的对象。在这种拆分式家庭再生产模式下，农村老人不仅承担起孙子女（外孙子女）的主要抚养责任，并自己承担自己的养老需求。原本传统的代际养老反哺模式，在农村出现了变化。在这种实践中，蕴含着代际关系重组的机遇与张力。一方面，它可能带来代际冲突和矛盾，另一方面，它也可能带来关系亲密化。

四、隔代养育与农村养老的变化

隔代养育带来的不仅是家庭抚育体系的变化，也带来了家庭代际关系变化。农村老年人养老变化伴随着隔代养育的需求而产生变化。

隔代养育需要老年人付出的不仅是照料劳动，还有经济性的生产劳动以及情感劳动。一方面，作为祖辈的老年人在照料孙子女的时候，精神压力也是影响老年人生活质量的重要因素。祖辈抚养孩童伴随着社会经济的快速变迁而带来的力不从心时而有之。另一方面，因为农民工的工资稳定性不高，用于养育的费用可能不能及时转移到祖辈手上，用于家庭和养育孩童的日常再生产。因此，祖辈往往还需要进行一些补贴家用的生产性劳动，比如农活、产品加工等工作，换取收入用作日常生产开支。从这个意义上来说，老年人不仅不能期待子女的赡养，还需在退休年龄之际承担起自己和孙子女（外孙子女）的日常再生产需要。正是如此，一些学者认为，外出务工的青年将孩童交给祖辈进行隔代养育的行为，实际上是一种代际剥削（陈峰，2014；耿羽，2010）。

事实证明，隔代养育的确为青年父母解决了再生产方面的障碍，成为农村一个有效的非正式制度。我们也不能否认隔代养育的确带来诸多的社会问题，不仅重组了代际关系，也让传统的农村养老模式产生了新变化。如何解决或者缓解这一问题，国家的力量不能缺位。事实上，在工业高度发达，社会分工更加精细的现代社会，国家对家庭的渗透是十分深入的，现代家庭对国家的依赖越来越深。从这个意义上来讲，国家为现代家庭提供基础的、完善的制度保障，成为实现改善隔代养育、实现乡村振兴的最有效途径。

第 三 章

农村隔代养育"替代父母"社会支持实证研究

第一节　农村隔代养育"替代父母"社会支持现状

在社会支持圈中两大系统提供的具体支持分为三方面：手段帮助、情感帮助、信息帮助。手段帮助主要是提供物质金钱、家务劳作等方面进行支持；情感主要是精神慰藉等方面，信息帮助主要是提供信息渠道。

一、手段帮助的供需矛盾　☞

从图 6 我们可以得出祖辈接受的手段帮助主要由成年子女、配偶、其他家庭成员、朋友或邻居等主体提供，各占比 12.4%、11.3%、8.4%、8.3%。成年子女提供的手段帮助主要是为祖辈添置衣物、定期寄赠养费、家务劳作（较少）；配偶的手段帮助主要是夫妻双方协调分工，如女性负责操持家务、照顾爷孙衣食起居、饲养牲畜、协助丈夫进行田间劳作（较少），男性则主要务农、种植劳作、打临工补贴家用；其他家庭成员主要是逢年过节上门送礼问候、为父母亲添置衣物、购买生活用品、日常照料；邻里或朋友的手段帮助主要是邻里之间日常生活帮助，不涉及金钱借还，但包括农村人情之间的礼尚往来。

另外从图 6 中我们可以了解到祖辈在接受支持系统的手段帮助中比较满意的是：成年子女、配偶、子孙各占比 6.7%、5.8%、2.1%。由于在手段帮助中，

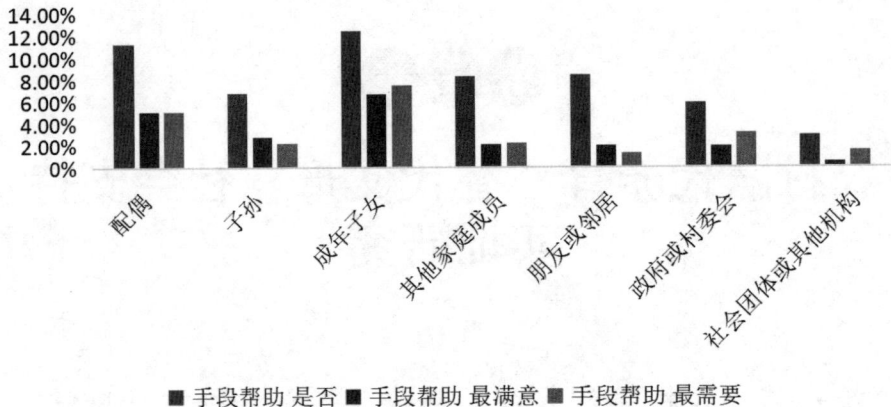

图 6 手段帮助

成年子女的支持力度最大，所以满意度最高。祖辈在以上手段帮助中比较需要的是：成年子女、配偶、政府和村委会各占比 7.5%、5.1%、2.1%。成年子女对祖辈的支持力度最大，也最为满意、最为需要。据调查可得知，在农村隔代养育中，大部分子女每个月会定期给祖孙寄生活费和赡养费，金额不等有高至 2000 元，也有低至 500 元或者没有，在亲属支持系统主要依靠祖辈夫妻俩自给自足，同时子女辅助。子辈在孩子成长过程中父母角色的缺失通过金钱与物质补助。

A：奶奶，子女有没有在经济上面和精神上面帮助过你？

B：有呀，每个月会寄钱过来，在家里的时候他们会帮忙做家务，做饭吃。我孙子现在小不懂事，他长大点就可以向哥哥姐姐学习帮我做家务，子女平时还会每个星期打电话问问我的身体，娃听不听话。家里的衣服鞋子都是他们买的，我手机话费、电费也是他们在网上交的，平时买医疗保险这些也是他们告诉我的。我嫁出去的女儿他们会给我买荤菜，像猪蹄猪脚，牛羊肉这些。(C-HG170820，个案 5 祖辈女，74 岁，小学文化，现一人抚养 6 岁孙子）

从数据中可以发现，农村祖辈对于政府和村委会的帮助满意度较低，但是非常需要政府和村委会的帮助。可见基层自治组织需要加强落实精准扶贫、精准脱贫，对于家庭情况特殊的农村老人予以物质性的支持与帮助。存在个别案例（蒋奶奶口述），由于子女犯罪无法抚养孩子且无法履行赡养义务，只能通过祖辈两人独立承担替代父母责任，形势严峻不容乐观，缺乏政府和其他社会团体的帮扶。

我们家的情况村里人都知道，总共就俩儿子，大儿子坐牢了，儿媳跑了，小儿子身体残废，就剩小儿媳赚钱养家，我和我家老头现在就帮小儿媳拉扯孩子，照顾我家小崽，家中不幸事，家丑不可外扬，全村都帮过我们，上次去赎他想保送出来，全村都来募捐，全村上下我们都去借钱，现在家里还欠七八万，前段时间我老头去卖几千斤稻谷赚了500块，还了张婶家那500块，社会好了，时代好了，日子还是没有变好呀，这些年我们都老了不少。（C-JM170825，个案6祖辈女，67岁，小学文化，与配偶抚养14岁孙子）

亲属系统支持对家庭的凝聚、老年人的赡养、孩童的抚养发挥积极作用，在调查中发现大部分亲属支持系统发展较为良好，子女定期手段帮助，同时年龄较大的孙辈也能基于帮助，通过做家务减轻祖辈负担，其他家庭成员适当的情感帮助、手段帮助。可见在农村传统孝文化的影响下，传统的乡规民约促使子女自觉履行其赡养义务，祖辈在利他动机影响下自觉成为"替代父母"。

A：我这也耽误了爷爷奶奶伯伯伯母不少时间了，就最后再问一个问题，在抚养孙子过程中，您得到过哪些帮助？配偶的、子孙的、子女的、其他家庭成员的、邻居的、朋友的、政府的。可以是手段帮助包括物质、经济、做家务等；情感帮助，就是精神上的，打电话问候，关心；信息帮助也就是提供信息渠道这些等。这些帮助中您认为哪些是最需要？最满意？

B：要说到帮助肯定是子女帮助最需要最满意，子女的帮助是最大的，首先是物质上的帮助，定时的一定的物质给予，毕竟是给他们带孩子，这必需品还是不可少的，其次就是我堂客，这家务啥的还得她来操心，其他倒没什么了。

政府一分钱也没给过，还提什么帮助呀。朋友邻居就是互相帮忙照看嘛，需要借钱啥的还是会帮忙，平时捎口信这些也会帮忙。(C-JT170829 个案 7，70 岁，小学文化，身体硬朗，在家务农，协助配偶抚养子孙)

二、情感帮助的亲属维系

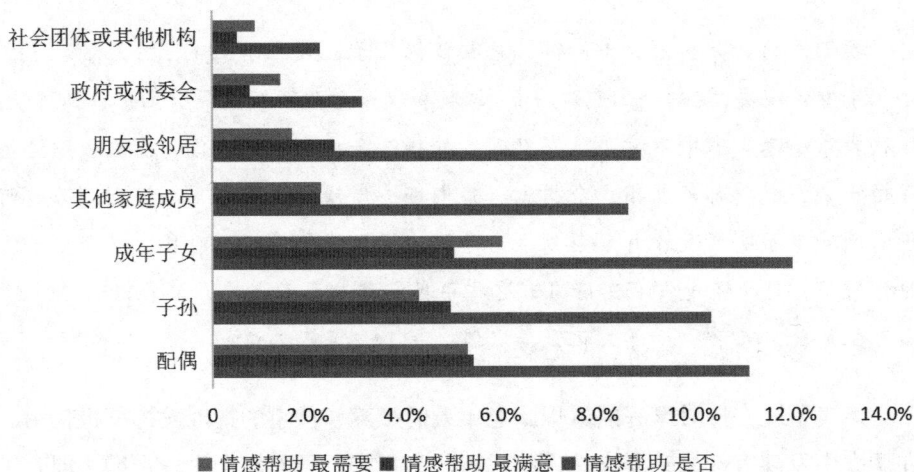

图 7　情感帮助

从图 7 我们可以得出祖辈接受的情感帮助主要有：成年子女、配偶、子孙、朋友或邻居各占比 12.0%、11.2%、8.9%、8.7%。成年子女提供的情感帮助主要是按时打电话慰问、家里大事人情等互相商量、逢年过节回家看望（较少）；配偶的情感帮助主要是互相聊天互相支持，共享生活琐事；子孙主要是和祖辈日常相处过程中表现为听话懂事，和祖辈日常沟通，关心孝顺祖辈；邻里或朋友的情感帮助主要是邻里之间日常互动，邻里好友聚在一起唠嗑唠家常。

另外从图 7 中我们可以了解到祖辈在以上情感帮助中比较满意的是：配偶、成年子女、子孙的情感帮助，各占比 5.4%、5.0%、2.1%。由于配偶日常陪伴在左右，所以其满意度最高。配偶精神上的支撑与慰藉极大程度上缓解了农村空巢老人的孤单，与配偶共同生活照顾孙辈，夫妻双方相互照应，一定程度上减轻了隔代养育的安全隐患。祖辈在以上情感帮助中比较需要的是：成年子女、配偶、子孙，各占比 6.0%、5.3%、4.3%。成年子女对祖辈的支持力度最大，所以也最为需要。在乡土社会以血缘为纽带维系人们共同生活，人们的情感选择建立在浓浓的亲情之上，父与子、夫与妻之间的亲情纽带维系整个家庭关系，并帮助家庭正常运转。随着近年来农村物质生活水平提高，人们的精神需求不容忽视。在调查中发现农村祖辈的精神需求主要依靠子女、配偶、子孙这三类群体中得到满足。祖辈抚养孙辈一方面存在极大的安全隐患，但是另一方面满足了祖辈的精神需求、情感支持，在养育过程中我们可以发现祖辈实现自我价值的同时与孙辈共同成长，实现角色转换与适应。

三、信息帮助的邻里支撑 ☞

从图 8 我们可以得出祖辈接受的支持系统中的信息帮助主要有：朋友邻居、成年子女、配偶，各占比 11.3%、11.2%、9.0%、8.7%。朋友邻居提供的信息帮助主要是提供日常生活信息渠道，费用缴纳信息如医保收费等，养老金提取信息等，农村红白喜事送礼信息等；成年子女信息帮助主要是孙辈上学信息、上学表现情况、日常生活唠嗑等家庭信息；配偶的信息帮助主要是子女生活信息、人际关系信息、家庭基本信息等。对于信息帮助朋友或邻居的作用超过亲属关系，可见在农村社会中呈现一种本地网络密集型，邻里在信息传递方面发挥重要的作用。在乡土社会中，这是一种差序格局的形式，邻里和亲属形成的社会支持圈，圈的中心是祖辈，其支持圈的大小范围不仅由自身资本决定，同时还受圈中所涉及的邻里、亲属的资本力量以及介入程度。农村是由和睦的感情伦理维系着乡土社会的发展与联合。

另外从图 8 中我们可以了解到农村祖辈在以上主体的信息支持中比较满意的是：成年子女、朋友邻居、配偶的信息帮助，各占比 4.4%、3.7%、3.2%。成年子女作为祖辈的直系亲属系统，不仅提供必要的物质帮助、精神帮助、信息帮助，且祖辈的利他动机，全心全意为子女付出。子辈和父辈之间呈现一种和谐共同促进的有利关系。农村祖辈在以上主体的信息帮助中比较需要的是：成

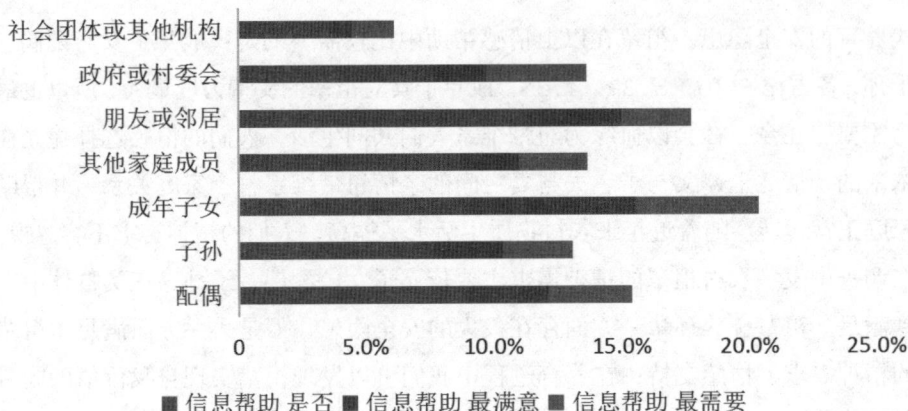

图 8 信息帮助

年子女、政府和村委会、配偶，各占比 4.8%、3.9%、3.2%。从图 6 中的满意度可知，祖辈对成年子女的信息帮助满意度最高，故最需要成年子女的帮助。其次是政府和村委会的信息帮助需求度较高，政府和村委会对农村祖辈信息支持力度占比 7.7%，可见基层自治组织在信息提供方面应发挥其应尽责任和义务，树立公开透明的政府形象，做好信息宣传普及工作。

在隔代养育过程中，除了家庭支持外，"替代父母"间朋辈支持，发展邻里支持系统也很重要，代购代买，生活临时照料、陪伴等实质手段支持和情感慰藉，能减轻家庭负担，丰富他们的日常生活。正如访谈所说。

农村社区属于熟人社会，在长期生活中形成了共同价值观念和富有人情味的社会关系，形成相互依赖的社会支持网络，这对于"替代父母"完成角色转换和应对生活困难是很重要的。

第二节 农村隔代养育"替代父母"社会支持系统影响因素

在农村隔代养育"替代父母"社会支持系统中，不同主体支持力度不同，其满意度、需求度也存在差异。本部分重点探讨个人特质与家庭关系对祖辈社会支持系统的影响。祖辈的文化水平、收入与其社会支持系统的大小、满意度之间是否存在显著关系；家庭关系中的夫妻关系、父子关系与其社会支持系统的大小、满意度之间的显著关系。

手段支持力度分数是八类支持群体的手段支持加总得到，手段支持满意度分数是八类支持群体的手段支持满意度加总分数，手段支持需求度分数是八类支持群体的手段需求加总分数，同理得到情感支持力度分数、情感支持满意度分数、情感支持需求度分数、信息支持力度分数、信息支持满意度分数、信息支持需求度分数。在此基础上，把手段支持力度分数、情感支持力度分数和信息支持力度分数加总得到社会支持力度总分，同理得到社会支持满意度总分和社会支持需求度总分。

一、个人特质与社会支持系统

1. 祖辈文化程度与社会支持力度

笔者尝试对祖辈文化程度和社会支持变量进行单因素方差分析，探讨二者的关系。具体结果见表 26-1 和表 26-2。

表 26-1 祖辈文化程度与社会支持力度描述统计

文化程度		支持力度总分	支持满意度总分	情感支持满意度	信息支持力度
小学及以下	平均值	9.6812	3.4913	1.242	3.0043
	个案数	690	690	690	690
	标准 偏差	4.60167	3.25332	1.28098	1.98287
初中	平均值	10.535	3.6783	1.3741	3.4021
	个案数	286	286	286	286
	标准 偏差	5.05935	3.02875	1.20666	2.06284
高中及中专	平均值	10.963	4.0366	1.4512	3.561
	个案数	81	82	82	82
	标准 偏差	5.53273	3.3015	1.28767	2.2172

续　表

文化程度		支持力度总分	支持满意度总分	情感支持满意度	信息支持力度
大专及以上	平均值	10.7273	5.5	2.2273	3.5
	个案数	22	22	22	22
	标准 偏差	5.09137	4.37253	1.84989	1.76608
总计	平均值	10.025	3.6231	1.313	3.162
	个案数	1079	1080	1080	1080
	标准 偏差	4.8269	3.23552	1.28303	2.0273

从表 26-2 发现，文化程度仅对支持力度总分、支持满意度总分、情感支持满意度和信息支持力度 4 个变量有显著影响，而文化程度对其他 8 个社会支持变量的影响不显著。

表 26-2　祖辈文化程度与社会支持单因素方差分析

		平方和	自由度	均方	F	显著性
支持力度总分★文化程度	组间（组合）	238.066	3	79.355	3.429	0.017
	组内	24878.258	1075	23.143		
	总计	25116.324	1078			
支持满意度总分★文化程度	组间（组合）	104.378	3	34.793	3.345	0.019
	组内	11191.244	1076	10.401		
	总计	11295.621	1079			
情感支持满意度★文化程度	组间（组合）	24.500	3	8.167	5.016	0.002
	组内	1751.718	1076	1.628		
	总计	1776.219	1079			
信息支持力度★文化程度	组间（组合）	49.203	3	16.401	4.024	0.007
	组内	4385.441	1076	4.076		
	总计	4434.644	1079			

结合表 26-1 描述统计信息，可以得出如下结论：一是不同文化程度影

响隔代养育"替代父母"的社会支持力度（$F=3.429,P=0.017$），文化程度越高，得到的社会支持越多；二是不同文化程度影响隔代养育"替代父母"的社会支持满意度（$F=3.345,P=0.019$），文化程度越高，该群体对社会支持满意度就越高；三是不同文化程度影响隔代养育"替代父母"的情感支持满意度（$F=5.016,P=0.002$），文化程度越高，该群体对情感支持满意度就越高；四是不同文化程度影响隔代养育"替代父母"的信息支持力度（$F=4.024,P=0.007$），文化程度越高，该群体对信息支持力度就越高。值得关注的是文化程度对社会支持的需求度影响未呈现出显著差异。

社会资本论认为个体自身资本越高，其运用资本的能力与使用资本的范畴更大。祖辈文化程度低则其社会资本相应变弱，在差序格局的乡土社会，社会资本中心变小，社会支持网相应缩小。

2. 家庭年收入与社会支持力度

表 27　卡方检验

项目	值	自由度	渐近显著性（双向）
皮尔逊卡方	13.462a	4	0.009
似然比（L）	13.726	4	0.008
线性关联	6.531	1	0.011
有效个案数	1069		

注　a. 0 个单元格（0.0%）具有的预期计数少于 5。最小预期计数为 23.92。

表 27 卡方检验中，卡方值为 13.462，p 值趋近于 0，落在否定域，所以拒绝原假设，承认研究假设家庭年收入影响社会支持力度。表明二者显著相关，家庭年收入与社会支持力度有一定相互影响性。家庭年收入越高，子辈对祖辈的社会支持力度越大，尤其是在物质帮助上，祖辈的满意度越高。所以在物质帮助方面，加强各主体对祖辈的社会支持，如亲属定期寄足够的赡养费和抚养费回家、政府和村委会加强扶贫工作等改变祖辈生活窘状。

二、家庭关系与社会支持系统 👈

通过问卷调查和结构访谈了解到农村祖辈社会支持系统主要有七类主体：成年子女、配偶、子孙、其他家庭成员、邻里、政府和村委会、社会团体和其他机构。本部分通过方差分析验证家庭关系与社会支持系统是否有显著性相关。

因此自变量为是否同住，因变量为社会支持 12 个变量。

1. 夫妻关系对社会支持力度的影响

我们探讨了是否与配偶同住对来自配偶支持状况影响做了分析，见表 28-1，是否与配偶同住显著影响其来自配偶在隔代养育上的全方面支持，在配偶支持力度（$F=326.545,P=0.000$）、配偶支持满意度（$F=122.745,P=0.000$）和配偶支持需求度（$F=74.061,P=0.000$）均呈现显著差异，与配偶同住的隔代养育"替代父母"比未与配偶同住者得到了更多的来自配偶的支持力度（$M1=2.182,M2=0.871$），更高的满意度（$M1=0.995,M2=0.2821$）和更强烈的需求度（$M1=0.947,M2=0.364$）。从一定程度上说，同住意味着夫妻关系好于未同住者，因此是否与配偶同住可以作为夫妻关系的一个操作定义。

表 28-1 是否与配偶同住对来自配偶支持状况的影响

项目	与配偶同住			未与配偶同住			F	P	Eta
	均值	n	标准差	均值	n	标准差			
配偶支持力度	2.182	806	0.973	0.871	280	1.232	326.545	0.000	0.481
配偶支持满意度	0.995	806	0.998	0.282	280	0.685	122.745	0.000	0.319
配偶支持需求度	0.947	806	1.041	0.364	280	0.755	74.061	0.000	0.253

从表 28-2 中可知，是否与配偶同住显著影响社会支持力度（$F=10.332, P=.001$）、手段支持力度（$F=4.601, P=.032$）、情感支持力度（$F=11.915, P=.001$）和信息支持力度（$F=7.527, P=.006$），在此印证了与配偶同住对其社会支持全面影响，承认研究假设夫妻共同抚养影响社会支持力度。夫妻双方共同抚养孙辈与农村隔代养育"替代父母"的社会支持力度显著相关。夫妻双方共同抚养孙辈，配偶的作用尤其明显。在手段方面：配偶双方协调分工，如女性负责操持家务、照顾爷孙衣食起居、饲养牲畜、协助丈夫进行田间劳作（较少），男性则主要务农、种植劳作、打临工补贴家用；情感方面：主要互相聊天互相支持，共享生活琐事；信息方面：配偶主要提供子女生活信息、人际关系信息、家庭基本信息等。同时夫妻两个主体使得社会支持网扩大，社会支持圈的重叠累加扩大农村祖辈的人际关系圈，形成差序格局，社会支持圈的大小与圈内主体资本力量有关，同时直接间接影响圈内客体。

表 28-2 夫妻关系对社会支持状况影响

项目	是			否			F	显著性
	均值	n	标准差	均值	n	标准差		
支持力度总分	10.0583	412	4.78099	9.9849	662	4.85958	10.332	0.001
手段支持力度	3.4078	412	1.68686	3.4184	662	1.67436	4.601	0.032
情感支持力度	3.4262	413	1.77701	3.435	662	1.85589	11.915	0.001
信息支持力度	3.2252	413	2.05864	3.1314	662	2.01115	7.527	0.006
来自子辈支持力度	2.1290	806	1.03994	1.9821	280	1.10863	4.005	0.046
来自政府或村委会支持力度	0.9169	806	1.03085	1.0786	280	1.06470	5.027	0.025

2. 夫妻关系与社会支持满意度

表 29　单因素方差分析结果

	平方和	df	均方	F	显著性
组之间	24.397	1	24.397	113.599	0.000
组内	187.489	873	0.215		
总计	211.886	874			

从表29中可知，F值为113.599，p值趋近于0，落在否定域，所以拒绝原假设，承认研究假设夫妻共同抚养影响社会支持满意度。所以认为夫妻双方共同抚养孙辈与农村隔代养育"替代父母"的社会支持满意度有显著相关。夫妻双方共同抚养孙辈，其社会支持系统力度变大。农村祖辈接受社会支持越多，其应对风险能力变强，社会支持网的作用使得其满意度增加。且与配偶共同抚养孙辈，配偶的情感帮助最为满意。我们不仅应关注到祖辈的物质需求，同时也应满足其精神慰藉。

3. 父子关系与社会支持满意度

我们以子辈赡养费作为测量父子关系的一个维度，探讨子辈赡养费是否影响"替代父母"的社会支持满意度。

表 30　单因素方差分析结果

	平方和	df	均方	F	显著性
组之间	36.978	1	36.978	19.600	0.000
组内	2011.209	1066	1.887		
总计	2048.187	1067			

从表30中可知，F值为19.6，p值趋近于0，落在否定域，所以拒绝原假设，承认研究假设子辈赡养费影响社会支持满意度。子辈赡养费与农村隔代养育"替代父母"的社会支持满意度显著相关。子辈赡养费越充足，对祖辈的手段帮助力度越大，祖辈有足够的物质基础应对隔代养育中出现的问题，其社会支持满意度则相应提高。若手段支持薄弱，又缺少情感支撑，农村祖辈生活状况困窘缺乏相应的社会支持系统，则隔代养育会出现极大的安全漏洞，该漏洞关系到两代人的命运。

三、个人特质与家庭关系的多元回归模型

1. 量与假设

近年来学者对隔代养育有着越来越多的关注。余盼和熊锋（2014）提出隔代养育中祖辈面临角色适应与角色转换行为等问题，从身份认同、教养心理、教养信心、生活习惯、教养方式、人际关系六个方面展开论述。孔海娥（2012）提出农村留守老年妇女在抚育孙辈过程由传统的辅助性角色向"二度母亲"的转变中，成为孩子主要照顾者，老人们在年迈时担当起照顾孙辈的职责，对于其体力、心力均是极大考验。廖和平、付睿（2012）通过对18个自然村的农村空巢老人进行调查，从个人、家庭、社会三个方面分析其面临的经济拮据、缺乏满足感、依赖感等问题。我们对全国十多个省的农村祖辈进行问卷调查和访谈，通过卡方检验与方差分析发现，农村祖辈在隔代养育过程中面临的问题与其自身特质和家庭关系有关，通过建立多元回归模型，将隔代养育对祖辈产生的影响通过加权赋值，分为积极影响和消极影响。探讨个人特质与家庭关系对祖辈如何产生影响？以及产生何种影响？

选取的自变量为两大类，与以往研究一样（廖和平，付睿，2012）从家庭和个人两方面入手：一是个人特质，具体包括祖辈年龄、文化、婚姻状况、年收入；二是家庭关系，具体包括是否与配偶、成年子女共同居住、子辈赡养费、孙辈数量。因变量分为抚养孙辈后带来的积极影响综合得分和消极影响的综合得分。

　　根据前述已有研究所提出的理论假设，根据社会调查结果进行验证。从社会资本论角度分析农村祖辈个人特质如年龄、文化、婚姻、收入等对隔代养育产生何种影响？以及如何产生影响？

　　假设1：农村祖辈年龄越大，抚养孙辈更容易产生消极影响

　　假设2：农村祖辈文化程度越高，抚养孙辈更容易产生积极影响

　　假设3：农村祖辈年收入越高，抚养孙辈更容易产生积极影响

　　从利他主义理论分析祖辈家庭关系的发展如是否和配偶共同生活、是否和子女共同生活、孙辈数量、子女赡养费等在隔代养育中如何产生影响？以及产生何种影响？

　　假设4：农村隔代养育中祖辈夫妇共同抚养孙辈更容易产生积极影响

　　假设5：农村隔代养育中与成年子女共同生活，更容易产生积极影响

　　假设6：农村隔代养育中孙辈数量越多更容易对祖辈产生消极影响

　　假设7：农村隔代养育中子辈赡养费越多更容易对祖辈产生积极影响

2. 影响祖辈抚养孙辈的因素

　　表31中的模型反映了祖辈个人特质、家庭关系对其抚养孙辈过程中所产生的积极影响的分析结果。多元线性回归方程为：祖辈抚养孩子带来的积极影响=18.104−0.11*年龄+0.969*文化程度+0.703*婚姻状况+1.494*配偶共同生活−0.691*子女共同生活−0.122*孙子数量+0.256*年收入+0.261*赡养费。表5-7中的模型反映了祖辈个人特质、家庭关系对其抚养孙辈过程中所产生的消极影响的分析结果。多元线性回归方程应该为：祖辈抚养孩子带来的消极影响=33.969+0.36*年龄−1.159*文化程度−0.156*婚姻状况+1.175*配偶共同生活−0.177*子女共同生活+0.105*孙子数量−0.615*年收入+0.454*赡养费。

表31　农村隔代养育中对祖辈产生影响因素的多元回归分析

模型	模型1个人特质与家庭关系+积极影响模型		模型2个人特质与家庭关系+消极影响模型	
	B	Sig	B	Sig
1（常量）				
您的年龄	18.104	0.000***	33.969	000***
您的文化程度	−0.110	0.000***	0.036	0.303
您现在的婚姻状况	0.969	0.000***	−1.159	0.002**
您是否和配偶生活在一起	0.703	0.000****	−0.156	0.659
您是否和成年子女生活在一起	1.494	0.003**	1.175	0.207
您和几个孙子住在一起	0.691	0.018	0.177	0.748
不考虑收入来源	−0.122	0.484	0.105	0.749
您家的年收入是多少	0.256	0.015	−0.615	0.002**
每个月您的子女给您照看孩子的费用和赡养费是多少	0.261	0.010	0.454	0.018**

注　*$p<0.1$, **$p<0.05$,***$p<0.01$ 双尾检验。

从模型1、2中各个自变量的回归系数大小及其显著度的情况看，假设1农村祖辈年龄越大，抚养孙辈更容易产生积极影响呈负相关，在模型1中其回归系数在0.01水平下显著且系数为负，假设1得到支持。祖辈年龄越大，其自身健康问题与安全隐患更加显著，身体机能日渐衰退，在隔代养育中容易发生安全事故。脱离理论认为老年人身心衰弱，形成了脱离社会的生理基础，不宜于继续担任社会角色，老年人的脱离状态有利于老年人的晚年生活。虽然这一理论受到很多学者质疑，但不可否认老年人随着年龄日益增大，身体大不如前，在隔代养育过程中极易产生消极影响，影响隔代养育良性发展。

假设2：农村祖辈文化程度越高，抚养孙辈更容易产生积极影响。在模型1中其回归系数在0.01水平下显著且系数为正，可推断假设2成立。祖辈文化程度较高，则科学文化素养越高，更多地从事非体力劳动工作，较有规律的时间抚养陪伴孙辈，在抚养过程中学习并运用科学的教育方法，更有利于隔代养育的发展。前文通过Gamma系数验证得出祖辈文化程度与社会支持力度显著相关，祖辈文化程度越高越能提升祖辈的社会支持力度。社会资本论认为个体自身资本越高，其运用资本的能力与使用资本的范畴更大。祖辈文化程度低则其社会资本相应变弱，在差序格局的乡土社会，社会资本中心变小，社会支持网相应缩小。

假设3：农村祖辈年收入越高，抚养孙辈更容易产生积极影响。在模型2中，其回归系数在0.05水平下显著且系数为负，即家庭收入与隔代养育中产生的消极影响呈负相关，与积极影响呈正相关。假设3得到支持。祖辈家庭年收入越高，则抵抗风险能力越强，更好地满足祖孙两代人的物质需求，在医疗养老方面有较强的物质基础支撑。以往研究表明，廖和平、付睿（2012）发现老人主要面临经济拮据等问题。提高祖辈家庭收入，则有利于解决隔代养育过程中所产生的物质问题。足够的物质基础支撑更有利于促进隔代养育的发展。

假设4：农村隔代养育中祖辈夫妇共同抚养孙辈更容易产生积极影响。在模型1中，其回归系数在0.05水平下显著且系数为正，假设4得到支持。祖辈在隔代养育过程中并非全身心投入，面对家务劳作生计与抚养，祖辈一人无法全力应对，则需要配偶帮助。婚姻状况较好，且获得配偶在情感、手段、信息等方面的帮助，能极大地提高祖辈社会支持力度和满意度，从而促进隔代养育发展。乡土社会的中国以血缘为纽带，亲属支持发挥重要作用。

假设5：农村隔代养育中与成年子女共同生活，更容易产生积极影响。在模型1中其回归系数为正，可推断假设5成立。祖辈与成年子女共同居住，则子辈能提供手段帮助（祖辈添置衣物、定期寄赡养费、家务劳作）、情感帮助（按时打电话慰问、家里大事人情等互相商量、逢年过节回家看望、信息帮助（孙辈上学信息、上学表现情况、日常生活唠嗑等家庭信息）。前文通过简单的描述统计发现成年子女对祖辈的手段帮助、情感帮助、信息帮助方面，支持力度大，满意度极高，故农村隔代养育中与成年子女共同生活，更容易产生积极影响。

假设6：农村隔代养育中孙辈数量越多更容易对祖辈产生消极影响。在模型1中其回归系数为负，可推断假设6成立。孙辈数量越多，则祖辈需要在学习、生活、日常起居方面花费更多的时间和精力抚养孙辈。调研结果显示农村祖辈抚养孙辈数量一般为1~2个，数量过多会给祖辈带来负担和压力，易产生不良影响。且祖辈年事已高，身体状况欠佳，精力有限，抚养孙辈过程中，尤其是年龄极小的婴幼儿，则需要没日没夜陪伴，导致祖辈身体吃不消。所以 农村隔代养育中孙辈数量越多更容易对祖辈产生消极影响。

假设7：农村隔代养育中子辈赡养费越多更容易对祖辈产生积极影响。在模型2中，其回归系数在0.05水平下显著且系数为负，即子辈赡养费与隔代养育中产生的消极影响呈负相关，与积极影响呈正相关。前文通过单因素方差分析得出子辈赡养费与农村隔代养育"替代父母"的社会支持满意度显著相关。子辈赡养费与农村隔代养育"替代父母"的社会支持满意度显著相关。子辈赡养费越充足，对祖辈的手段帮助力度越大，祖辈有足够的物质基础应对隔代养育中出现的问题，产生一系列积极影响。若赡养费不足，又缺少情感支撑，农村祖辈生活状况困窘，则隔代养育会出现极大的安全漏洞，该漏洞关系到两代人的命运。

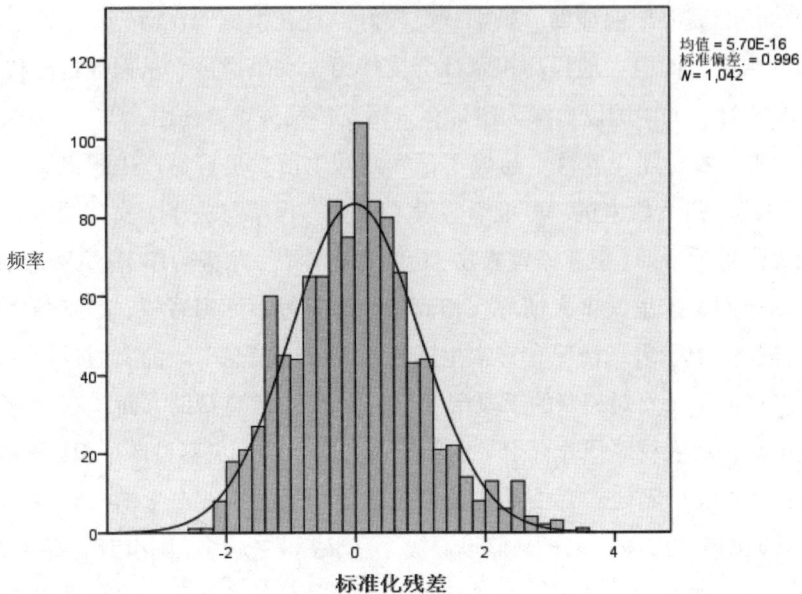

图 9 标准化残差分布

　　从图 9 可以得知：大部分自变量的残差都符合正态分布，只有一到两处存在偏离。说明多元回归模型总体效果显著。

　　上述结果表明个人特质与家庭关系对祖辈在隔代养育中的角色和行为产生较大影响，如个人特质中的文化程度，年收入；家庭方面与配偶、成年子女的关系对祖辈产生较强的积极作用，如文化程度高、年收入高则代表祖辈个人社会资本较为充足，有利于提高祖辈应对风险的能力。配偶与子女等亲属系统对祖辈的社会支持力度越大，祖辈社会支持满意度越高，更有利于促进隔代养育良性发展。个人特质中的年龄与家庭关系中抚养孙辈的数量极大地影响了祖辈在隔代养育中的发展，年龄过高，身体机能日益衰弱，在隔代养育过程中存在较大安全隐患，且若抚养孙辈数量过多，对祖辈身心健康造成极大压力，不利于隔代养育良性发展。通过改善农村祖辈生活现状，完善养老医疗社会保障制度，提高生活水平；构建子女、邻里和谐关系充分发挥其社会支持系统作用，使农村祖辈适应"替代父母"这一角色转换并承担孙辈成长中安全阀的作用，促进隔代养育发展。

第三节　结论和探讨

一、研究结论

我们基于1097份问卷调查数据和访谈记录，较为全面地分析了农村隔代养育"替代父母"父母生活现状、社会支持现状。研究结果表明农村隔代养育成因主要受祖辈传统文化观念影响，帮助子女减轻家庭负担，自觉承担抚养孙辈的责任和义务。祖辈社会支持系统主要包括亲属支持和邻里支持，手段和情感帮助主要依靠亲属支持，信息帮助依托邻里支撑。祖辈对政府和社会组织的支撑需求度高但供给不足，出现供需矛盾。祖辈社会支持系统的影响因素主要有个人因素和家庭关系，其中祖辈的文化水平、年收入极大地影响其社会支持力度，夫妻关系、父子关系极大地影响其社会支持满意度。

国内学者如江川、周宏霞等人对农村隔代养育研究进行反思和探讨，从祖辈主观原因和客观原因隔代养育成因，将其归因为三方面：人口流动和劳动力转移流向、家庭规模和结构变化、农村传统文化观念改变。笔者通过进一步研究验证农村隔代养育的原因，认为农村祖辈成为"替代父母"的原因中主动原因大于被动原因，主要有两方面：一祖辈由于家庭传统文化观念影响赋予其神圣责任，自觉愿意抚养孙辈体现其人生价值；二子辈迫于生计外出务工不得不将教育子女的责任移交给祖辈，为减轻子女家庭负担，祖辈成为"替代父母"。笔者通过问卷调查和结构访谈了解祖辈生活现状、社会支持系统，以及抚养孩子后给祖辈带来的身心影响。从社会资本论的视角分析其社会支持系统，农村祖辈社会支持系统主要是邻里支持和亲属支持两部分构成，具体从手段帮助、情感帮助、信息帮助三方面提供支持。

在手段帮助中支持力度最高的是成年子女，其次是配偶，再次是其他家庭成员；满意度最高的是成年子女，其次是配偶，再次是子孙；需求度最高的是成年子女，其次是配偶，再次是政府和村委会。成年子女和配偶的手段帮助无论从支持力度、满意度、需求度来看都非常高，这与农村以血缘关系为纽带，家庭伦理观念影响，其家庭亲属支持系统发挥着强有力的作用。但是我们也发现政府和村委会在手段帮助中存在的不足，从祖辈对政府村委的需求度高，但政府村委会提供的支持力度却少，主客体之间产生供需矛盾。乡村振兴、乡村发展、乡村脱贫需要政府发挥其强有力的社会保障作用，保护乡村社会中这一独具特殊性的老人群体。农村祖辈往往有更多的诉求和支持，应得到应有的关注与照护。促进农村祖辈增收，落实精确识别、精确帮扶、精确管理的治贫方式。

在情感帮助中支持力度最高的是成年子女，其次是配偶，再次是子孙；满意度最高的是配偶，其次是成年子女，再次是子孙；需求度最高的是成年子女，其次是配偶，再次是子孙。成年子女、配偶、子孙的情感帮助无论是从支持力度、满意度、需求度来看都非常高，农村家庭支持网的强大，以家族血缘为纽带维系家庭发展，满足人们情感需要、为个人社会化提供场所、促进社会整合、防止人性异化。家庭支持网通过其规范和内聚力的作用，有效地控制家庭成员的行为。在信息帮助中支持力度最高的是朋友邻居，其次是成年子女，再次是配偶；满意度最高的是成年子女，其次是朋友邻居，再次是配偶；需求度最高的是成年子女，其次是政府和村委会，再次是配偶。

在信息帮助中支持力度最大的是朋友邻居，在乡土社会中村落和邻居是非常重要的初级群体，初级群体内富于感情的人际关系和表现多种角色的人际交往。在农村流传一种说法"在家靠父母，出门靠朋友"。成年子女、配偶、朋友邻居的信息帮助无论是从支持力度、满意度、需求度来看都非常高，但我们也发现政府和村委会在信息帮助中存在的不足。

通过卡方检验、方差分析发现祖辈社会支持系统的发展与自身特质、家庭关系显著相关。自身特质方面：祖辈文化程度影响祖辈的社会支持力度；家庭年收入越高，子辈对祖辈的社会支持力度越大，尤其是在物质帮助上，祖辈的满意度越高。家庭关系方面：配偶双方共同抚养极大地增强了祖辈的社会支持系统力度和满意度；子女充足的赡养费能提高祖辈在隔代养育中应对风险的能力，夫妻关系、父子关系的和谐发展有利于最大限度发挥祖辈社会支持网的作用，促进隔代养育良性发展。通过构建子女、邻里和谐关系充分发挥其社会支持系统作用，使农村祖辈适应"替代父母"这一角色转换并承担孙辈成长中安全阀的作用，促进隔代养育发展。

二、探讨

1. 政府部门创造农村就业机会，鼓励农村劳动力回乡就业

隔代养育社会支持系统中政府作用有待完善，各级政府组织应积极响应国家政策，落实精准扶贫、精准脱贫。（1）政府发挥主导作用，干实事求实务，促进经济发展，为人民谋福利，发展本地特色资源，招商引资，引进项目，为农村创造就业机会，发展城镇经济进而带动农村经济发展，解决农村剩余劳动力问题；（2）政府组织农村知识技能培训会，带动农民创业、提高农业生产，因地制宜，创新农业增收模式。当地就业机会的增加，更多的农民就近务工，自觉履行赡养老人，抚养孩子的义务，减少农村隔代养育问题。对于部分特殊困难人群、老年人，政府和村委会应予以特别关照。

2. 政府部门落实责任，推进农村医疗养老体系的完善

政府应该大力加强基础设施服务，在医疗养老方面，应加强农村社区医院建设，实现"老有所养、老有所医。"政府应加强对农村养老保障的财政支出，扩大农村老人的低保补贴范围，提高补贴金。乡镇地区老年人协会应充分发挥组织作用，解决老人难题，提供精神慰藉。乡镇干部应定期关心隔代养育家庭中特殊老年人群（高龄老人、低保户、膝下无子女赡养），如妇女节、重阳节等节日开展为老人送温暖等活动，加强老人之间的沟通与交流。定期开展表彰大会，对表现突出上进努力的老年人，给予适当的表扬和奖励。设立表彰孝顺父母的道德模范，给予家庭一定的鼓励。对于丧失生活自理能力和劳动的能力的老人，政府应该着重安抚。政府部门应该落实和完善农村最低生活保障、农

村灾民经济救助、农村扶贫开发、农村老弱孤寡救助制度、农村大病医疗救助、农村社会养老保险、农村医疗合作等制度。

3. 构建以村、队、邻为主的层级拉帮互助网络

农村大量祖辈父母平均年龄在 60 ~ 70，除田间劳作之外抚养孙辈成为主要责任，祖辈年龄较大，孙辈年幼无知，若出现意外事故，后果不堪设想，远在城市打工的子女无法及时赶回解决这一系列问题，远水救不了近火，则需要构建村落、队群、邻里这三层级别的拉帮互助网络，一方有难，邻里支援，远亲不如近邻。左邻右舍互相照应，根据距离远近划分队群，每一队由较为年轻祖辈担任，定期组织大伙开会，会上解决近期所遇到的困难，集思广益解决困扰，并共同探讨教育孙辈的心得，互相促进，互相成长，吐露烦恼，形成互助网络。

4. 降低隔代养育的比重，父母角色功能恢复，家庭成员加强沟通

农村隔代养育问题很大程度上源自农村剩余劳动力外移导致留守儿童问题，降低隔代养育的比重的方法是留下来和带出去，极大可能地保持家庭教育功能有效、完整发挥作用，前者是改变双亲外出方式，留有一人在家中照看父母，抚养孙辈；后者是父母双双外出务工，把孩子带出去，留在身边抚养。如果父母不得不双双外出，必须把孩子留在家里，就需要加强异地沟通，维持良性的亲子关系。对于家庭贫困无法维持生计可向政府援助，请求补助。

5. 社会组织或其他团体介入促进祖辈正确适应角色转换

农村社会团体和其他组织的社会支持网与城市相比存在很大的突破口，许多城市已经建立综合性的"社区服务中心"，农村可以由社会团体和社会工作者介入，政府牵头建立社会服务及文化娱乐组织。鉴于农村人口实际情况，农村社区实行统筹兼顾，为普通居民提供日常服务，同时也包括一些针对特殊人群的服务。农村社会工作者寥寥无几。社会工作可根据农村实际情况介入，为祖辈正确适应其角色转换提供帮助。农村社会工作发展基础薄弱，需要社会工作扎根于农村与祖辈建立信任关系，再适时介入，对于隔代养育家庭中特殊老

年人群（高龄老人、低保户、膝下无子女赡养）可进行长期咨询与帮助。祖辈在成为"替代父母"如何转变其角色观念与角色行为，避免造成角色不清，角色中断，角色失败等问题，社会工作者可以借助其赋权增能功能，整合个人、家庭、学校和社会资源，促进对该群体的救助帮扶，促进隔代养育达到良好的状态。

第四章

农村权力变迁视阈下祖父母隔代养育的困境分析

第一节　文化权威衰退与老人替代教化的转型

一、研究视角及调查对象的确定

隔代养育是指原本由父母承担的抚育责任转而由祖辈主要或全部承担。[1]这个过程往往伴随着社会的变迁，与社会结构的转型密切相关。国内对于隔代养育的研究基本来自于心理学、社会学、教育学领域，偏向对隔代教养的成因、类型和利弊的探讨，[2]主要关注儿童的成长状况，而对隔代养育中的另一个主体：祖辈及其社会生活的关注较少，对农村老人在隔代养育中所处地位的研究相对比较缺乏。国外一些学者Caro M Musil、Muayyad Ahmad、Strawbridge 、Mary L Blackburm[3]的研究展现了在替代父母的过程中，隔代养育对于祖辈产生的负面影响。以往学者对于农村隔代养育的研究多是置于变迁的社会语境下进行讨论的，且多局限于家庭或家户范围内，把祖辈看作是一个具有传统教育经验的群体，探究其在社会变迁过程中遭遇的孙辈教养困境。

---

[1] Dannison L,Smith A.B.& Tammy V.H.,When "grandma" is "mum"：what today's teachers need to know, *Childhood Education*.

[2] 段飞艳．近十年国内外隔代教养研究综述 [J] 上海：上海教育科研,2012 年第 4 期．

[3] Mary L Blackburm,American's grandchildren living in grandparent households, *Journal of Family and Consumer Sciences*.

要解释农村隔代养育的困境，仅仅局限于家庭或家户是不够的，家庭总是依赖于村落的结构存在，并且与村落的其他要素之间存在密切的互动。因而以村寨权力结构和社会秩序变迁切入隔代养育的问题不失为一个可能的研究视角。在此视角之下，在家庭或家户中具有祖辈身份的老人即为传统农村社会集团中的权威，这一权威地位的获得是与本土文化观念紧密相关的。在中国传统农业社会中，周锡瑞(Esherick Joseph)使用权威指代活跃在地方、对地方施加不同支配的人物与家族，其中特别提及了长老。[1] 老人在传统的农村社会中具有一定的声望，在地方价值体系中占有一席之地，并对地方知识的传承具有相当的影响力和认可度，为村落民众所承认，韩明士(Robert Hymes)提到他们在地方事物中享有特殊的权力和威望，可以在一定程度上掌握人们的活动和决定，受到人们的重视。[2] 杜赞奇(Prasenjit Duara)还提及这种权威占有的重要位置也倾向于与本土文化网络保持一致。[3]

已有的一些研究还会关注全球化、现代化进程中农村权力结构的变化，村寨与外界联系的加强影响着农村原有的人际关系和社会交往，学者们或将权力结构变迁与社会现象、社会冲突联系起来，解释某一社会困境的触发因素或是社会秩序的重构。很多学者都提到了宗族权威、老人的没落，[4] 景军还讨论了土改前后族老的权力关系被摧毁，以及农村的社会秩序发生的相应变迁。[5]

笔者以云南西双版纳地区傣族农村社区的隔代养育现状为实例，之所以选择民族地区的农村社区作为调查点，是由于相比其他地区，这里与隔代养育相关的因素更为多元，涵盖了诸如家族世系、人口流动、语言、宗教、学校教育、

[1] 参见 Joseph Esherick,Mary Rankin.*Chinese Local Elites and Patterns of Dominance*.Berkeley: University of California Press.

[2] 参见 Robert Hymes. *Statesmen and Gentlemen: The Elite of Fu-chou, Chiang-hsi, in Northern and Southern Sung*.London:Cambridge University Press.

[3] 杜赞奇.文化、权力与国家:1900—1942年的华北农村[M].王福明,译.南京:江苏人民出版社,2003,第1页.

[4] 陈柏峰,郭俊霞.农民生活及其价值世界:皖北李圩村调查[M].济南:山东人民出版社,2009,第1页.

[5] 景军.神堂记忆:一个中国乡村的历史、权力与道德[M].吴飞,译.福州:福建教育出版社,2013,第1页.

媒体等，希望能够以此综合考察影响农村隔代养育的要素。论文意在通过村落权力状况的考察探究老人在农村和家族中地位的变迁，进而阐释老人在儿童的教化、养育中发挥着怎样的作用，以此理解作为祖父母的老人在隔代养育中面临的困境。

二、村落中老人的权威在孙辈社会化中的作用 ☞

老人在儿童成长过程中承担的教化作用并不是农村社会近来新出现的情况，在农村社会中早已有之，只是出现的时间和范围都相对有限，这与传统农村社区聚族而居的生活方式与社会交往密切相关。由于老人享有村寨中的权威，除了在各自的家族或家户中，在整个村落共同体中都作为教化的施与者出现。

就西双版纳地区傣族普遍的婚姻和家庭养育形式而言，隔代养育作为亲子养育的补充出现，且隔代养育的内容不仅包括对孙辈的照料，还涉及礼俗知识与规范的口耳相传，是孙辈社会化的重要路径之一。据已有民国时期有关车里的记载，"摆夷家庭多半是所谓小家庭，包括夫妇及未婚子女"，"平民入赘的事很常见"[1]。新中国成立之后的调查资料中仍有显示，西双版纳地区的男女结婚后便自立家庭，妻方居住较为普遍。[2]依据实地考察，以往村寨中一对傣族夫妻一般会育有五六个子女，最长的儿子婚后会留下与父母共同居住，其余的次子女全部嫁出或是上门。由于每家的子女数量都比较多，不可能全部落入他户，有一些必定独立门户形成小家庭，形成文献中所记载的状况。由于村内婚居多，亲缘之间居住地点临近，不论是三代家庭或是小家庭，白天劳作时段孙辈大多由祖父母代替父母看管照料，亲子之间的抚育同时存在。老人在带孩子、哄孩子入睡时都会展开一些传统故事、美德故事的讲述，尤其是冬天的黄昏各家的老人会带着孩子围着火塘烤火等他们父母从田里回来，潜移默化地教会他们行事行为的规范、做人的道理。

---

[1] 陶云逵. 车里摆夷之生命环 [M]. 北京：三联书店，2017，第229页.
[2] 中国科学院民族研究所云南民族调查组，云南省民族历史研究所. 傣族简史简志合编 [M]. 昆明：1986，第152页.

20 世纪 80 年代计划生育政策在西南边疆少数民族地区推行以来，三代之家中隔代养育的趋势愈发凸显。当时一对农村地区的傣族夫妻普遍只能养育两个子女，产妇不再由村中自有的接生婆接生，而是去医院生产，生完二胎后直接进行结扎。子女成年结婚后一去一留，若是两个女儿就要一个女婿上门，现在每个家户基本上是三代或以上共同居住。"在西双版纳保留的比较明显……每个家族，一般包括三代或三代以上的若干个家庭"。❶ 依据我们在西双版纳地区的所见，目前一般的傣族家庭实际至少包含三代，也不一定从妻居，多数是一对老年夫妇与一对成年子媳或婿女及孙辈一起生活，三代同吃同住共同经营家庭事业。西双版纳"是一个集团耕种的农业社会"，❷ 总体上讲共同的农耕事业在很大程度上起到凝结家庭成员的作用。这种三代之家共同生活劳作的方式基于其家庭成员间互助的便捷性，使得亲子养育及作为其辅助形式的隔代养育之间有了进一步的协调与融合。

其次村寨作为村民们的生活共同体，分属于不同家户的老人对于村寨中不懂事的孩子都负有同样的教化责任，孩子们的劳作地就是向老人们学习传统礼俗知识的重要场所。以往村寨中几乎家家户户都养牛，如果家里有大一些的孩子，就可以让他们开始放牛了，带领孩子们放牛的一般是村里德高望重的老人，后来建立了合作社就是从合作社中挑选一名老人，老人在牛吃草的时候一般都会给孩子们讲述情节生动的故事、美德和人生道理。据村民们回忆，以前聚在一起聆听故事是孩童放牛时比较常见的情景。

老人作为传统农村社会的权威，是个极为重要的"社龄"群体。这种划分不仅仅是年龄上的，更是一种社会身份的划分，对应着社会责任、社会义务与社会特权的变化。在西双版纳，老人的地位和权威是社龄决定的，是与知识、文化、经济相关的一种社会地位。依据各寨的规定，以往 50 岁或是 60 岁以上的老人身体已经开始衰弱，不怎么出远门，能够承担的劳动和家务逐渐减少，慢慢交出了家庭经济生活掌控权，务农的工作和家务都开始由家里的晚辈转而

---

❶　曹成章.傣族农奴制和宗教婚姻 [M].北京:中国社会科学出版社，1986，第 203-204 页.
❷　陶云逵.车里摆夷之生命环 [M].北京:生活·读书·新知三联书店，2017，第 224 页.

承担，不再操持什么重要的经济事务。他们慢慢退出了社交活动，相互之间不怎么走动，更多地开始涉足宗教领域入寺学习❶。西双版纳的傣族村落全民信仰南传上座部佛教，佛寺是西双版纳地区每个村寨最早的"学校"，老人们学习的经文内容则天文地理、傣族历法、建筑医药等无所不包，是傣族村寨生活的百科全书。

掌握了经文的老人在日差生活中就承担了相应的教化与教导的责任，教化的对象则是更为广义的村寨中的年轻人。傣族传统的俗语中就有劝导"六旬老人重新回到佛寺修行、为年轻人解惑、重新参与村落生活"的句子。不难理解，老人之所以能够获得村民们的尊重而享有权威，不仅是其社龄标示的社会地位的彰显，还与在村寨中承担的教化幼者的责任紧密相关。

三、文化权威的衰落导致祖辈替代教化角色的退出

如果说这种家户中自然内生的隔代养育与村落中老人的权威有着一定联系的话，后来文化权威的衰退直接导致了老人在村落范围内替代教化角色的退出。老人文化权威的获得是基于全村和各自家庭的支持，老人这个概念是要放在整个傣族社会中来理解的，因之具有将知识道义传递给大众妇孺的责任。老人在入寺修行学习佛经知识的时候，村落中承担宗教事务的组织在节期中会固定集结，村中的所有家户均被纳入，和老人的子女一起负责老人们的饭食供养，是受到家庭和村落支持的权威角色，有义务将其所学在家庭和村寨中进行传播。受到现代化的影响村落权威的结构发生了变迁。正如霍布斯鲍姆所言，"当社会的迅速转型削弱甚或摧毁了那些与旧传统相适宜的社会模式，并产生了旧传统已不再能适应的新社会模式时；当这些旧传统和它们的机构载体与传播者不再具有充分的适应性和灵活性，或是已被消除时；总之，当需求方或供应方发

---

❶　除了老人，傣族的适龄男童都要进入佛寺当一段时间的小和尚，之后自愿选择晋升佛爷或还俗，没有晋升的小和尚仅掌握常用的经书文字与经文念诵，老人相对掌握的经文律法更丰富，后文中详述。

生了相当大且迅速的变化时"，^❶传统权威开始在全球化的浪潮中不断被消解。随着现代化的推进，农村社会生计方式被改变，延长了老人退出经济生产的时间，削弱了他们在传统社会中的文化权威地位，老人与家庭、村落间互动被拆散。老人权威地位的获得出现了困难，从而减少了入寺修行的意愿，主要表现为南传佛教的功利化和衰退。

因此，现代化进程对于村落内生的隔代养育存在一定的影响，先是村落，其次才是次一级共同体：家户。最终文化权威的衰退使得村落和家庭中作为亲子抚育辅助的隔代养育的范围缩减到了各自家庭的范围内。

第二节　储备权威重塑中儿童现代教育的介入

一、学校教育对隔代养育的影响

家户内部自生的隔代养育实质反映的是农村社会传统礼俗的教化方式，而现代化背景下传统的礼俗教育与学校教育的冲突则冲击着老人与孙辈之间的教养互动。现代学校教育的介入对于农村礼俗教化、社会结构和文化形貌构成了相当的冲击，同时也在一定程度上影响了隔代养育的状况。以景洪嘎洒地区村寨来说，2006年地方和农场进行了合并，民办小学开始正式有了汉语的课程，而不再教授傣语。2008年地方政府觉得村委会下设小学太过于分散，为了并拢集中教学，在拆除民办小学之后，村中所有的适龄儿童都开始去镇上的公办小学就读，初中、高级职业中学等都设在镇上。学龄的儿童同时在进行的学校教育后，面对工作选择中越来越高的汉语能力要求，在家庭中接受老人教化的时间就慢慢缩水了，祖父母的隔代养育的程度面临着减弱。村落中由老人主导的礼俗教育的衰退卷携着隔代养育的关系开始衰弱，在公办小学上学的适龄儿童都或多或少地受之影响，指涉着傣汉的不断交往和农村礼俗的式微。随着礼俗教育的式微，学校教育中对于传统礼俗文化内容的融合出现了一定的难度，学

---

❶　[英]E.霍布斯鲍姆，等.传统的发明[M].顾杭，等，译.南京：译林出版社，2004，第4页.

校的教师现在被村民想象为另一种权威，不同于村寨中的老人，他们依靠的是现代教育体系，很少具备传统礼俗文化的功底，这在很大程度上影响着儿童日常交往模式的改变。傣族农耕社会交往中学习傣文与礼俗传统的时间、使用傣文的频率更高，现在入学后傣族儿童与老人的接触时间缩短，交流用语也有所改变，展现着整个传统的式微，在一定程度上阻碍着以家庭为单位的隔代养育关系。

学校教育的出现标示着家庭教育功能的外化、隔代养育的消减。家庭抚育功能在学校组织的影响下发生了"转移"，"现代的学校所有的重要性并不在课堂里所传授的课本知识，而在他所形成年轻人的集团。"**❶** 学校教育等社会事业介入傣族村寨之后，在学校学习暂时使学龄孩童脱离了家户，产生了一种类似成年的效果，与祖父母的疏离也会使得抚育作用削弱。习得知识的责任已经开始由家户逐步向社会转移，抚育的有效方式开始转变。西双版纳农村前期出现的民办小学还只是由教师部分代替了家庭抚育，后期的九年义务教育则剥离了老人抚育的权威，对于学龄儿童的隔代教化作用逐步超过了家庭。另一方面，学校教育制度有助于傣族儿童对于现代社会的适应，基于竞争能力提升的需要，他们使用傣语的范围必然发生缩小，在一定程度上也影响了与之相对应的知识结构，家庭抚育受到了威胁。"教化是有知对无知，如果传递的文化是有效的，被教的自没有反对的必要；如果所传递的文化已经失效，根本也就失去了教化的意义。"**❷**

传统礼俗教育和现代学校教育的冲突，使得礼俗教育的手段之一的隔代教育关系断裂，从村落权力变迁的角度来看，儿童在这个过程中逐步放弃了成为老人权威的机会。儿童在任何一个社会中都是作为权威的储备群体存在的，对于儿童的培养，以及他们对于个人人生方向的选择就在一定程度上影响着农村的权威结构和发展前景。学校教育出现之后，对于农村社会中权威的培养开始分化出两条完全不同的路线，一个是由学校教育产生的权威，另一个是由传统家庭礼俗教育产生的当地文化权威，而后者在现代背景下则显得较为弱势。目

---

❶ 费孝通. 乡土中国生育制度 [M]. 北京：北京大学出版社，1998，第 220 页.

❷ 费孝通. 乡土中国生育制度 [M]. 北京：北京大学出版社，1998，第 79 页.

前要成为村落的权威需要由礼俗与学校教育共同定义，儿童作为一种储备权威面临着来自双方的压力，其角色也在村民们心中被重新衡量。儿童作为以往村落中的储备权威是社会资本建立的初步需要，掌握礼俗意味着拥有更多的社会资本，这是家户中老人与儿童单向度隔代教育维持的前提。然而现在的学校教育对于传统权威培养的时间挤占了相当一部分，学校教育对于传统权威的功能和光环都展现出了一些遮蔽。另外，现在走出村寨的村民交往范围扩大，也就面临着向何种方向发展的选择困境，对于孩子的教育就逐步转向了个人成就及其家庭命运的考虑。实际反映的是村寨结构和村民关系在现代背景下的松散。在面临向何种权威培养的选择上，家长们更倾向于学校教育的培养，学校教育也因为很难融合以往家庭礼俗教育的内容而站在了与其对立的位置上。在个人成就上，对比适应现代社会的权威，礼俗权威培养的地位逐渐没落，成为礼俗权威已经不再能够在资本的占有上获得较大的优势，那么进入学校学习成为了村民们教育儿童更为实际的考虑，因此，家户内部的隔代教育势必会出现式微甚至断裂的状况。

二、传媒对隔代养育的影响

学校教育与礼俗教化的共存促成了老人在家族养育中权威地位的消逝，新媒体的出现也助推了这种趋势。很多学者都指出，传媒与个人现代化是休戚相关的，个人现代化可能是个人、社会、媒体接触三方面综合作用的结果。[1]而个人现代化程度的差异对祖孙之间的沟通方式、内容和频率等都施加了直接的影响。这便使得媒介作为隔代养育中一个比较重要的因素被凸显出来，它融汇于傣族家庭的共同生活之中，并勾连着代际之间的交往。

随着社交媒体的全面介入，智能手机作为一种全新的社会交往方式逐渐从城市走向农村。位于我国西南边疆的西双版纳各傣族村寨，傣语是日常生活的主要交流用语，而智能手机的使用覆盖率非常高，8~18 岁的青少年群体作为一

---

[1]　陈崇山，孙五三．媒介·人·现代化 [M]．北京：中国社会科学出版社，1997，第 47 页．

个三代傣族之家的孙辈，是手机的主要使用人群，他们在闲余时间频繁地使用微信聊天、朋友圈发表等功能展示自己的生活，使用微博追星并参与热门话题的讨论，利用酷狗、网易等音乐下载和播放软件收听现代的傣歌和中文歌曲，使用快手、抖音等视频观看、发送软件进行娱乐，投身于吃鸡、王者荣耀等当前流行的网络游戏比拼中，与内地城市青少年使用手机的方式几乎无异。另外，傣族村寨内40~60岁的中老年群体都不同程度地承担着抚育孙辈的责任，他们中男性因为曾入寺为僧学习的缘故普遍掌握傣文的书写，而女性则不识傣文仅用傣语进行生活交流。这部分中老年人也几乎人手一部智能手机，但使用的功能相对比较局限，仅限于一些图片影像的拍摄和分享、语音通话等，一些基于汉语的功能在以傣语作为主要交流语言的中老年群体中基本闲置。

　　基于以上，目前在西双版纳傣族社会的隔代养育中，一方面传统交流方式有所式微。随着社会交往范围的延伸，大众媒体的接受促成了傣族家庭娱乐活动从均质一体到异质多样的转变，时代变更下老人与孩童之间的教育模式便失去了依靠，隔代养育便遇到了屏障。另外新媒体的使用也挤占了祖孙当面沟通的时间，但这一点在学前儿童中的表现还不充分。学龄后的傣族儿童课余时间在家时几乎都抱着手机和电脑玩耍，很少迈出自己的房间，即使是与祖辈吃饭的过程中也不肯放下手机一会儿。祖辈使用手机的时间相对较少，与孙辈相处时除了简单询问他们上学和玩耍的状况，还会就家长里短的特殊事件进行评论，其余时间也会使用手机，隔代沟通相比智能手机普遍介入前明显减少。另一方面现代交流方式路径不畅，新媒体卷携着文字使用的差异催生了祖孙间的隔阂。老人们也会利用微信的语音视频功能联系孙子，但这种手机产生祖孙连接几乎可以被看作是以往电话通话功能的替代，仅占网络媒介沟通的一小部分。祖辈和孙辈使用手机的主要内容存在一定的差异，交叉面很小，手机的进入不免促成了祖孙间各自生活的分离，隔代养育中的阻隔由此而生。智能手机作为一种家庭中沟通与联系的工具体现着其使用者的日常交流模式，以下我们具体围绕媒介的受众和类型对傣族家庭隔代养育中存在的困境进行剖析。

　　加拿大传播学家麦克卢汉(Marshall Mcluhan)早期曾主张将媒介看作人体

的延伸❶，而人体受众从来就不是一个笼统独断的概念，文森特·莫斯可（Vincent Mosco）指出"受众不是一个分析型范畴……尤其是它与社会阶级、种群、族群、性别之间的关系情况下"。❷ 我们可以将智能手机这种新媒体的受众区分为城市的或是乡村社会的，甚至可以是一个傣族村民社会内部中老年的或青少年群体的。正如一些学者所言，某些特殊地区的族群在中国电视市场中具有"边缘性"特征，❸ 新媒体的出现也是如此。边疆农村的民众偏离了中央、省市媒体市场的主要目标受众，而处于一种边缘的地位。具体到相关研究主题的案例，则主要讨论的是手机软件的开发内容和使用的语言文字主要以汉语为载体，汉语作为手机使用的工具将使用傣文沟通的傣族民众排除在外。然而我们应当看到对于所有新媒体受众来说，个人的发展与社会变迁的过程总体上还是一致的。❹ 这之中由于傣族青少年普遍被九年义务教育吸纳的缘故，拉近了他们与主流媒体受众的距离，使其在使用手机、运用语言文字方面更向主流受众靠近，易于接纳中国新媒体主流受众的文化思维，他们在这个过程中完成了与傣族中老年手机使用群体的区分，这种媒介使用的划分直接影响了隔代家庭中祖孙沟通的内容，日常交流的共同点减少在一定程度上为养育设置了阻隔。

再者，传播媒介既存在便会不断随着技术的发展和社会的变迁进行更新，如西南边疆地区大众媒体、新媒体的使用和普及就以不同的形式先后进入傣族民众的村舍生活，在不同时期占据着村民们的劳作闲暇。不论是何种媒体，它们都不同程度地涉及了傣族村民的日常生活情境，村民们的各类媒体参与行为也都是由日常的生活实践出发的。在西双版纳，智能手机普及之前傣族村寨中广播这种传统媒介形式非常盛行，目前老人们仍然通过收音机的储存卡或收听电台来延续以往傣族民间歌手"章哈"❺的演唱内容和形式，类似于再现传统

---

❶ [加] 马歇尔·麦克卢汉.媒体通论：人体的延伸 [M].何道宽，译.成都：四川人民出版社，1992.

❷ Vincent Mosco,The Political Economy of Communication.Thousand Oaks, *CA: Sage*, 2009,p224.

❸ 郭建斌.媒介仪式中的家国重构与游离——基于中国西南一个少数民族村庄田野调查的讨论 [J].广州：开放时代.

❹ 裘正义.世界宣传简史 [M].福州：福建人民出版社，1993.第 55 页.

❺ 章哈系傣语译音，有时又被叫作"赞哈"，既可指演唱傣歌的歌者，同时又是一种演唱傣歌的形式.

农歌时真人实景的演唱，演唱的内容与傣族的村寨生活密切相关，有学者将类似的现象表述为一种媒介的"接近式同情"❶。与此同时他们的孙辈在日常娱乐中几乎不会接触广播，不听也听不懂传统的"章哈"演唱。当智能手机在村寨中得以普及，傣族中老年群体的边缘地位使其对于这种媒介的"接近"产生了困难，新媒体阻碍了他们传统生活的延续。事实上，傣族中老年人鉴于智能手机使用过程中的文字屏障，而局限于利用通话和部分图像功能，他们对于新媒体的使用具有很大程度的自主，消解了一部分手机使用功能的同时，还固守着以往日常生活中延续的收音广播，接受手机使用但同时又游离其外。在这里广播这种媒介尽管面对新媒体的冲击，仍然在中老年群体中展现出不可替代的优越性，这便构成了傣族中老年村民日常生活的常态。"任何一种新媒介的产生都会使人的感官平衡状态发生变动，对人们产生心理上和社会上的影响。"❷将传统媒体和新媒体的冲突投射到村寨生活中便会带来一些沟通上的问题和变化。调查过程中一些老人表示有了智能手机后因为与孙辈交流的减少而时常觉得失落，孙子很少主动和他们分享想法，除了经济上的补助或升学、工作等较大的决定外，较少因为情感上的挫折和困惑求助他们，相反地会将自己的心理状态发表在朋友圈，新媒体在一定程度上疏离了现实的社会支持，而在亲朋好友中建立了一种类似于网络社会支持，祖辈则由于手机使用技能的限制很难被新建构的社会支持网络吸纳进来，新旧媒体的冲突带来的现实困境在这个群体中展现得最为明显。

将以上傣族村寨中老年和青少年群体之间使用新媒体能力和接受观念的差异放入具体的家庭关系中来看，最为突出的表现就是隔代养育中日常交流的阻隔。社交媒体时代，傣族家庭内部祖孙之间的血缘关系表现出一定程度的淡漠和疏远，他们之间的交往方式也表现出不同程度的断裂，导致这种结果的各影响因素中新媒体有着不可忽视的强化作用。新旧媒体的冲突演化为祖孙间生活的离析，祖孙之间的个人社会支持在某种程度上是被削弱的。智能手机介入前

❶ 郭建斌.《电视下乡：社会转型期大众传媒与少数民族社区——独龙江个案的民族志阐释 [D].上海：复旦大学博士学位论文，2003.
❷ 刘建明.宣传舆论学大辞典 [M].北京：经济日报出版社，1993.

的傣族隔代家庭中，学前儿童的祖父母担当着重要的教育角色，传授社会生活的常识和规范，之后学龄儿童开始接触手机并熟练运用手机获得信息并进行社交，祖辈传统的教育角色开始逐步失效，以往祖辈所持有的家庭话语权开始消解。参照以往与孙辈的养育关系，祖辈开始感知到巨大的差异与变迁，使其在隔代养育中产生了相对剥夺感，昭示着祖父母在隔代养育过程中的沟通与情感困境。

从权力变迁的角度来看代际关系，尤其是隔代养育时，我们能够发现祖辈和孙辈两代人对于农村社会的转型与变迁展现出不同的适应能力，这在很大程度上影响了隔代关系以及隔代文化传承的模式。美国社会学家米德曾在《文化与承诺》一书中提到教化、文化传递的模式，传统的农村社会的教化遵循一种前喻模式，由于社会结构在代际间几乎没有什么变化，因而就决定了孙辈主要向祖辈学习社会生存的知识和技能、价值观念，人们生活的意义在不断地循环和重复。老人在传统农村社会中由于具备生活经验的积累而享有权威，孙辈沿袭祖辈的生活方式而进行类似的社会化。随着现代化对农村社会的冲击，老人和孙辈之间的依存关系逐步松散，现代化背景下的农村儿童知识获取的能力逐步超过了祖辈，他们获取信息的渠道也更加宽泛，学校和传媒使得农村社会的教化模式出现了后喻的倾向。后喻是指祖辈反过来向孙辈学习相应的生活知识。这就改变了农村社会祖孙之间的交往模式，提高了孙辈在隔代关系中的话语权和发言权，他们的家庭地位随着信息获取的能力有所上升，隔代养育也因此不能按照传统的模式进行而陷入困境。

第三节　权力变迁视阈下农村隔代养育的困境与出路

老人权威衰退后，父母在养育中的主导地位被凸显出来，家庭开始作为我们认识隔代养育的主要场所出现。然而，城市化过程中出现的农村人口流动使得三代家庭的中间一代面对农业生产转型开始主动选择夫妇共同外出务工或创业，父母在空间上与自己的孩子隔离而无法承担相应的养育责任，此时老人重新成为家庭中养育的主体，孙辈几乎完全交由祖辈抚养的情况增多，但老人又在已经失去权威的情况下无法作为隔代养育合法性的支撑，这就是农村地区祖父母替代父母进行隔代养育过程中陷入困境的主要原因。

一、农村人口流动与隔代养育的形成

现代化、城市化的进程是农村社会面临的新境遇，家户在新的经济制度的影响下，人口流动是其最直接的结果，并催生了农村与城市、傣族与外界之间的频繁互动。在家户中观察流动与分离，使我们大约能够从一个家户 "居处的聚散" ❶ 中发现社会变迁施加于家户中教养关系的影响。

受到市场经济结构调整的同步影响，西双版纳地区傣族农村稻作农业变化的情况各不相同，景洪等地随着农场之外橡胶种植的推广和政府对于旅游开发的初步尝试，靠近城区的村寨土地被地方政府征用开发得较多，或种植橡胶；而勐海、勐腊等地则由于茶叶、经济水果的种植出现了土地外包的状况，程度各异，农业总体上不再以自然增长而获益。不论是何种状况，传统以稻作农业为主要特征的傣族村寨目前都在不同程度上面临着耕种土地减少的情况，农耕事业的规模随之缩小，虽说橡胶、茶叶、水果等经济也能够组织一定的家庭成员，但由于以上产业不同时期的价格波动和人力需求的季节性，加之傣族中青年与外界的接触增多、事业的自主选择丰富，城市规模扩张对于非农劳动力的需求也逐步增加，此时便出现了不同程度的中青年劳动力流向县城、城镇的状况，这是他们面对农业生产转型中做出的主动调适。

景洪周边的村寨由于靠近城区，人口流动比较明显，这些村寨以往以种植稻谷和玉米为村民的主要经济来源，七八十年代知青插队的时候砍掉了很多树林，自此村中便开始种植稻谷、苞谷和花生，之后农场又占走了一部分田地。当时知青还占用了一些土地种植橡胶，过了一段时间之后村民也开始效仿汉族农场的做法种植橡胶，但由于没有多余的土地就只能在其他的山包上种了，便形成山上的一些胶林，新种的橡胶最少要六年才能开割，割胶方法好的一个胶

---

❶ 费孝通. 乡土中国生育制度 [M]. 北京：北京大学出版社，1998. 第 171 页.

树能割 30 年，技术差的也能割 20 年。村民们割胶的时间一般是从公历三月中旬开始，一直持续到 11 月底，三月至九月正值气候湿热的阶段，村民们都会选择早上收胶晚上割胶，避开最为炎热的时段。整体上来看靠近城区的村寨人均耕地都不多，有些村寨的人均土地甚至不足 2 亩，近年来只有少数村民家还留有一些香蕉地和菜地自己耕种，包括少量的甘蔗和西葫芦，11 ~ 12 月为甘蔗的主要收割季，割好的甘蔗供自家榨糖食用，有多余时才拿去集市售卖。另外，靠近城区的村寨还有一个特点，即土地外包的情况较为普遍，各家的多数田地都承包给了汉族的私人老板，主要种植香蕉、瓜、花卉和茄子等一些蔬菜。外包和自己耕种的收入差不多，因而绝大多数村民将土地外包的同时又外出打工，这样就得到了双份的收入，承包土地的价格一般为每年每亩 1500 元到 2000 元之间。即便自家有菜地或是香蕉地的也基本都由每家 60 岁以上的老人看管，地里有工棚，老人们晚上都住在工棚里。很多村寨早已不再种植稻谷，几乎所有人家都购买稻米食用。城周的村寨发展畜牧业的不多，以家庭为单位养猪、养牛的少，饲养家禽的人家相较牲畜来说略多，比如养殖土鸡。整体来看城周边的村寨完全务农的家庭比例较少，村民们在土地外包的基础上，对剩余少量土地的利用主要依据市场的行情变化，如开发鱼塘、养殖虾子或是甲鱼，或是做些小生意，经营烤酒等，这种状况下劳动力必然产生剩余。

各个家户的自留地少，没有土地的人家在非割胶期便产生了家庭共同事业无法吸收的阶段性过剩劳动力，另外加上近两年胶价的下跌，割胶的微薄获利并没能留住村中的年轻的群体，他们在本寨发展商业的条件有限，事实上村中也少有方法在家庭间或是村寨内部经商，很多年轻人在初中毕业之后都选择了外出务工，近一点的在城镇，远一点的在城市，多数做一些日用商品买卖或餐饮经营的小生意，还有一些在餐厅、超市等地方打工。这之中景洪江边的夜市成为了村中许多年轻人做小本生意的不二选择，很多村民都会选择下晚在江边指定区域支起小棚买一点旅游工艺品、饰品或是服装，或是支起炉架卖傣味烧烤，中年人则多选择修路、做小工等职业。现代经济制度带来的劳动方式的转变使得这部分劳动力发生了由村寨到城镇的移位，事业的活动范畴超出了村寨，近年来村寨中外出打工的群体只增无减。"流动是经济调节的一个部分"。❶ 年轻成家了的村民的流动通常是以夫妇为单位的，他们在城镇中追求共同的事业，如一起经营烧烤店等，家户事业的凝聚力并没有完全消失。另外村中可供家户支配的土地则由剩余的中老年人群负责，在小事业的要求下，家户完成了剩下劳动力的重新分配和整合。以往共同经营事业的家户中出现了不同程度的职业区隔，虽然发生了季节性的人口流动，虽然这些外出务工的父母群体与家中的老人或儿童之间并非隔绝的，他们居住地点迁移的同时每个较短的固定周期都会返回原寨，如打工者就会在农忙、割胶时段返回帮忙，伴随着短暂的复原，但这种返回并不能在家庭教育中很好地树立父母的角色，从而弥补隔代教育出现的一些问题。就绝大多数家庭的情况来看，随着人口流动，农村三代之家在被维持下来的基础上，呈现出了中间一代缺失的趋势，家庭养育不再呈现完整的样态，隔代养育长期存在，并将原本退出孙辈教养角色的祖辈重新推到了替代父母的位置上来。

现代化进程中，一些傣族村寨的家户出现了分离，家户不再具有随时将全部成员组织起来的那种凝聚力，这种家庭结构的缺失对于幼者的抚育具有一定的影响，但同时也具有一定的弹性，祖辈对于父母角色的替代在家庭抚育中形成一定的抗力。隔代养育是老人面对家户结构变迁所进行的主动调适，原本家户中由亲子和隔代共同养育转变成为了隔代养育，亲子关系由于地理的区隔有所疏远，老人顶替其儿女对于孙辈承担起了多数的抚育，他们替代孩子的父母更多地卷入了抚育中，抚育功能并没有因为人口流动终止，隔代抚育的出现类似于"以实用为中心"❷ 重新安排亲属所承担的家庭功能，整个家庭得益于祖父母更多的付出，祖辈替代父母角色在隔代养育中逐渐形成。

然而，周期性的人口流动并非局限于三代之家的中间一代，村中的很多青年学生也为了接受学校教育而暂时离家寄宿，这种暂时性的空间脱离进一步加剧了隔代养育中的困境。初中开始村里的学生就需要选择在城区的中学寄宿学

---

❶ 费孝通.江村经济——中国农民的生活 [M].北京:商务印书馆，2001.第 152 页。

❷ 西尔维亚·克拉文.社会阶层和社会趋势对祖父母角色的影响 [J].家庭协调者.

习，每周五下午才会回来过周末。隔代养育中这种阶段性与祖辈之间的交往既不利于新生权威的培养，也不利于衰落权威的角色认知与社会支持网络的形成，隔代养育的隔阂就此展露。

综上所述，城市化进程中农村劳动力由第一产业向第二产业的转移，原来依附土地的农业劳动力中有一部分没有办法在农业转型中被吸纳，于是产生了大量的剩余劳动力，进而促成了人口的流动。流动的人口中由于城市化建设的需要，则多以发展活力程度较高的中青年为主，已婚生子的中青年则更经常以夫妇共同迁移的方式离开农村进入城市，造成农村隔代养育现象的大量出现。祖辈由于文化权威的衰退在家庭中退出教养角色的同时又被迫重新担负起隔代养育的责任，这种角色与权力结构的不适配是理解隔代养育困境的中心要义。

二、合理纾解隔代养育中祖辈替代父母问题的思考

老人和孩童之间建立起来的隔代养育虽然对人口流动造成的家庭功能的缺失进行了一定的缓冲，但这种老人面对社会变迁时在家庭养育中做出的补救措施并非是完全具有适应性的，也存在着诸多的问题。

从权力变迁的视角来窥视农村的隔代养育问题，其困境从本质上来说是祖辈权威衰退与家庭中心、地位向孙辈倾斜之间的矛盾。在任何一个社会中，知识与知识的获取都是家庭养育实践中必须考虑的问题。知识的获取与掌握代表着某种权威，然而在农村社会中各类权威处于一个不断变化的区域权力格局之中，城市化背景下老人作为传统权威在村寨中的地位身份发生了变迁。老人权威的获得原本依靠家庭和整个村寨的扶持与见证，而现代化境遇直接威胁到了他们的权威，村民大众抛弃了旧有的权威评价体系。随着老人话语权的失落，他们逐步退出了家庭养育的参与，使父母在家庭养育中的角色更加凸显。现代语境下，新的权威需要按照权力和资本的标准被选择出来，使其更适宜当下农村发展情境，而农村家庭中的儿童正需要按照这种模式被塑造出来成为更具有影响力的新权威。整个村寨权威吐故纳新的过程实质就是隔代养育困境最为重要的触发因素，祖辈在社会秩序重构中经历了权威的衰退，这种社会地位的改

变影响着隔代养育的现状，不能满足新权威的培育需求，因而就触发了一系列替代父母角色而产生的问题。

权力变迁视角下隔代养育的问题主要是围绕承担养育责任的主体是否具备权威上的合法性展开的，其表现形式比较多元，不仅针对孙辈也针对祖辈。除了学界经常关注的隔代养育中留守儿童的心理、生活、学习、情感、人格方面的问题外，祖父母也同样面临着隔代养育责任的分担、物质给予、技术适应以及情感等方面的压力。从群体层面来说，祖辈要缓解这种由于养育责任与权威地位之间不适配而陷入的困境，发展并建立起有效的社会支持网络不失为是一条可行的路径，祖辈作为接受社会支持的客体最终能够"提高社会适应能力"❶。个人或群体可能拥有的社会支持是一个具有多种社会关系的复杂网络，涉及资源的掌握与流动。那么有关社会支持的建立就需要综合考量隔代养育困境中的祖辈所需要求得的社会支持的水平和内容，有选择有针对性地建立社会支持，以满足情感性行动，同时情感支持并非是单独的行为过程，其他工具性功能也是紧密相伴的，使得情感与技术支持交织进行。首先，隔代养育困境的消解有赖于原有社会支持网络的调动。在西双版纳农村特殊的文化和制度背景下，老人一般日常生活中的同龄朋友圈发挥着最为重要的情感支持功能，辅之以家庭成员的支持，家庭关系表现得相对次属。朋友"场"是傣族社会中一种独特的社交单位，一般包含 10 对左右本寨的已婚夫妻，不包括他们的子女。未婚的青少年同样有自己的朋友场，主要是他们进入学校之后同一个班的同学，随着本场中适婚男女的上门或出嫁而加入配偶的朋友场。一般傣族女性会嫁给比自己年纪稍大的男性，之后便离开自己少女时期的朋友场而加入配偶一场，这种场关系一直维持到 60 岁左右，直至交往频率下降而逐步解散。普通状况下，"场"是西双版纳村落中祖父母寻求情感依托的主要手段。同辈朋友场通过相互交流孙辈养育的经验，以提供一定程度的情感支持。

其次，隔代养育中的文化反哺是弥合祖孙间社会关系的重要途径，容易使

---

❶ 李强. 社会支持与个体心理健康 [J]. 天津：天津社会科学，1998，第 1 期.

社会支持的主客体在物质、情感、技术支持的基础上形成一种"互构"❶的关系。反哺过程中祖辈会率先寻求技术的学习与支持，老人要提高自身的新媒体适应能力，就必须与手机使用熟练的孙辈发展社会交往，通过孙辈能够更快地获取技术资源和新媒体使用的能力。孙辈在提供技术问题帮助的同时，也加强了祖孙间的情感关联，兼顾了技术资源的获取和情感帮助。这样孙辈就成为隔代养育困境中最现实的社会支持获取方，尤其在同时有几个孙子的家庭中表现得更为明显，根据年龄差异，祖辈倾向于从年纪稍大的孙子那里获取手机使用的技术，随后将这种技术资源应用于与孙辈的交流中。社会支持的具体施用过程实际是一个智能手机使用技术的反哺过程，孙辈通过"技术赋权"❷展开了与祖辈的教育角色互换，使祖辈重新经历了一次新媒体的社会化。隔代养育家庭中祖辈智能手机的获得主要是依靠其子女，包括品牌和价格的挑选，而对于手机的功能了解、学习使用则几乎全部来自孙辈的帮助。以目前祖辈最常使用的微信为例，软件的下载安装、账号的注册申请都是由孙辈代替完成的，具体教授的内容则涉及如何使用聊天、分享等功能，比如发送语音聊天消息、拨打视频、在朋友圈中传送照片、微信联系群的建立与加入、聊天表情的下载、网上银行的关联与红包的发送收取等。以上祖辈在走出隔代养育困境时社会支持所发挥的效用大致能够概括为一种"缓冲器模型"，这个作用模型主要关注个体在遭遇危机的时刻社会支持所发挥的积极"缓冲"效用，以提升其危机的应对能力。❸社交媒体时代傣族中老年在遭遇隔代养育危机时，其孙辈在危机缓冲中提供了重要的技术资源和条件支持，在平息新媒体带来的技术风险和隔代养育困境的同时，祖孙间现代网络的沟通渠道也被逐渐打开。老人企图建立一种基于现代网络的情感交流模式，而整个技术学习的过程又促成了面对面的祖孙互动。

　　社会支持的互构使得祖辈通过技术反哺深入与孙辈的日常生活互动中，从而弥合学校教育介入带来的隔代养育关系的断裂。社会支持是存在"流动方向"

❶　杨海龙，楚燕洁.社会资本与"互构"的社会支持[J].西安：理论导刊，2007，第7期.
❷　吴静.论微信对中国家庭权利关系的重构[J].北京：现代传播，2018，第3期.
❸　倪赤丹.社会支持理论——社会工作研究的新"范式"[J].广州：广东工业大学学报，2013，第3期.

的，支持完全可以"反流动"。❶ 新型社会交换类型的社会支持被提出，表现为一种"社会交换"❷。"一个成功的社会支持不仅仅是主体对客体的单向度一维支持，即将社会（社会支持网络）作为主体，将弱势群体作为客体，从物质与心理两个角度寻求主体对客体的救济与帮助；而应该是两方面相互作用的过程，或者说是一个社会支持者与被支持者'互构'的过程。"❸ 孙辈在新媒体介入村寨生活后作为社会支持的主体向祖辈传送了支持，祖孙间原有的社会关系得到一定程度的恢复，祖辈仍然作为财务支持满足孙辈的物质需要，祖孙间社会关系和情感也得到进一步的弥合与平衡。此外，祖孙社会支持关系的恢复不仅存在于祖辈动用孙辈支持初步掌握智能手机使用规则的过程中，还指向整个手机运用熟化的经过。祖辈在利用微信与孙辈的交流中，通过孙辈社交软件学习生活状态的发表逐步化解了对学校教育的陌生感，并发展出理解和给予支持的潜力。虽然隔代家庭内部在新媒体介入后的很长一段时期都不可能形成一个完全的、具有共同意义的媒体空间，同一网络空间中祖孙新旧媒体的冲突、文字的阻隔使得祖辈不可能完全复制学习孙辈的新媒体使用技术，但正如兰登·温纳所言"技术律令"具有重构作用，就是说媒介技术运作的条件要求对其环境进行重建。这种运作技术不仅包括工具性手段的满足和经济性条件的配合，同时也需要在风俗、习惯、观念等方面进行重塑。❹ 观念改变后的祖辈开始理解孙辈的学校教育，在隔代养育中增加对于孙辈的长效情感认同。祖孙间的沟通习惯与观念得到变更后，社会支持开始代替传统的社会交流方式促成其日常生活的交流与互动。这种反哺可能使得祖辈转而主动构筑与孙辈的情感支持，祖孙间的社会关系得到强化，不失为化解隔代养育困境的可能路径。

最后，外部支持的寻求能够帮助完成隔代养育困境中的祖辈赋权。政府的制度支持、学校、农村社区第三部门都可能在关注祖辈的利益诉求的基础上疏

---

❶ 贺寨平.国外社会支持网研究综述 [J].北京：国外社会科学，2001，第 1 期.

❷ 丘海雄，陈建民，任焰.社会支持结构的转变：从一元到多元 [J].北京：社会学研究，1998，第 4 期.

❸ 杨海龙，楚燕洁.社会资本与"互构"的社会支持 [J].西安：理论导刊，2007，第 7 期.

❹ 吴静.论微信对中国家庭权利关系的重构 [J].北京：现代传播，2018，第 3 期.

导隔代养育家庭的问题，发挥相应的支持作用。

在传统的农村社会，隔代养育是亲子抚育的一种辅助，标示着老人在村落共同体和各自家族或家户中的权威地位。此时替代教化并不构成隔代养育中的问题，而是传统农村社会结构与交往方式的体现。之后出现的学校教育、媒体的介入使得祖孙间抚育与交往的范围进一步缩小，老人由于权威的衰退在隔代养育中呈现出退守的态度，祖父母在家庭养育中逐步放弃参与而退居后台。然而，人口流动却将祖父母推到了家庭养育的前台，替代父母进行的隔代养育又被迫成为了家庭养育的主要形式，祖父母重新成为家庭养育的主体，却又缺少权威的支撑而不断地在现代社会陷入隔代养育的困境。

总体来看，现代语境下传统农村社会与外界的联系日益增加，市场经济、学校教育、媒体随之进入，这些影响要素均降低了老人在村寨共同体和家户中的权威，直接缩小了祖父母在家庭养育中可能的影响范围，其在隔代养育中的话语逐步失去，权威的影响力逐步失效。现代化的进程改变了家庭中祖父母与孩童间的传统交往、教养方式，使得祖父母在替代父母进行隔代养育时出现了失语和权力缺失的状况，在对孙辈养育过程中产生了阻隔，隔代养育的困境在农村社会生活中日益凸显。

第五章

农村隔代养育社会支持的发展
——基于凉山彝族地区的调研

伴随着改革开放的历史进程，中国的社会与经济空前发展。在此背景下，国家范围内的资源整体性流动，不论从深度上审视，还是从广度上看都在逐渐地强化。特别是东部沿海经济带、传统与新兴的发达城市地区，对于劳动力的需求日益高涨，由此引发的人口流动自90年代初期便陆续开始。这种流动的滥觞，型塑出由广袤的西部及大量欠发达地区的劳动力外向型流动的浪潮。在此背景之下，由于大部分少数民族社会尚处农村，也渐渐出现了近年来引发诸多讨论的汉族地区农村空心化的问题。

彝族农村社会中的隔代养育情况十分普遍。较之父母直接照顾的彝族子代，由事实性的"替代父母"代为照顾的彝族儿童和少年，在数量上呈现显著居多的情势。形成这些问题的原因是多方面的。当然，这些问题若未能及时处理或处理不当，未来可预见的负面影响是极为严重的。为此，社会工作作为一个综合多元且包容开放的学科，在自身的实务工作中时刻分享着助人自助的理念，因而围绕其进行专门性的研究实在有必要。事实上，目前社会工作视角下的隔代养育问题研究也已相对丰富，但是关切民族社会中的隔代养育问题的研究还比较少，关注凉山彝族农村隔代养育问题的相关研究就更为稀少了。综合这些现实情况，选择以社会工作的专业伦理和视角介入，对凉山彝族农村社会中普遍存在的隔代养育问题进行社会工作研究便具有了现实性和价值性。

第一节　当地社会的彝式教育概况

一、凉山彝族农村社会与文化

按照中华人民共和国国家民族事务委员会公布的统计，我国彝族人口在2000年普查时为776万人，主要分布在云南405万人、四川212万、贵州70万，广西境内有7000多人，其余分散在全国各地[1]。据不完全统计，我国境外的彝人约为13.7万，其中，绝大部分在缅甸，占10余万人，其余三国各有1万人左右在泰国、老挝和越南（刘东旭，2016）[2]。

彝族研究专家易谋远提出，应该使用文化的纬度以对彝族地区的地理分布进行概括（易谋远，2000）[3]。语言学、民族学和人类学等多学科研究已表明，地理区域文化的相似性主要通过语言的方言区体现出来，从实践的角度看，语言的方言区主要有北部、东部、南部、东南部、西部和中部等。

彝族传统社会的形态向社会主义现代化的社会形态改变，始于1950年代末国家主导的社会主义民主改革。1978年开始，我国实行对内改革、对外开放的政策。彝族社会不止一次地经历了短时间内高速转变，对此刘绍华认为"接二连三的变动都只不过让诺苏人[4]处于政治和经济位阶的最底层"（刘绍华，2015）[5]。结合现实情况来看，当今的彝族社会是"传统"或"现代"的复合体，这是传统彝族社会面对急剧社会变革的必然结果。

作为中国最古老的民族之一，也是中国第六大少数民族，彝族世居在我国西南地区滇川黔桂四省区，有自创成系统的文字，也有其独特的毕摩信仰和毕摩文化。彝族自创世以来，笃信并捍卫自己的血缘关系。凉山彝族依靠血缘这一

---

[1] 中华人民共和国国家民族事务委员会门户网站.彝族概况：http://www.seac.gov.cn/col/col571/index.html.

[2] 刘东旭.流动社会的秩序——珠三角彝人的组织与群体行为研究 [M].北京：中央民族大学出版社，2016.

[3] 易谋远.彝族史要（上）[M].北京：社会科学文献出版社，2000.

[4] 诺苏人，为生活在四川大凉山和云南小凉山地区的彝族知系人。诺苏支系，为彝族中最大的支系，也是目前在知名度和社会影响力方面最具关注的支系。

[5] 刘绍华.我的凉山兄弟——毒品、艾滋与流动青年 [M].北京：中央编译出版社，2015.

天赋且本质的根本性指标，建立起属于彝族社会的分层体系。围绕这一社会分层的根本性制度，在彝族的社会环境中衍生出依循父系的血缘系统建立的文化政治制度：家支制度。家支制度的产生，要义即为从根本上实现并维护彝族社会中较高等级群体的利益。千百年来，家支制度得以运行，要义即在于确保高等级群体能够对其社会等级与社会地位进行不间断的再生产。就目前的情况来看，诺伙人（黑彝自称）仍然有统治阶层的自我认同，而曲诺人（白彝自称）则从属于诺伙人的引领。二者之间的社会流动几乎不可能（杨洋，2016）❶。时至今日，我们仍可看到家支制度对凉山彝族日常生活的深厚影响，它以集体主义的意识形态号召、动员，甚至裹挟着诺苏人的实践。传统家支制度与当下凉山彝族社会的家支问题相互纠结，给凉山社会带来了一定的影响，继续研究和解决这个问题仍然是解决我国民族问题的关隘之一，同时，也是我国学术界为世界民族研究提出中国方法并作出贡献的重要研究领域（马保华，2018；许恒，2010）❷❸。

伴随着家支制度的变迁，尤其是新中国成立后，以家支为主，为其子嗣提供的内部教育已经渐渐式微。不过，凉山彝族社会长期存在的另外一种社会化的教育形态，即毕摩文化及经由毕摩传输的教育理念、知识体系、信息习得习惯等却还在彝族的教育过程中发挥着不可或缺的功能。能够看到，毕摩文化对彝族教育发展的影响还远未消除（卢万发，1999）❹。深受这一社会环境因素的影响，彝族的教育进程落后。毕摩文化的日常实践，即频繁的宗教活动，学龄少年和儿童受家庭因素影响必须参与。这样现代教育的缺席，必然阻碍着彝族的现代教育。今天我们看凉山彝族地区的毕摩活动依旧盛行，再加之彝族地区的经济发展缓慢与传统文化中"男尊女卑"观念的影响，也使得当地彝族教育发展进程严重滞后（彭雪方，2006）❺。

❶ 杨洋.彝族古代社会分层问题研究 [M].云南：云南师范大学，2016.
❷ 马保华.凉山彝族地区家支与社会稳定研究 [M].北京：中国人民公安大学，2018.
❸ 许恒.旧凉山彝族家支制度与当下凉山家支问题的关系研究 [D].西南民族大学，2010.
❹ 卢万发.毕摩文化与彝族教育关系初探——兼谈彝族教育发展史 [J].民族教育研究，1999(1).
❺ 彭雪芳.对彝族教育的现状分析及对策研究 [J].西南民族大学学报 (人文社科版)，2006(4).

二、彝族社会隔代养育特点　

　　凉山彝族的家支制度是其以父系血缘为凝聚族体的典型代表，即凉山彝族是自同一先祖开始，使用父子联名的谱系方式结成并奉行家支外婚的血缘群体组织（周星，1997；蔡富莲，2008）[1]。由于彝族人将自己的家支视作自己的"根"和"骨"，彝族语言中并无"家支"二字，有意义相近的"此伟"（音）。每个凉山彝人都能够被划归入某个具体的家支之中，其成员分享和使用同一个姓氏，比如吉克、的日、马海等都是重要的彝族家支姓氏。在此背景之下，通过反复审视与实地调查，我们不难想象，家支中如需要照顾的子代，其生父母对其具有的养育责任自不再说，但若父母出现无法照顾子女的情况一旦发生，整个家支系统将立即启动对这些落单子女的照顾程序。家支作为一种特殊的照顾系统，其特殊之处即在于通过彝族本身的血缘认可及文化束缚，将那些需要却无法得到父母直接照顾的子代，通过根骨传统和习惯法[2]的约束，将其接受照顾的权益嵌入到彝族的整个社会结构中去。同时，结合劳动力人口流出的宏大趋势，许多彝族农村里大部分家庭的中青年男女都外出务工以后，留守的子代很难实现接受家支中与其父母平辈的家支成员的照顾，因为父母及其平辈大多都已无法长期待在本地了。现实是留守的孩子唯有接受家支中较年长成员的隔代照顾。进一步结合凉山彝族的实际情况来看，我们发现许多家支结成了互助照顾的系统，家支中留守的成员大部分是同家支姓氏的老年或少数中年成员结成照顾整个家支子代的临时性团体，轮流照顾留守的彝族少年和儿童。这样的

---

[1]　周星. 家支·德古·习惯法 [J]. 社会科学战线，1997(5):240-249.
　　蔡富莲. 当代凉山彝族家支聚会及其作用 [J]. 民族研究，2008(1):48-55.

[2]　凉山彝族社会家支众多，家支制度从维持、监督到执行，各家支之间存在共同认可和遵守的行为准则，即那些适用于当地社会的习惯法。20 世纪 50 年代由国家民委主持的对少数民族社会历史的调查，就在凉山地区的多个县、乡搜集和整理出大量习惯法条款。周星曾将这些条款进行全面且系统的整理。他的研究发现，这些条款涉及彝族惯常的土地财产所有和继承、等级关系、租佃关系、债务、投保、刑法、婚姻、司法、人身占有等 10 多个方面，几乎涉及当时凉山社会生活的全部内容。目前对彝族一直使用的习惯法进行最新及最为全面的整理和编写成书的工作是四川凉山州彝族文化研究所现阶段的重点项目，以彝族习惯法为核心议题的彝语法律书籍《维克达界》系列近期将在彝族北部方言区内全境出版和发行。

情况有其现实性，也有其无奈之处。此外，在彝族农村社会的隔代养育随父亲家支接受间接照顾的彝族子代占比较大，当然，随着婚姻关系能够实现解体这一源自彝族社会外部的事实，能够被彝族接受且逐步开始尝试之后，也有一些彝族孩子是随母亲家支照顾长大。

三、隔代养育关涉的各主体

同我国其他地区一样，凉山彝族也有越来越多的少数民族农村青壮年也开始背井离乡进城打工，从而伴随着留守儿童的产生，催生了对留守儿童的隔代养育。

隔代养育是祖辈对孙辈进行照看和教育的方式，这种方式在当前的社会中越来越普遍。既有研究中，一部分研究者将隔代养育分成了四种，分别为过分关注、过分监督、严厉惩罚以及民主理解（匡绍帅，苗波涛，郑峥等，2019）[1]。此外，也有学者认为应将隔代养育分成守旧型、放纵型、身教型以及民主型几种类型。总体看，隔代养育最为显著的特征，即是被养育者的祖父母及以上辈分的家长代替其父母实行养育的职责。在实际的生活中我们不难发现，这样的养育模式并没有明显的优劣之差，不过由于代际之间的教育关系、教育方式、教育心态存在差异，这种不同将不可避免地对其发生的家庭产生影响（王敏，2020）[2]。

根据马阿基莫和吉伍阿依对凉山彝族地区的留守少年和儿童的调研，该地九成之上的彝族儿童都在接受祖父母辈的照顾。原因即是父母都在外务工，而无法实现对他们的养育之责。父母归家的时间有限且周期不定，有的父母由于经济或其他原因，甚至许久不归，对孩子的教养仅在按时支付生活费和零星的几个电话之间。调查中还关注到隔代照顾者，即彝族的祖父母们，年龄都比较大了，知识文化水平极低，对孩子的教育问题仅在"要求他们别做坏事"上面，

---

[1] 匡绍帅，苗波涛，郑峥等.基于隔代养育需求的住区交往空间研究——以济南市雪山片区为例[J].园林科技.2019,39(2):39-46.

[2] 王敏.隔代养育对家庭关系的影响.[J].心理月刊，2020(3).

对于辅导作业、规划教育发展则完全力不从心。留守的彝族孩子，学习仅能依靠老师的督促和自己的主动自觉。而经过亲子的走访和调查，我们发现，上述情况是凉山彝族农村的常态。

与此同时，新生一代的彝族父母们，几乎不太注重子代的教育，这也是一个非常普遍的彝族社会的共同心态。他们虽然没有明确地倾向于沿用过去的彝族家庭教育方式，教育是学校的责任，自己支付孩子的教育费用，家庭教育和学校教育割裂，甚至家庭教育的缺位，其实在调查中发现很多孩子都不愿自己的父母出去，他们最需要的就是来自父母的这份关爱　。由于父母外出打工而产生的彝族地区隔代养育状况不仅使得当地儿童缺失了完整丰富的家庭教育层次，也令其丧失了大部分通过亲代健全自我与塑造人格的机会。亲子之间产生隔阂，同时可能影响亲子之间的关系。

而从作为抚养方的老年人角度而言，他们的生活已渐入颐养天年的老年阶段，不过由于子女的流动，或外出务工，或举家搬迁等，大部分处于实际空巢之中。此时，子女提出帮助以实现其对子代的代替照顾和养育，这样的安排能够充盈老年人生活，为他们带来活跃的变化。老年人代替自己的子女照顾他们的子代，一则能够为老年人的精神世界带来实现感和效能感，二则能够填补空巢家庭中弥漫的空虚感和无助感 （董欢枢，2015）[1]。在此基础之上，我们能够想象隔代养育较为理想的状态，即在老年人的支持下，孩子交由他们悉心养育。青壮年能够实现流动、全心且安心投入事业。彼此之间形成支持，整个家庭收获各自的成就。

第二节　当地隔代养育具体问题

凉山地区由于长期存在的地理、历史、社会以及文化等特殊原因，当前，存在大量 18 岁以下被隔代养育的少年和儿童。仅以笔者长期在凉山州昭觉县、

---

[1]　董欢枢.隔代养育对家庭关系的影响 [J].商，2015(51):66.

美姑县的田野调查情况来看，两县下辖的各村之中，只有较少的村子是隔代养育现象并不突出的。而大部分的村子中，少则几十，多则上百名少年和儿童是在父母并未直接参与养育的环境中成长。这些少年和儿童，是由爷爷奶奶，或外公外婆，或家族中其他家庭成员间接养育。其中，由祖父母或家支中相当于祖父母辈的长辈隔代养育的情况最为普遍。前文已论及，造成这样的情况，与凉山彝族社会的整体变迁密切相关。20世纪50年代以前，凉山彝族人在传统彝式社会及文化的浸淫下生活和繁衍了数个世代，经过社会改革和土地改革之后，才正式地进入现代的国家框架之内。此前，彝族对于社会成员的抚养和教育，都是遵循彝族独有的家支文化教育，诸如对自己的阶层、地位、社会网络的体认都有自己的特点。其中，强调自己的血缘、亲缘关系者应该相互支持和互相帮助是家庭教育的主旨。延续这样的教育方向，进入新社会之后，彝族的父辈们的教育思想，实际上也未有较大的转变。在此背景之下，最近几十年中，彝族对其子代、孙代的教育理念，仍然是侧重传统教育，比如彝族讲究的遵从、责任、道义，这些教育从理念到实践，均是以重视生存教育为主。从教育本身出发，从格局、适应性各方面来评介，均难以做到侧重年轻彝族的发展教育。而结合目前凉山地区中广泛存在的隔代教养现状，可以发现，秉持这样中心思想的养育模式仍然是彝族家庭中的主流。然而，这样的教育，已经在刘绍华等人的研究中被间接地证明过，在眼下的融合性社会中，有着诸多的弊端，他们也多少论证过，由于传统养育在当前社会环境中的不适应、不充分，将造成许多现实问题。这些问题本身亟待解决，同时，由于这些养育问题衍生的污名问题，也可能加剧彝族隔代养育过程中存在的困难和问题。以下部分，将结合凉山地区彝族隔代养育现实情况中凸显的几个主要问题，进行源自社会工作视角的深入分析，以期能够对这一系列问题有较全面的认识，也期待在未来能够提出行之有效的解决方案。

如前文所述，凉山彝族社会的最近几十年中，对年纪较轻的社会成员的教育理念，仍然是侧重传统教育，比如彝族讲究的遵从、责任、道义，这些教育从理念到实践，呈现出重视生存教育而非发展教育的局面。造成这一现状的根本性原因，一方面，在于彝族的传统养育哲学与其社会的结构性因素绑定有关，比如家支制度、性别文化，以及个体需求的层次等，结构性因素变迁缓慢，因此教养的内容和方向亦然。另一方面，则与彝族社会为典型且大型的劳动力输出源头有关，本应承担直接教养义务的青壮年彝族人群，大量外移至汉区务工，家里承担教养责任的群体未有变换和更迭，如此一来，作为隔代照顾者的长辈，很大程度延续了过去一直执行的传统的教养风格和内容。以上描述，为当前凉山彝族社会中，那些大量存在的隔代养育案例里面，作为照顾者的长辈群体、家支成员群体的简要群像，对其进行侧写，旨在对其在对孙辈的日常教养中的"表现不佳"进行初步的较为理性而客观的成因分析，进而亦期望能够帮助研究者来对由此产生的后续问题开展研究。

结合前面的分析，我们能够知道凉山彝族的隔代养育情况非常普遍，同时，明确了彝族隔代养育现状中存在的第一个较大的问题，即照顾者的养育知识储备有限，在养育实践中深深影响着被照顾者的许多方面。接下来，我们围绕这一问题，继续深入地剖析。我们尝试将由这一养育问题或将导致的、更为细致的一些具体问题一并进行探讨。

一、有限的隔代养育者受教育程度

在过去，凉山彝族的教育有着本土语境之下的"正式教育"和"非正式教育"。正式教育，指代表较高社会阶层、实力强大的家支众，为其重要的男丁从小开设的家内学校教育，师资构成主要是各家支世代仰赖的毕摩和战略战术专家，这些老师在多年间教授学生彝族历史、文化、地理、军事战术等方面的内容。此外，正式教育，还同时指代资深毕摩对新毕摩的系统培养，而成为毕摩则主要仰仗是否具有毕摩血统的标准来判别。众所周知，毕摩具有较高的知识文化水平和社会地位，毕竟凉山彝族的全部知识，主要是由毕摩群体来解释、生产和传继。结合这些描述，我们能够发现，在彝族社会内部，能够接受正式教育的人群非常有限。而广大的彝族群众，接受的教育即为非正式教育，教育内容更偏重生活技能层面，教育形式也与其社会化进程相融合，很难实现专门的教学形式，很难以固定的上课时间、地点和教学人员来体现。社会改革以后，国家的教育计划逐步在地方普及，现代教育的尝试在凉山拉开序幕。今天，义务教育及地方性的双语教育尝试也逐渐在凉山推进。不过，凉山由于其封闭的地理环境及薄弱的文化发展基础，教育发展举步维艰。不论过去还是今天，我们能够看到最广大的彝族人群是在一种"传统为主，现代为辅，总体较弱"的教育养成系统中实现教育目标。这种教育系统的培养成果劣势明显。随着家支制度的变迁和随之而来不可避免的式微，传统的彝族教育内容渐渐显示出它的不合时宜，同时，也伴随着现代社会对彝族社会的强力卷入，知识缺口逐渐向全球化了的现代教育内容倾斜。如此背景之下，我们能够直观地观察和感受，在当前的宏观环境和发展背景下，凉山彝族的整体受教育程度及其文化水准不高，这已成为凉山地区的最大特征之一。这一特征折射进彝族的人群之中，我们发现，由此造成了目前凉山地区的居民中执行养育的主体，即庞大的隔代养育者群体，由于本身教育程度有限，他们对孙辈及孙辈子代的养育暴露甚至是直接引发了许多的问题。这些问题中，典型的有隔代养育者的教育观念和教育心理的落后、不端正的问题，也有养育实践中的错误示范等问题。对这些问题的详细剖析，将有利于我们更好地认识凉山彝族的隔代养育情况，也有利于更好地解决凉山彝族隔代养育目前面临的诸多问题。

二、落后的隔代养育者教育观念

隔代养育者的教育观念落后。如上文所叙述的那样，当前，凉山彝族居民中养育执行的主体已是祖父母辈的老年诺苏人，而他们接受的教育，从学习内容到教育形式均十分有限。如此一来，彝族居民中主要养育执行者的知识陈旧、匮乏，以及与当前社会文化发展适应程度低的问题就非常明显。在这些问题的影响之下，我们观察到一些养育者本身的教育观念落后问题也变得明确起来。首先，隔代养育者知识陈旧与匮乏，这一局限将导致隔代养育者仅能应用他们熟悉的传统知识来解决和解释养育中产生的问题。仅就凉山彝族的传统知识来看，其局限一方面在于对数理知识的缺乏，另一方面，在于对彝族社会之外社会形态的解释力度也有缺乏。这样一来，孙辈及以下代际的孩子在寻求成长过程中诸多问题的解决方案时，或将直面养育者的拒绝或无能为力。长此以往，主动放弃寻找帮助或许变成常态。其次，隔代养育者的社会文化适应程度低，也是影响其教育观念的一个负面因素。此处应该强调，所谓"社会文化"的适应性，指的是与融合型社会的文化适应的问题方面，即绝非简单的讨论其与变迁中的凉山彝族社会的适应问题，更多的是与多民族的、融合型的整体性社会文化的适应问题。进一步来看，凉山彝族面对和需要去面对的融合型社会的文化，即多民族多元一体的中华民族共同体，共同构筑的整体社会的融合性文化。在社会文化的适应方面，客观来看，隔代养育者急需增补大量的与融合社会息息相关的知识和文化惯习，方能为新生代彝族人提供较好的养育情况。最后，与隔代养育者教育观念落后相关的子问题中，也非常有必要对凉山彝族人笃信并奉行的"教养哲学"进行本质上的探寻。事实上，凉山的彝族社会中不论老幼，都在遵循"生存大于发展，拼搏小于宿命"的养育逻辑，只不过在代际或阶层等指标上，还是存在程度上的差异而已。这一种非常"彝式"的教养哲学，与当前融合社会中的主流教育观念相去甚远，甚至可说是一种明显的落后养育方式了。但是，若将之放置到彝族的社会结构中去审视，却有其自洽之处。凉山彝族世居凉山地区，这一区域中地理条件并不优越，常年苦寒且山地居多。长久以来，对于生活在此的彝族人们，对生存的需求，占据人们需要层次的优先位置。这样的观念指引之下，彝族人们，特别是处于社会上层的家支头人、文化精英们开始从社会、家支、社区、家庭的层次去整合出了适合在当地的整体规范。作为人口资源的广大彝族人，深受家支制度与家支主义这种特殊类型的集体主义意识形态的影响，自小被强调和教育生存下来是最为重要的事，生存下来，能够为自己所属的家支和家族带来劳动力，能够产生消费和交换，并且能够作为战斗力参与家支之间的战争。然而，作为个体的发展是不被看重的，尤其是对于身处社会较低阶层的三大群体而言，其发展的需要，根本上看受到了等级制社会的整体性流动机制的抑制。这样的社会环境之中，大多数的彝族人，在教育施行和社会化进程之中，对宿命的笃信势必高于在社会互动中尽力拼搏。

遗憾的是这样的教育观念，在凉山彝族社会之中一直弥散且影响深远。借由教育，这样一个证明有效且有力的流动动力来实现命运的改换，凉山彝族社会中隔代养育者所秉持的落后教育观念，可以说很大程度阻碍了他们的使命承担。

三、当地社会整体性的教育心理及养育实践示范

在对待教育的观念上，凉山彝族的隔代养育者群体长期存在落后之处，而我们应该关注的还有由落后教育观念导致的教育心理方面的不妥之处。毕竟由于教育心理的不端正，也会在很大程度上影响养育的质量和发展方向。凉山彝族社会中，隔代养育者教育心理不端正的问题表现有以下几个方面，首先，非常明确的基于性别差异的教育心理。尽管与我国大部分地区过去长期存在的重男轻女比较类似，凉山彝族由于其特殊的"根骨"家支观念所致，在对待家族中子代的教育上有着明确的彝族式性别教育差异。义务教育实施以前，彝族女孩子不上学是常态，义务教育实施以后，也有许多女孩子没有上学或者集中在小学 2 年级以后辍学。追踪这些问题，背后的原因不外与彝族女孩在社会中的结构性地位低下有关，彝族人普遍认为，上过两年学，能看懂"男女厕所，车站数字，人走不丢就好"。隔代照顾者没有从发展的角度来审视彝族女孩子的教育问题，因此，她们从未进过学堂或草草进入后就被要求离开，这样的情况十分普遍。而彝族男孩子虽然有更多的机会和时间接受教育，但是由于隔代养育者几乎不对他们的教育情况采取积极掌握的态度，因此彝族男孩的学业表现也往往不佳。其次，隔代养育者非常讲究及时行乐的教育心理。这一点，与照顾者作为诺苏彝族生活多年的生活经历息息相关。若要追溯，甚至可以追溯至凉山彝族的创世史诗和由此开启的死亡观念中去。凉山彝族人相信，彝族是向死而生的人群，自己的命运有定数。加之后续的生存发展中，彝族人面临严峻的自然条件，且加之等级社会中的常年征战，人们对于未来和奋斗都有所保留，都"怕有没有那天（更好的未来）都晓不得（不知道）"。这样的心境之下，他们对于眼前的快乐，能够抓住的实在的舒坦和享受有比其他族群强烈的欲望。因而不难想象，他们对于教育，特别是隔代养育者对于孩子的教育问题，常常

秉持"娃儿上学说是不好耍，那就不去了嘛，什么好耍干什么嘛"的心理，这种对待教育本身有失偏颇的心理，势必与其及时行乐的心理密不可分。更进一步来说，这样的教育心理，首先缺乏对教育的基本认识，其次也疏于履行对子代教育应尽的责任。从凉山彝族中青少年和儿童的教育现状来看，他们普遍受这种不端正的教育心理所苦。

论及凉山大部地区的支柱产业，至今仍是农业和养殖业，在局部地区附带少量的加工业并举发展。由于海拔、降水、日照的诸多因素限制，凉山地区内普遍种植的作物为苦荞、土豆、玉米等。这些作物的成熟由于上述三个主要因素的限制，周期比较长，为了获得规模上的利好，凉山彝族也倾向大面积种植这些作物。因此，在采收时节需要投入大量人力，动作灵活且精力较好的少年儿童往往成为农收时候的候补力量。隔代养育者在采收当前，往往会主动中断孙辈的学业，"喊读书那些小辈子❶回家来干活计"。这些爷爷奶奶辈的诺苏人，对于小辈子在参与农收的可能性方面有自己的价值判断。召回在外务工的中青年小辈子参与大约 2 周的农收活动，他们的判断是这部分家人的经济收入将受直接影响，"划不着"；而召回在学的小辈子们，在他们看来则没有经济价值的"损失"。因此，凉山地区各中小学的老师和管理者都会抱怨，"荞子、洋芋、和玉麦要收了，学生就被家里大人喊回去"。对此他们试图阻止，将教学中断对学生学习的负面影响向隔代养育者晓以大义，但是效果很差，"老辈子顽固得很，经常还会回嘴，（孩子不回去帮忙的话）让东西烂在地里么？还是你们去帮我们搞？"这样的事情，经年累月地发生。隔代养育者的教育心理不端正且总有错误示范，可想而知，彝族少年儿童的教育过程中充满了不确定的不可持续因素。对于这一负面的影响因素，最紧迫的是学校及社区层面似乎无法形成直接而有效的干预，进而形成了一种提高教育质量和水准的社会性阻碍因素，在本地社会的养育实践中形成广泛的负面影响。

---

❶ 小辈子，意为在相同家支中辈分较说话者小至少一个辈的人群。

第三节　少数民族地区隔代养育问题解决方式

一、社会工作视阈中的社会支持

社会支持理论的缘起，学术界公认最早是先贤涂尔干的代表著作《自杀论》。书中，涂尔干揭示了社会整合及其程度，对社会成员的自杀实践影响做出经典的实证分析。其中，涂尔干论及获得社会支持并建构其网络，对于人们的轻生有着积极的作用。

进入到20世纪六七十年代，社会支持开始成为一项独立而专业的研究议题，并且得以正式进入国际学术界的视域。对社会支持的研究经历了从概念界定、分析性研究，逐渐发展成为对其组织的关系、功能、效果等方面的社会学研究上（谭敏，2019）❶。首先，在对社会支持的概念研究方面。对社会支持的研究滥觞对于其概念的探讨。广义而言的社会支持，指代所有类型的社会互动。不过值得注意的是务必不可将其等同于社会互动或者社会帮助，事实上社会支持的意涵宽泛而具有弹性，也正是由于这样的特征，对其精确定义具有难度。尽管如此，也仍然有许多研究者企图将一个复杂抽象的概念，化约为明确而可操作的对象。这样的努力之下，我们看到，社会支持被约等于，或近似于以下的相近理念，如情感、尊重、归属感支持等。早期研究中，以卡普兰（Caplan G.）和柯布（Cobb S.）对此后社会支持理论的研究推进贡献较大。卡普兰研究中的社会支持系统，由社会的集合形成。社会支持的系统功能是两方面的，一方面在于为社会成员和个体提供自我反思的空间，另一方面，也为对社会成员审视和研判他人期望的情境，提供确认和接受的可能性。卡普兰提出的"支持性他人"，作为社会支持系统的重要组成，将在社会成员亟需支持的时候，以不同形态（有时就是情感的支持），或者带着不同类别的资源进入其生命历程以形成其必需的社会支持环境（Caplan G.,1976）❷。柯布的社会支持概念，则更倾向无形的

---

❶ 谭敏.社会支持理论在教育研究中的应用 [J].教育评论.2019(3).

❷ Caplan G..The Family as a Support System.In Caplan G.&Killilea M.(Eds.). *Support system and mutual help:Multidisciplinary explorations*[M]. New York:Grune&Stratton, 1974:4.

支持，比如感情、尊重、理解的支持是他研究的起点。他甚至将社会支持的内涵界定为一些能够实现人际交流、互动、融合、促进的信息（information）(Cobb S.,)❶。其次，在对社会支持的实践研究方面，主要是通过学科之间的相互拓展加以印证。这一重要理论的实践与应用，早期集中在精神病学和心理学的学科范畴之内。随后，由于其极强的解释力和应用性，逐渐拓展到社会科学的大家庭中，比如得以在社会学、经济学、政治学广泛应用。必须明确的是各学科由于本身元理论及研究范式上具有的差异性，对这一理论在实际应用中的侧重之处也具有了差异性，但总的来说，各学科在社会支持理论视角下开展的实践研究、应用研究，切实提升了人们对于这一理论的关注，从而更深入地激发了研究者的研究兴趣和学术努力。

当然，我们还应该注意到在西方的诸多研究中，社会支持理论的发展和应用偏专门性研究方向。这一重要理论的主要战地，在于研究者使用它来对教育议题和问题的剖析。社会支持理论成为了一个好用的中介理论，通过它的嫁接，教育学、心理学、社会学的相关研究可以实现交融对话，打破了学科的藩篱，共同对具体议题展开研究。同时，伴随着统计技术与分析手段的进步，研究教育相关的具体问题在这一理论框架之下得以深化。近年来，我国学者也关注到这一学术热点。以此为基础，同理也可将社会支持理论应用于隔代养育问题中，形成具有中国本土特点的研究倾向，拓宽对西南彝族地区，特别是凉山彝族农村隔代养育问题的实用价值。

二、社会支持视角下的应对策略

针对前述凉山彝族农村中隔代养育存在的显著问题，包括隔代养育者的受教育程度非常有限、隔代养育者的教育观念落后、本地社会中整体性的教育心理不端正，以及本地社会中养育实践的错误示范等。针对这一系列的隔代养育问题，我们试图从社会工作的专业价值优势，作为专业的社会工作的理论和方

---

❶ Cobb S..Social support as a moderator of life stress[J]. *Psychosomatic Medicine*,1976 (3): 300.

法优势，以及作为职业的社会工作实务优势切入，来为其提供有聚焦、有效果的社会工作的应对策略和干预方案。为了达到这一社会工作研究及实务并重的目标，首先，需要自凉山彝族农村中广泛存在的隔代养育家庭的层面入手。根据"人在环境中（PIE, Person-in-Environment）"的理论分析框架来看，家庭作为服务对象身处的微观社会环境，通过对其改善将能够最为直接地改善服务对象的发展环境、支持系统。因此，从问题意识出发，结合凉山彝族农村社会的基本特征，我们认为有两个方面的改善是必须且急迫的。第一，应在家庭内部解构基于性别的差异性教育期待和投入。具体做法即为，为具有典型性的彝族隔代养育家庭建立和跟踪服务个案。通过开展个案工作，积极为隔代养育者塑造出男女平等的教育心理，并确保养育者能够始终如一地贯彻平等教育的心理。那么在具体审视时，什么家庭可称之为典型的彝族隔代养育家庭呢？除了和大部分汉区农村相似的家庭，结合凉山彝族地区的特殊之处，我们认为典型的彝族隔代养育的家庭，即家支和家族为单位，集合几位隔代照顾者共同养育家支中的多名孙辈的照顾共同体。社会工作者通过对这些特殊家庭进行引导和干预，进一步解构彝族家庭内部基于性别差异匹配和投入的教育资本。第二，应在家庭内部进一步普及和深化素质教育。社会工作者，一方面，通过策划不同的小组活动，吸引家庭内部的隔代养育者加入，将素质教育最为显著的利好，即素质提升后对生命历程长效受益，经由社会工作的活动设计在日常生活中予以呈现。以此帮助这些隔代养育者查看到、感受到，为被养育者更长期的发展路径去夯实眼前的教育实践。另一方面，社会工作者还应积极策划社区层面的系列活动，将素质教育的长效性、价值性在更大范围的社会环境中去进行营造和推广。让凉山彝族的本地社会中弥漫的教育无用、教育无效以及教育低效的教育理念，尽可能扭转或减少，以此来确保更多的彝族少年儿童获得教育的机会，以更进一步获得更好的教育。

　　其次，需要自凉山彝族社会中的学校层面形成支撑。社会工作者借由社会工作介入的优势视角，在急需形成养育支撑体系的贫困落后的地区中，尝试建立学校层面的支持性子系统以侧援隔代养育关涉的广大家庭的主要系统。为了达成这一目标，社会工作机构和学校社工可以携手合作，将身处隔代养育中的学生作为主要的服务对象，通过不同的项目开发和活动设计，尽可能为其提供养育的支持。比如设计学校中开设的延时班或周末班，可在这些特殊班级中更多训练和培养学生的学习兴趣和学习能力；又比如组成养育者劝导工作队，定期在家访和学校组织的家长活动中，与老年养育者多多沟通，多多为其灌输养育的使命感和价值感，以使其对自己的日常照顾工作产生价值感，与此同时，也培养其对学校、老师、社会工作者建立信任并配合后续工作的开展。此外，为更好地侧援隔代养育系统，从学校层面还可以做出的努力包括重视师资建设和发展远程教育两条路径。第一，重视师资建设。一方面，能够弥补当前凉山教学力量的缺乏，为了教育事业在凉山的进一步推进增加人力资源，另一方面，也能够为隔代养育的整体系统增加专业的人才队伍，通过人才力量的充实，从而确保"有人能用，有人好用"，进而提升本地社会隔代养育的水准。第二，发展远程教育。通过借力与发达地区的互助网络，远程将对方学校和社工机构在隔代养育方面的支持性成功经验引入凉山地区。在引入成功经验的过程中，重视社工的视角，以学校社工的立场推进为上，对于实际负责隔代养育学生的学校社工，除了实务的提升也要注意对其进行针对性督导。督导的过程远程进行，不失为一条从凉山彝族社会的实际出发，保证实务效果和项目执行较好实现的路径。

最后，需要自凉山彝族的整体社会层面建构与时俱进的养育理念和模式。这一条应对策略的提出，一方面，针对的是整个凉山彝族文化区域内长期存在的重生存而轻发展的教育观念，另一方面，也针对着这一区域内历来重视、主张的及时行乐的社会化惯习。社会工作从社会层面来积极建构与时俱进的养育理念和模式，何以可能？首先，我们可以依循助人自助的社会工作专业理念出发。相信服务对象，即隔代养育的各主体，包括养育者，相关的家支共同体等，以及养育对象，帮助他们获得适用于当前融合型社会的养育思想、教育知识，以社会工作的专业方法让其真正领悟并真实地校准自己在养育或被养育过程中的体验和使命，将使之从养育过程中有所收获。我们要从始至终地坚持"人在环境中"这一经典的社会工作理论框架。依照社会工作的专业立场，从凉山彝族人们所处的地方文化，这一最为重要的社会环境入手，对其中关涉隔代养育诸多问题的相关元素进行挖掘，并尝试重构这些文化要素，使之为当前的问题解决服务❶。凉山彝族的文化繁盛且极具生命力，能够服务这一目标的素材可谓丰富异常。当然，由于凉山地区是典型的少数民族地区，且凉山彝族有非常独特的族群特性，因此，社会工作在开展的过程中也应该注意方法的选择，实务活动的有序推进，做到因地开展，因人而异。"因地"与"因人"，都在解决少数民族社会工作中的具体问题时，充分考虑并尊重少数民族社会及成员的特殊之处。唯有如此，社会工作对其文化的重新塑造和创新，才能够在居民的社会生活之中真正被接受，也才能谈论社会工作真实地改善了凉山彝族农村社会中隔代养育面临的各种问题。

---

❶ 比如凉山彝族的隔代养育问题中，比较明显的一个问题是隔代养育者根据孙辈的性别而确立教育资本投入的程度。社会工作机构和工作者自社会层面介入解决这个问题的时候，可以考虑从彝族的传奇大毕摩阿苏拉则选择和栽培自己的继承人的经历为素材来为服务对象输出正确的教育理念。在一众儿子之外，大毕摩阿苏拉则选择将一身神圣的本领衣钵传给自己的女儿。而他的女儿终不负其父厚望，经过长年学习，成为了彝族历史上与其父灵力和神威齐名的大毕摩。

第六章

农村隔代养育问题与社会工作介入
实践探索

社会工作作为一种职业性的专业化助人活动，秉持助人自助的理念为各类需要帮助的人群提供社会服务。其专业价值和方法是现代社会解决社会问题、促进个人和社区发展的重要手段，在城市化进程日益加速的今天，社会工作亦能够为解决农村隔代养育问题提供新的视角与思路。

第一节　社会工作介入农村隔代养育领域的意义所在

一、帮助农村儿童实现正常的社会化

社会化是每个儿童在成长过程中学习社会规范，并形成符合社会标准的行为和价值观的过程。家庭是儿童社会化的主要场所，父母是这个过程中的主要参与者。农村隔代养育一方面在一定程度上弥补了孩子父母直接教育的缺失，基本维持了孙辈社会化的步骤，另一方面这种替代角色的出现也使儿童正常社会化的过程中存在一些潜在的问题。隔代教育的关键是孩子在成长过程中由于缺少父母的陪伴从而引发出一系列的问题。祖父母所承担的替代角色是在家庭结构缺失的逼迫下所进行的适应，每个农村的隔代家庭对此的适应度各不相同，因此社工介入农村的隔代养育问题就具有一定的必要性，开展好隔代教育的主要内容是弥补孩子在成长中父母的陪伴，帮助孩子解决成长过程中解决心理问

题，纠正由于祖辈不当教育造成的溺爱等不良影响，帮助孙辈建立起社会化所需的社会支持网络，实现正常的社会化。

二、改善农村家庭关系

农村隔代养育问题从总体上来说主要包括亲子关系和祖孙关系两个方面，如若隔代养育的问题处理不当，就可能在家庭关系的不同方面产生影响，同时阻碍亲子和祖孙关系的维持，损害孙辈社会支持网络的建立。因此社工介入农村隔代养育的问题，就能够及时帮助孩子营造相对健康的家庭环境。缓解家庭经济压力，将父母从孩子照顾之中解放出来，能够更从容地去外出务工，改善家庭的经济条件，有利于整个家庭的发展。在父母和子女间的关系由于地区分隔而有所疏离时，社工能够通过专业的手法进行介入，使得祖辈在替代父母过程中密切与孙辈的关系，建立起替代性的社会支持，改善农村家庭成员间的关系。

三、阻断农村贫困代际传递

农村隔代养育现象的产生与农村城市化过程中的经济问题紧密相关，正是为了解决家庭中出现的经济困境而产生的劳动力迁移，致使家庭结构不再完整。这种状况的出现由贫困而生，且由于隔代养育衍生出来的一些潜在问题会影响到家庭中未来的劳动力，最终依然走向贫困。目前随着经济社会的发展，在我国的广大农村接受隔代教育的儿童群体日益增多，其产生的负面影响已经成为社会重点关注问题，部分农村留守儿童由于在隔代养育过程中未能得到正向引导，造成农村贫困家庭的代际传递，部分人群甚至走向犯罪道路。因此，在社工的介入下解决好农村隔代教育问题，是帮助农村地区实现教育扶贫，阻断贫困代际传递，打赢脱贫攻坚战的重要前提。

四、解决祖辈"替代父母"的弊端

解决好隔代养育家庭祖辈"替代父母"问题是农村隔代教育的关键所在。

父母是孩子的第一老师，在孩子成长过程中起着非常重要的作用，由于父母长期不在，祖辈在隔代教育过程中不得不扮演父母的角色，做好孙辈的教育工作，帮助孩子社会化的重任就落在了祖辈身上。然而"替代父母"并不能完全等同于父母，在养育孩子时祖辈既有自己的角色，又要扮演父辈角色，易产生角色混乱的认知不清，加之其自身因为年龄、受教育水平、身体健康状况、个人经历、认知水平等原因都对祖辈做好"替代父母"提出严峻的挑战。因此，做好隔代教育的首要任务是帮助祖辈更好地代入父辈角色，弥补父母缺失所带来的负面影响。社工介入隔代养育问题的重要意义不仅体现在帮助祖辈缓解其在替代父母过程中面临的困境，舒缓自身的教养压力，增强其对于孙辈的支持性角色，还体现在解决农村留守儿童的教育和心理问题上，为其健康的成长铺平道路。

第二节　社会工作介入农村隔代养育问题的阻碍因素

我国农村隔代教育问题面临严峻形势，引起社会各界的广泛关注，目前社会工作者也对此进行了积极关注并采取了一些专业的措施，社会工作介入农村隔代教育势在必行。然而由于农村经济社会条件各方面的落后，农村隔代教育形势复杂，问题多样，加之社会工作自身队伍建设不足，社会工作介入外部环境不够完备，服务过程不够深入，使得社工介入隔代养育问题存在一定的阻碍，需要进一步推进。

一、社会工作介入农村隔代养育的伦理冲突 ☞▎

西方社会文化的发展对社会工作的伦理影响颇大，"甚至可追溯到文艺复兴和社会改革运动中早期的新教伦理、人道主义、乌托邦社会主义以及近代的社会福利思想等。"❶ 而这些社工的伦理观念在中国社会中还存在一个本土化的过程。在农村隔代教育领域体现为新式的教育方式与农村祖辈教育方式的冲

---

❶　章晓．中国传统文化对我国社会工作价值观的影响 [J]．华章，2011(14).

突。在介入农村隔代养育的过程中，许多学者已经开展了一系列研究并取得一定成果，在社会工作本土化的进程中不断探索，逐步适应着我国农村隔代养育的现状。

"社会价值是整个社会所崇尚的基本价值，在社会工作的价值体系中更是重要的基础层次"[❶]。在社工伦理价值本土化的过程中我们要针对农村隔代养育的不同情况明确社会工作介入的目标和服务对象的特征。具体体现在：

微观上，认可祖辈和孩子均具有改变现状的能力，这就要求社会工作者在介入隔代养育的过程中尊重祖辈孙辈在生活和教育上面的需求，承认其自我的独特性和差异性，避免出现隔代差异，教育失衡，帮助祖辈更好地扮演好替代父母的角色，帮助孙辈在社会化过程中弥补父母缺失的问题，促进其健康成长，减少农村贫困的代际传递，减少由于隔代养育不当而导致的留守儿童的心理和行为问题。

宏观上看，引发社会对农村留守儿童和空巢老人的关注，让其能够感受到社会对他们的重视和帮助，尊重祖孙两辈人的各种权利，积极引导孙辈在个人发展过程中与社会要求一致，使大众能够了解农村隔代养育的相关现状，最大限度地发挥祖辈和孙辈的主观能动性。

"社会工作的专业价值指社会工作者长期遵守的，并在服务过程中内化，用以支撑社会工作者进行专业实践的哲学信念。具体又是以人道主义为基础，充分体现了热爱人类、服务人类、促进公平、维护正义和改善人与社会环境关系的理想追求，激励和指导着社会工作者的具体工作[❷]。"农村隔代教育社会工作服务的专业价值主要是：

尊重。高度尊重老人和儿童，是开展农村隔代教育社会工作服务的前提条件。农村社区中的儿童，由于他们的年龄所处的阶段尚小，其教育和心理需求很容易被外界所忽视，然而他们每个人都是平等的个体，都有权利被尊重和平等对待，我们不应轻易地用社会工作者自身的价值观去主观臆断服务对象的心理状况。

---

❶　李迎生 . 社会工作概论 [M]. 北京：中国人民大学出版社，2010.
❷　王殿禄 . 在服务中践行社会工作的价值理念 [J]. 松州学刊，2012, 000(4):42-43.

接纳。作为社会工作者的生活环境与农村隔代养育家庭的状况有着一定程度的差别，不一定每个社工一开始都能理解隔代养育家庭中祖辈与孙辈的处境，了解他们在隔代养育中的内心感受和困境。这就需要社工通过倾听去努力理解隔代养育中的祖孙，既不完全否定也不完全同意他们的一些内心想法，而是保持相对中立的态度进行接纳。同时还要坚持社工的服务理念，并不一味地顺从他们的观念。

自决。社会工作者理应鼓励祖辈和孙辈在隔代养育中发挥自身的潜能做出符合自身情况的正确决断。社工要相信隔代养育中的问题都能够通过祖孙潜能的激发得以解决，因此，应该协助祖孙两个群体发现他们在隔代教育上所面临的问题，对自身个人情况和社会环境有一个清晰全面的了解，最终引导其发展和挖掘自身潜力，帮助祖辈培养更好的教育方式和理念，孙辈养成更好的心理以及行为方式。社工在隔代养育问题上提供的服务不能一味地充当主导者，而要在适当的时候充当建议者等其他角色。

差别化。虽然农村隔代养育的问题普遍存在，但每一个家庭都具有自身的特殊性，家庭成员的经历各不相同，存在着差别。不同祖辈在对孙辈实施教育过程中的方式也不完全相同，社工在介入时应做全面的考量，充分考虑到每个隔代家庭的不同教养状况的差别，才能够更好地引导祖孙两代人之间实现有效沟通，更好地帮助孙辈的成长。

这里讨论的专业伦理，主要指的是社会工作者与隔代养育家庭中祖孙间的专业介入关系，强调责任的重要性。同时还包括社工及其机构之间的关系。

社会工作者介入农村隔代教育的不同家庭时是以专业价值为一般基础，在这个前提条件下发展出相应的伦理，在保证他们处于相对平等的地位，并且具有充分的主观能动性，有潜力解决养育中存在的问题，并与之保持良好的专业服务关系，确保服务持续性，最终能有一个好的服务效果。

社工的从属机构能够为一些面对农村隔代养育问题时经验不足的社工提供督导和相关资源，根据相应的服务理念开展不同类型的家庭社工或是学校社工。

二、社会工作介入农村隔代养育的现实困境

社会工作介入农村隔代养育的现实困境与社会工作行业的整体发展有着紧密的联系。首先，社会工作这一新兴的职业虽然存在一定的发展空间，具有巨大的发展潜力，但同时也存在一定的制约。国内的社工机构主要存在于城市中，相对于农村经济水平较为落后的地区则发展受到限制，农村社会工作的资金来源没有完全保障，获得资助的渠道比较少，配套资金不全，政府能够提供的购买服务很难覆盖到隔代养育家庭。因此，由于资金的限制，农村社会工作无法有效地展开，这就使得作为隔代养育问题在很长一段时间被忽略，无法被纳入农村社会工作的范围中来。如农村隔代教育服务之类的项目，属于典型的公益项目，一旦存在资金上的困难就很难开展。其次，社工作为高校中开设的新兴专业，培育出了一批社工的专业人才，但由于受到社工职业化水平的影响，目前城市中专职社工的待遇并不理想，这便在一定程度上导致了社工人才的流失，从事社工职业的人员少了，能够开展农村社工的人员就存在限制，这也加剧了社会工作介入农村隔代教育的困境。

滞后的养教育观念影响人们对社会工作的接纳。对于农村老人来说扮演"替代父母"角色对孩子教育只是其生活中的一部分，在中国农村，大多数老人都会从事务农活动，这就在一定程度上分散了隔代养育的精力，社工开展相应的服务时可能会存在时间上的冲突。且一般情况下社会工作者和农村老人年龄相差较大，难以让老人信服。根深蒂固的传统教育观念和经历让老人拒绝改变和学习。

父母及祖辈对孩子的教育重视程度不够，特别是祖辈的成长环境和经历认为只要是能把孩子养大就行，教育孩子是学校老师的事情。

然而家庭才是儿童进行社会化的第一场所，家庭成员包括父母和祖辈都是孩子的老师，对儿童的教育和未来发展起着至关重要的作用。由于父辈的缺失，隔代教育中祖辈实际上就是孩子的第一任老师，社工在介入隔代教育过程中难点不是在于孩子，而是让祖辈重视对孩子的教育，接受科学的教育观念。

隔代教育中祖辈难以找到合适的教育方式，较为常见的就是与孩子的沟通

不足，大部分家长与孩子之间的沟通几乎全部围绕学校表现展开，孩子生活和心理的其他方面不会提及甚至不愿提及，这样更会造成沟通困难，产生代沟，难以帮助孩子在成长过程中遇到的各种事情，容易让孩子产生孤立情绪，不利于孩子的成长。相比于父母，祖辈的思想观念更为落后，更不会注重孩子的沟通交流，如何改变祖父母的观念是社工介入隔代教育的重中之重。

学校是教育孩子的重要阵地，学校社会工作在介入隔代教育有无与伦比的优势，可采用的专业方法比较多，个案、小组都可以被加以利用，但实际介入中仍然有一定困难。对于农村地区的学校，基本都以素质教育为主要内容，儿童在学校中主要习得文化课程，农村小学的师资力量也比较有限，主要集中于文化课程的教授，很少关注到儿童的心理等其他方面。另外，农村学校的文化课程时间安排紧凑，几乎也没有更多的时间能够被社工利用开展相应的活动。

另一个方面，目前我国农村地区学校社工开展得还比较有限，少有的一些都是以项目制的形式由政府购买，机构或是社工才会入驻对留守儿童的问题进行介入。这种项目制的形式就决定了社工介入的时间难以长久，效果难以保证，存在无法延续的困境。另外，学校社工开展的过程中，由于农村地区思想观念落后，对社工工作理念知之甚少，即使是学校的老师、领导等可能也没办法完全信任社工工作的开展。社工服务并不受学校一方的重视，这就在一定程度上削弱了学校社工对于隔代养育问题的介入效果，社工需要花费一些时间熟悉学校环境，普及社会工作的理念，其工作效率就在一定程度上打了折扣。

总的来说，社会工作介入农村隔代养育的制约因素如下。首先，农村地区的经济状况制约了社会工作在区域上的发展，使得社工介入农村隔代养育的难度增大。

其次，由于社工在农村的认知度不高，因此在隔代养育遇到问题的时候很少能够求助于社工帮助问题的解决。社工的专业理念是助人自助，从理论上来说，这种理念对于农村隔代养育问题的解决是大有裨益的，在发挥案主主观能动性的信念指导下，社工介入隔代养育的过程实质上是更加人性化的，意在关注祖辈和孙辈的社会支持网络。而现实中由于农村地区的居民对于社工介入的价值了解甚少，也在一定程度上阻碍了农村隔代养育问题的解决。

第三节　社会工作介入农村隔代养育的优势

虽然社会工作介入农村隔代教育服务困难重重，但在进入新时代中国特色社会主义背景下，隔代教育问题也并非无法解决的问题，农村隔代教育是新形势下三农问题和决战脱贫攻坚决胜全面小康不可缺少的一部分。社会工作由于其专业的价值理念和工作方法能够在一定程度上调动各个相关方的运作与配合，在解决隔代养育问题中发挥着独特的作用，具有一定的专业优势。

一、国家政策的大力扶持

针对儿童教育政策扶持。随着当前国家脱贫攻坚战略基本完成，党和国家对农村的重视程度达到了前所未有的高度，特别是"两不愁三保障"基本政策的实施。具体而言有四个方面的内容：一是对于农村义务教育街道学生的学杂费全部免除；二是对于贫困家庭的学生，补助寄宿生活费并免费为他们提供教科书；三是对于农村义务教育阶段中小学提高他们的经费保障；四是对于农村中小学教师，巩固和完善他们的工资保障机制，保障农村教育成为脱贫攻坚的底线要求，这些利好政策都是对农村教育切实起到大力提升的作用，为农村隔代教育起到至关重要的影响。

针对老人养老政策扶持。在老人的各项政策中一个最为直接的政策就是农村养老补贴。目前，在重庆全面实施养老补贴。养老补贴制度针对养老困难的老人，包含了低收入的独居、失能、高龄的老人，由政府直接补贴到个人，便于他们更好养老，主要分为四类，一是农村养老保险补贴，也叫基础养老金，各地补贴形式和补贴金额各有不同，在重庆 60 岁以上的老人都可以领到 55 元或以上的补贴金额。二是农村老人高龄补贴，只针对 70 岁以上的老人发放，80 岁以上的农村老人每月有 80 元补贴，90 岁以上农村老人可领取 200 元每月，100 岁以上农村老人每月可领取 300 元补贴。三是农民自费养老金补贴，农民可以选择自费交养老保险，从开始的 100 元到 2000 元，每一年不同的档次，根据农村统计缴纳的总额来计算，农民到了 60 岁就可以领取养老金了，交够 15 年就可以每年领取 500 元的养老金。养老补贴政策在一定程度上可以缓解农村家庭经济困境，让农村老人有一定的额外收入，减轻老人务农收入压力，促进老人可以在隔代教育中更好地去扮演"替代父母"的角色，有更多的时间和经济条件去教育儿童。

针对农村环境的政策扶持。个人的成长环境对教育的影响也是十分深远，当前国家实施"乡村振兴"战略是不断完善农村环境的重要体现。"中央农村工作会议确立了乡村振兴的 20 字总要求：产业兴旺、生态宜居、乡风文明、治理有效、生活富裕"❶。产业兴旺是核心，农村产业兴旺，农民不用外出打工，背井离乡，"三留守"人群的存在自然就消亡，但目前距离农村实现产业兴旺还有一段距离，资源分配不均衡，收入低，人情往来费用高……为实现乡村振兴，各地都在不断努力，产业兴旺不仅是乡村振兴的总要求之一，也是一个从根本上解决农村隔代教育问题的主要措施。乡村振兴其他措施也是直接改善当前农村环境的重要内容，这些政策的实施有利于实现社会主义新农村建设的完成，为儿童的健康成长营造一个良好的外部环境。

针对农村社会工作的扶持。最为重要的是将社会工作纳入国家发展战略规划，在中共中央、国务院印发《乡村振兴战略规划（2018－2022 年）》中第二十七章夯实基层政权、三十章增加农村公共服务供给中要求优先发展农村教育事业，加强农村社会保障体系建设中都提及了社会工作，尤其强调了对农村社会组织的培育与建设。农村社区组织的完善对于解决留守儿童的隔代养育问题有着较为关键的作用，成为社会工作服务的有效依托。实现了国家从政策层面明确支持社会工作介入农村各项公共事业开展专业服务，为社会工作介入农村隔代养育提供了一定的政策和资金支持。

---

❶ 翁紫萍，王利雪.基于 SWOT 分析法研究美丽乡村建设——以扬州市江都区樊川镇为个案研究[J].北京农业职业学院学报.2020(1):17:14.

二、社会工作的专业方法优势

社会工作的价值理念及其三大专业方法对于缓解弱势群体的困境，帮助其发挥潜能促进发展有着重要的意义，有利于促进农村隔代教育社会工作专业化得到进一步提升。在新教育理念下专业社会工作者更加注重老人教育观念的塑造，以及儿童在成长过程中自我认同，通过小组、个案、社区等服务手段全面对其进行服务是其他方式难以达到的效果。

1. 个案工作优势

个案工作是社会工作的三大方法之一，它的服务对象是有需要的个人或者家庭，在专业技巧和专业知识的指导下，去对服务对象进行了解，分析他们所处的人文环境和自然环境，并针对个人的特殊的需求，协助他们分析并应对面临的困境，提升服务对象内心的动力和潜力，以此改变生活态度，进而改善或恢复他们的社会生活功能，增加服务对象的社会适应能力。农村隔代教育由于不同家庭的各自情况差异巨大，开展教育过程中所面临的问题也不尽相同，要求社会工作者必须有鉴别心和准确性地开展个案工作以指导他们学会自我调适。社会工作者在开展个案服务过程中，根据案主实际情况，为其解决面临的困难和问题，链接社会资源，弥补隔代教育的不足，促进问题的解决。

2. 小组工作优势

小组社会工作是服务于团体的社会工作方法，将同质性群体聚集在一起，通过社会工作者引导和协助，小组成员互相之间进行有目的的互动及互助，在小组进行之中，个人行为、意识、能力等发生改变，社会功能得到恢复和发展。农村隔代教育中社会工作主要面临老人和儿童两类人群，针对这两类人群开展小组社会工作的核心目的在于农村隔代教育的家庭获得亲情上的连接，通过小组获取解决隔代教育中所遇到的问题。此外，虽然每个隔代教育家庭各自情况和问题不同，在同为隔代教育家庭所遇到的问题有一定的共性，有助于在小组活动中找到认同感，缓解解决问题的无力感，并且愿意在小组中诉说家庭存在的问题以及自己内心的真实想法，有利于小组工作的有效实施。

3. 社区工作优势

农村社区本身拥有丰富的人力和物力资源，这些资源都能够为社会工作者所用，成为解决农村隔代养育问题的突破口。可以争取居民的支持，发掘各自的资源，争取社区内部及外部的协助，来培育居民的互助自助精神，从而有计划有步骤地去预防社会问题的产生，协调各方关系去解决社会问题，发掘并培育社区骨干，社区骨干带动社区居民，社区的自治能力不断提升，达到促进社区进步的目的。农村隔代教育的社区工作可以有效改善农村社区对隔代教育的认同和关注度，为隔代教育的开展营造良好的外部环境，获得更多的社会支持。总之，在面对农村隔代养育问题时，社会工作方法的运用离不开相应的物质基础，需要调动农村社区中的各种物质和社会资源，甚至可以挖掘农村社区中的文化资源作为依托，在此基础上开展的社区工作能够在最大程度发挥效用。

第四节　鱼城村案例

一、鱼城村基本情况与社会工作干预研究条件

目前在隔代养育中，基本立足于儿童，从隔代养育对儿童造成的影响出发来研究隔代养育的现状与未来，在前期理论研究的基础上，我们于 2019 年 6 月至 2020 年 6 月，开展了农村隔代养育"替代父母"的行动研究，我们立足于隔代养育中的祖父母，从发挥隔代养育的积极影响和削减隔代养育的消极影响两方面出发，运用社会工作的专业方法，采取行动研究，具体问题具体分析，切实帮助祖父母解决困难，促进隔代养育良性发展。

行动研究地点选择在重庆市合川区鱼城村，地处合川主城区较偏远的地区，医疗、教育、文化、交通等方面落后于主城其他社区。全村常驻人口约 3521 人，其中 60 岁以上老年人有 825 人，60 岁以上老年人口占比 23%，大部分青壮年

劳动人口外出打工，留守儿童和留守老人比重大，承担隔代养育70余人，占比8.5%，日渐成为一种普遍现象，相关问题突出。然而社区工作人员及其能力有限，缺乏专业的指导方法，也无法满足村内老人的需要。

前期调研发现有85.6%农村读书的孩子因年轻父母外出务工将孩子交给祖辈抚育，随着社会高龄化趋势的发展，隔代养育现象越来越普遍，隔代养育没有做好，既影响儿童青少年的健康成长，又影响老年人安享晚年，如何发挥隔代养育的优势，削减隔代养育的劣势，是一个值得社会工作者去解决的问题。

1. 隔代养育的"替代父母"迫切需求

在调查中农村隔代养育"替代父母"反映，他们希望得到更多的帮助，去帮助他们更好地教育孙辈，希望项目成员能够更多地了解他们的困难及需求，积极帮助他们解决问题，为他们搭建支持平台，满足他们在生理、安全、社交、尊重与自我实现方面的需求，解决好隔代养育带给他们的负面影响，提高他们晚年生活质量与幸福感。

在调查中发现，隔代养育对祖辈有一定消极影响：

（1）教育观念冲突，祖辈心理压力大。在需求调研的20户农村隔代养育"替代父母"中，有7户带有孙辈，其中最小的孩子5岁，最大的孩子14岁，其余的孩子都在钓鱼城小学上学，这些老人面临着隔代养育的重任，需要让老人再次进行抚养教育，对老人来说是一个重大的挑战和负担。调研中，18名祖辈都表达，照看孙辈"吃力不讨好"。孩子父母回家这一阶段，教育方法和教育理念容易和祖辈发生冲突，祖辈往往处于"有口难言"的地步，他们不明白，自己的孩子就是这么长大的，为什么到了孙辈就不行了？同时，孩子父母对祖辈的责怪，让祖辈在隔代养育中消极情绪增加，"养外孙，空一场"表达了祖辈的心声，对养育孙辈产生拒绝态度，但又迫于家庭经济情况，不得不养，内心矛盾焦虑。

（2）隔代养育加重祖辈身体负担。随着年龄的增加，老年人的身体素质不断下降，各种突发状况是无可避免的，需求调研的20名农村隔代养育"替代父母"中大多数都在 75 岁左右，其中 80 岁以上的有 3 名，这 3 名 80 岁的老人均是独居老人，不同程度患有高血压、糖尿病、风湿等慢性疾病。81 岁的农村隔代养育"替代父母"艾爷爷因为年轻的时候劳累过度现在落下了腰疼的顽疾，每天还要忍受这腰疼的折磨下地种菜,生活所需需要自给自足。农村隔代养育"替代父母"在年轻时大多数从事农业生产，由于长期的体力劳动对身体造成不良影响,大部分老人在年老后身体均存在一定问题,易遭受各种急慢性病痛的折磨，加之不懂得科学的保健和生活方式，同时还要分出大量心力去照看孙辈，无论是身体还是心理压力对老人来说都是非常大的挑战。

（3）孩子父母对祖辈的教育期待影响家庭关系。孩子父母远在他乡，将孩子的教育托付与祖辈，对祖辈的教育有很高的期待。孩子健康成长，学习良好，则家庭关系和谐。孩子一旦出事，或学习成绩不佳，孩子父母则会将部分责任归咎于祖辈。而鱼城村的老人整体的文化水平偏低，在教育和抚养观念上依然以传统教养方式为主，在一定程度上影响了孙辈的成长发育。调研中发现，5 位祖辈表示，孩子父母不但不理解他们的辛苦，反而怪他们没有把孩子教好。通过与农村隔代养育"替代父母"及其孙辈进行访谈社工了解到，由于父母的缺席、祖辈教育方式的落后和沟通不够，村里一些少年儿童在社会交往、学习成绩方面能力明显弱于其他同龄孩子，或多或少出现了叛逆或者自卑的现象，同时由于孙辈不听管教，父母往往将责任推卸到老人身上，祖辈身心疲惫，对孩子的教育力不从心，家庭矛盾不断。

（4）隔代养育加大祖辈经济压力。农村隔代养育"替代父母"的子女外出务工使家庭经济条件得以改善，但由于孩子父母的相对收入也不高，寄回家的钱，老人都不敢用，全部用在孙辈上，甚至还要自己贴钱。大部分"替代父母"生计主要是靠自身劳动收入。一般老人和儿子一起生活时开支主要由儿子负担，但是子女外出后，他们就得自己担负起生活重任。少数子女每月会给予一定的赡养费或照顾孙辈费用，但大部分还是得靠老人自己减少开支,过简朴的生活。徐婆婆和曹爷爷夫妇俩都是年过 75 的农村隔代养育"替代父母"，通过访谈社工了解到他们虽然有 2 个儿子，但是由于收入较低，维持自己的家庭开支都成问题，老人俩带着上初中的孙子，仍然坚持种地务农，自己养活自己，偶尔还要给孙子零花钱，老人俩向社工述说如今年事已高身体不如从前，时常生病吃药，种地收入一年不如一年，孩子父母给的钱还不够孙子的生活费，经济压力很大，勉勉强强维持生活。

另外，在调查中发现，隔代养育对祖辈有一定积极影响：

（1）隔代养育让祖辈精神慰藉得以满足。人老了有喜静的一面，但人老了最怕孤独。农村隔代养育"替代父母"一辈子经历了大风大雨，吃惯了苦，对物质生活并未有过高的追求，粗茶淡饭依然能过上舒心的日子，子女的成才对于老人而言则是较高的精神慰藉。由于农村经济水平发展的不平衡，大多青壮年都外出务工，留下的则是老人、妇女、儿童，也就是三留守人群，子女不在老人身边，生活很容易孤独，调研过程中，笔者经常看到村民家里，一栋房子，却只有孤孤单单的两个或者一个老人在家，生活非常孤单，甚至有的独居老人或无人可以说话，无休闲娱乐，过一天是一天，觉得生活没有什么意思。而孙辈的存在大大地抚慰了祖辈的心灵，生活有了重心，有了乐趣，家里有了欢声笑语，养育孙辈则让老人生活有了更多的欢乐。

（2）隔代养育让祖辈生活更加丰富。中国传统文化中有一个词语"天伦之乐"，祖辈受弄孙为乐的传统文化观念影响，80%都愿意带孙辈。在和孙辈相处过程中，64.8%的祖辈认为自己变年轻了，82.4%的祖辈认为生活变得有趣多彩，75%的祖辈认为很有成就感，78.8%的祖辈认为很有满足感，86.5%的祖辈感觉很开心，隔代养育主要扩大祖辈的人际交往圈，对祖辈产生积极的心理影响，主要让祖辈变年轻、生活更有趣、很有成就感、满足感、开心感，生活更加丰富。

2. 行动研究的组织保障

（1）村委对研究的大力支持。笔者多次前往鱼城村了解情况，寻求合作机会，村委对于高校和社会组织的入驻给予积极支持，并期望社工的入驻能为老人增能，缓解目前村内老人面临隔代养育带来的身心压力，补充基层服务的不足，为村内老年人制定合理的服务方案，带去生理和心理的慰藉。街道及村委对社会组织的期许，为项目开展提供有力支持。

（2）专业技术保障。选聘长期致力于社会工作服务实践和理论研究的高校专家，对社工服务理论支撑和科学指导，保障行动研究的学术规范。

（3）服务团队保障。我们整合本土专业资源，协助成立社工机构，组建长期有从事老年社会工作服务经验的"项目督导＋项目社工＋项目志愿者"的专业服务团队，选聘实务经验丰富一线社工进行社工介入的行动研究，其中一名本土社工曾担任过合川区钓鱼城街道鱼城村社区社会工作服务项目（2015年重庆市民政局购买社会工作服务项目）的一线社工。

二、社会工作行动研究思路与设计

1. 行动研究的思路

笔者以社会支持理论为指导，从农村隔代养育"替代父母"需求出发，以社会工作专业服务方法为服务对象提供支持性、预防性、发展性服务，创设行动研究的"1234"干预机制，结合村委资源，围绕隔代养育这一主题，为隔代养育中的老人和孩子开展服务。

（1）社会支持理论。重视个人对周围环境资源的运用，人与环境的各种系统（家庭、教育、工作单位）相互作用，人利用环境的各种资源来改善自己的生活状态，环境为个人提供正式或非正式的支持，前者是政府部门（社会保障部门、民政部门、工青妇团等）为隔代养育中的祖辈和孙辈提供的制度性支持。后者分为四个部分，一是个人层面，为隔代养育中的祖辈和孙辈提升能力，祖辈提升自我照顾能力和对孙辈的照顾能力，孙辈提升行为习惯能力和学习能力。二是从家庭层面，重点提升家庭成员关系。三是邻里社区层面，增加隔代养育家庭的邻里互动，提升社区对隔代养育家庭的支持。四是从社会层面，广泛链接资源，为隔代养育中祖辈、孙辈提供慰问服务、志愿服务。

（2）"1234"干预机制。在行动研究过程中，我们创设了"1234"干预机制。"1"

指一个理念，即"爱幼敬老、助人自助"；"2"指两个服务平台，即"祖孙亲子乐园"和"鳍无忧课堂"两个服务平台；"3"指三支服务队伍，即专业社工服务队伍、志愿服务队伍和老人帮扶队伍三支队伍；"4"指四个提高，即提高老人对隔代养育的认识，提高祖孙辈亲子关系，提高老人对自己是"替代父母"这一身份的认同，最终提高老人的晚年生活质量。

2. 行动研究的内容

笔者拟通过社工进驻村并与村委工作人员一同服务农村隔代养育"替代父母"，一方面为农村隔代养育"替代父母"提供专业的社工服务，解决他们在面临隔代养育中所遭遇的具体问题。另一方面通过指导村委以及其工作人员，协助其开展一系列专业社会工作服务，培育本土社工人才，同时引导鱼城村建立常态化开展志愿服务的志愿服务队，探索社会工作介入农村隔代养育家庭中祖父母问题的社会支持网络的建构。

（1）行动研究框架。针对隔代养育给鱼城村农村老年人带来的积极影响和消极影响，项目以"最大限度发挥隔代养育对祖辈产生的积极影响效用"和"降低隔代养育对祖辈产生的消极影响损害"为目的，结合农村隔代养育"替代父母"的心理、身体和社会支持网络现状，通过资源盘活，嵌入乡村自组织、志愿者及社工在内的主体资源，为村内农村老年人营造和搭建交流互助平台，从隔代养育方式（"鳍无忧课堂"）、祖孙亲子关系（"祖孙亲子乐园"）来发挥隔代养育对祖辈的积极作用，提升隔代养育质量，解决祖父母在隔代养育中遇到的问题，促进隔代养育良性发展。

（行动研究框架见图10）

（2）行动研究目的。开展行动研究的目的是建设农村隔代养育"替代父母"互助平台，提升农村隔代养育"替代父母"对隔代养育的认识，促进农村隔代养育"替代父母"与孙辈亲子关系的和谐，最终促进隔代养育良性发展。

（3）行动研究内容。一是祖辈亲子乐园。借助我们的节日，开展大型亲子互动活动。旨在借助节日的氛围，在社区内开展各类同质性群体（隔代养育的

```
┌─────────────────────┐
│    社会支持理论      │
└──────────┬──────────┘
     ┌─────┴─────────────────┐
┌──────────┐          ┌──────────────┐
│  正式支持 │          │   非正式支持  │
│政府、企事业单位等│    │家人、朋友、邻里、志愿者等│
└──────────┘          └──────────────┘
```

祖孙亲子乐园

　　提升祖孙亲子关系，促进家庭和谐

鳍无忧课堂

　　孙辈：提升儿童养成良好学习习惯、生活习惯

　　祖辈：为老人增加知识，提高老人对隔代教育的认识，掌握科学的教养方法

暖心邻里互助团

　　为老人构建朋辈支持网络，拥有和谐邻里关系

一起来 志愿者服务

　　发掘并培育志愿者队伍，促进自治组织建设

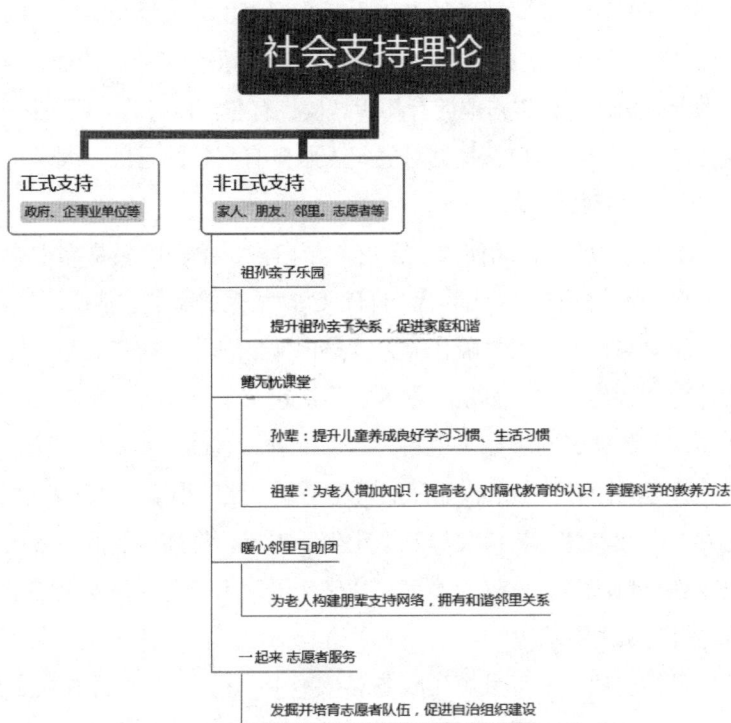

图 10　行动研究逻辑框架图

祖辈）聚会、趣味活动，满足农村老年人文化娱乐需求、交友需求，提升祖孙亲子关系。二是"鳍无忧课堂"。此为社会支持理论指导下的提升个人能力，通过开展农村老年人课堂服务，提高他们的能力。通过老年人课堂的形式，结合农村老年人的需求，为老年人举办技能提高类、健康养生类等类型关老爱老服务，满足老年人学习需求及人际交往需求，让老年人发掘自身价值，改善自身生活状态。其中还要聚焦农村隔代养育"替代父母"隔代养育问题，为抚养孙辈的农村隔代养育"替代父母"普及隔代养育技巧知识，做好"替代父母"。三是情感陪伴。"暖心邻里"老年人互助服务。通过开展以老年人互助支持为主题的祖辈生日会、邻里运动节等暖心社区活动，直接关爱农村隔代养育"替代父母"提升生活乐趣，

增进生活信心，同时让有需要帮助的老年人感受到邻里的关爱和温度。四是志愿服务。志愿组织培育服务。志愿者精神在 2008 年之后得到了广泛传播，志愿者的发展也越来越专业化，项目实施地拥有几所高校，有非常良好的志愿者服务基础，所以在项目开展中，积极组织、挖掘对老年人服务有兴趣的居民、大学生参与志愿者服务，实现村民互帮互助。

（4）行动研究步骤。行动研究主要有三个阶段，第一阶段是需求调查和关系建立。通过走访鱼城村农村隔代养育"替代父母"，完成需求评估调研报告 1 份，了解其需求，同时与鱼城村农村隔代养育"替代父母"建立初步关系，促进鱼城村农村隔代养育"替代父母"对社工站的初步认识及了解；计划制定。完善年度工作计划 1 份，收集服务对象相关资料；服务推进。通过开展入户探访，开展个案服务及辅导，开展针对性小组，如社工兴趣小组、互助小组、志愿者培养小组，满足鱼城村农村隔代养育"替代父母"文化生活需求，提高他们的生活质量与社区参与，以及满足鱼城村农村隔代养育"替代父母"生理需求、安全需求、情感与归属需求、自我实现需求等。

第二阶段是推进服务。每月探访服务对象不少 10 人次；每月开展 1 到 2 次小组工作，全年开展小组工作 3 个；每月开展 2 至 3 次个案辅导；每两月开展 1 个社区活动；每半年开展 1 场大型宣传活动，2 至 3 次外展宣传活动。建立完善服务对象支持网络，增强同辈之间的交流，促进服务对象身心健康，培养其兴趣爱好，满足服务对象归属与归属的需求，尊重层面需求与自我实现需求；搭建支持互助平台。依托农家书屋与助老服务站，搭建"祖孙辈亲子乐园"和"鳍无忧课堂"为鱼城村农村隔代养育"替代父母"提供情感支持、情绪疏导、隔代养育、安全健康教育、朋辈互动、兴趣培养、志愿服务、社区融入等服务；组建老人互助小组。通过小组工作方式，组建老人互助小组，促进邻里互助，增强邻里沟通，加强农村隔代养育"替代父母"的互助支持网络；组建志愿者服务队，组建"助鳍"志愿者服务队，号召医务志愿者、社区党员、其他社区居民、高校志愿者等社会各界人士加入项目志愿者服务队，加强鱼城村农村隔代养育"替代父母"社会支持网络，促进实现助人自助；培育本土社工人才。

通过指导社区以及社区工作人员来学习和运用社会工作专业知识与技术，达到培育本土社会工作人才的目的。

第三阶段则是通过服务，提高服务对象对隔代养育的认识，加强其社会支持网络，促进鱼城村农村隔代养育"替代父母"的身心健康；促进家庭和睦。通过开展隔代养育沙龙、"鳍无忧课堂"，帮助鱼城村农村隔代养育"替代父母"解决课业辅导问题，引导鱼城村农村隔代养育"替代父母"与孙辈子女建立良好的沟通方式，以及引导他们相互理解、相互包容，促进家庭和睦；促进隔代养育的良性发展。通过解决隔代养育对祖辈的消极影响，发挥隔代养育的优势，达到既让孩子健康成长，又让父母放心，祖辈舒心。具体实施步骤见表 32。

表 32 研究实施步骤

实施阶段	工作内容	服务产出
项目启动阶段（2019.4）	设立社工室 开通项目服务微博、微信、QQ 群 设计、制作项目宣传折页、展板等 项目宣传活动 1 场	社工室 项目服务微博、微信、QQ 群 项目折页、卡片、宣传品、纪念品等 宣传活动资料存档 1 份
项目初期阶段（2019.5~6）	项目会议 社工站日常服务 项目会议 日常探访服务	例会记录 2 份、督导记录 1 份 社工站服务档案 例会记录 4 份、督导记录 2 份 探访记录 1 份
项目中期阶段(2019.7~2020.2)	日常探访服务 社工站日常咨询辅导工作 发放资料 500 册 个案 5 个 小组工作 3 个 社区活动 6 个 项目会议 调研服务对象撰写服务对象需求报告	探访记录 1 份 日志、日常服务记录 1 份 记录资料 1 份 记录资料 5 份 活动存档资料 3 份 活动存档资料 6 份 例会记录 16 份、督导记录 8 份 调研记录 100 份、需求报告 1 份

续 表

实施阶段	工作内容	服务产出
项目后期阶段 （2020.3~4）	日常探访服务	探访记录 1 份
	社工站日常咨询辅导工作	日志、日常服务记录 1 份
	项目总结评估	项目总结评估报告
	媒体报道	在省级以上媒体宣传报道 2 次
	项目画册	项目画册 200 份
	老年服务手册	编制《老年服务手册》100 份
	项目会议	例会记录 4 份、督导记录 2 份

三、行动研究的典型案例及成效

1. 个案工作：减轻祖辈隔代养育压力

个案背景。案主李婆婆（化名），56 岁，先生去世 3 年，有一子一女，公婆健在，但没有居住一起。儿子儿媳常年外出打临工，收入不稳定，孙子在家由案主照顾，女儿一家未在合川区，过年过节女儿会来看望案主。目前，案主和孙子两人一起居住在鱼城村的老房子。案主要照顾读小学的孙子，自身身体也不好，担心不能教好孙子（孩子有疾病，在案主单独照顾期间出现过生命危险），身心压力非常大。

案主是村委书记介绍给社工的，第一次见到案主，在案主的家里，家里装修家具虽然简单，却也齐全。案主对社工及村委书记的到来非常热情，尽管案主一脸疲倦，一坐下来就开始给自己捶腿脚，开始向社工"倒苦水"，负面情绪较为严重。

（1）需求分析。需求评估中发现，隔代养育"替代父母"存在以下几个方面的需求：

情感慰藉的需求。案主是照顾孙子的主力，是家庭的支持，照顾生病的孙子，精神压力非常大，孙子的饮食起居、身体健康、学习成长全靠案主负责。案主每天除了打临工，还要接送孙子去读书。案主照顾时间较长，疲惫情绪无法得到缓解。

提升照顾技巧，减少照顾压力的需求。案主孙子因病情的原因，不太能外出和同龄人自由玩耍，案主大部分时间都要陪着孙子，根本没有闲暇时间去放松自己的情绪。

为孙子获取发展平台的需求。案主孙子，从小患有疾病，需要长期用药，定期前往医院看病。孙子因为病情，与同伴沟通较少，性格也较为害羞，因为案主照顾非常细心，所以案主孙子除了不能过于好动，其他与普通小孩一样，孙子热爱画画和唱歌，偶尔社工还能听到孩子为案主唱歌，逗案主开心。案主对孙子也非常尽心，全力支持孩子的健康成长，吃药贵也不会吝啬一分钱，对孩子的读书，案主从小就严格督促，必须先完成作业才能看电视，但由于案主文化水平有限，对于孩子的学习她会感到无力，所以非常担心因为自己的原因，孩子会发展不好，惧怕会产生"隔代抚养"的不良影响。

缓解经济困难的需求。案主的家庭收入主要靠打散工的微薄工资（家政清洁），以及一些低保金。然而照顾孙子及孙子的医疗费，自己看胃病的费用，日常的开销等让其每个月入不敷出，经济负担相当大。儿子儿媳上班，但收入不稳定。社工可以通过社会爱心人士或者链接其他资源等，进行慈善爱心帮扶，解决案主的部分经济困难问题。

（2）理论分析。社会支持理论重点将人放在社会环境之中，强调个体对社会环境中的资源（家庭、教育、政治、宗教等）的利用，认为个人通过对社会资源的广泛利用可以改善目前的生活状况。本个案社工通过制定服务计划，并以家庭作业的方式要求案主配合，加以实施，来改变案主存在的困难及问题，本案案主的负面情绪较重，经常感到焦虑，根源就在于对孙子的照顾上。所以，从源头去认识这个问题，了解必须把案主放在她所处的环境中，了解她的处境，帮她解决照顾孙子的种种问题，正视目前的生活现状，积极生活。

（3）服务目标。帮助案主进行压力舒缓和情感慰藉；为案主提供有关心脏病患者的生活护理知识技能培训，提升照顾质量，并且邀请大学生志愿者为案主孙子辅导功课，减少照顾压力；通过组织与案主及其孙子参加社工组织的各类活动，缓解案主情绪，增强生活信心，并让案主及其家庭感受到社会的关爱；链接资源，缓解案主的经济困难。

（4）介入过程。行动研究个案案例包含了五个干预阶段，具体是：

　　第一阶段介入重点。了解案主基本情况，建立专业关系，取得案主家属的支持，并且对案主进行情绪疏导和情感慰藉。主要内容是了解案主基本情况。社工对案主上门探访，发现案主孙子一起居住，关系良好，能够给予案主情感支持。社工多次的探访后，案主与社工渐渐熟悉，对社工开始敞开心扉。社工为案主进行了焦虑量表、抑郁量表、生活质量量表的测量，发现案主生活质量较低，有较轻的抑郁和焦虑。随后，社工介绍服务内容与案主确定专业关系。

　　社工每月3次前往案主家中，一方面给予案主情绪疏导，让其缓解压力与内心苦闷，另一方面，给予案主更多照顾者的技巧与方法，协助案主提升照顾孙辈的能力，增加案主的自信心，缓解照顾的压力。社工每次跟进时都会对案主的精神状态和心理状态进行观察和评估，根据实际情况进行辅导。在情绪疏导过程中，社工始终保持真诚的态度，认真倾听，适当回应，运用支持性技巧，让案主充分表达，合理表露自己，舒缓案主情绪。同时，社工鼓励肯定案主对孙子的付出，同时也让案主意识到，首先案主需要照顾好自己才能更好地照顾家人，鼓励案主发展自己的兴趣爱好，放松自己，充实生活。

　　第二阶段介入重点。让案主学会合理安排时间，适当抽空放松自己。社工引导案主寻找自己和孙子的共同爱好，一起锻炼，从中减压，降低焦虑的情绪。因为孙子的心脏病，案主对孙子一刻也放心不下，日常照料中，总将孩子放在眼皮底下，不让孩子去接触其他同辈群体，孩子性格相对而言较为腼腆。社工引导案主改变照顾的心态，即使孙子做不到像健康孩子那样蹦蹦跳跳，也可以通过散步等形式和外面的世界接触。

　　案主在社工的建议下，会带上孙子去邻居家里串门，在晚饭后带着孙子到院子中间散步，去和村里其他人聊天，既可以锻炼身体，又让孙子多和他人交流。社工鼓励案主坚持外出遛弯，这对孙子而言不是大的运动，孙子是可以进行的，要相信孙子的能力，这是一个较为适合孙子的锻炼项目。

　　社工邀请服务对象参与社工组织的小组工作及社区工作，并和服务对象协商好，合理安排时间，抽空参与集体活动，服务对象如期参加，在和他人沟通的交流中，得到了同伴的支持。

第三阶段介入重点。帮助案主链接资源，进行爱心帮助，缓解经济困难。在发掘了祖孙共同爱好后，社工想办法帮助案主增加经济收入，案主平日靠外出家政人员，一次工作 2 小时左右，一个月固定有几户家庭，收入较为稳定，但案主花费在往返的时间太长，案主感到疲惫，且非常不放心孙子。社工了解到，案主以前曾在旁边的伞厂工作，这是案主的一项优势，案主在和老板商量后，将材料带回家，既能帮补家用，又能打发时间。

社工链接到合川一家眼科医院，上门为案主及其孙子提供眼部疾病检查，案主目前视力良好；链接 2 名志愿者，每周六下午前往案主家庭为孙子辅导家庭作业；链接到重庆万紫山幼儿园的爱心捐款，在六一儿童节为案主孙子送上祝福，送去书包、粮油等物资，进行慰问。

第四阶段介入重点。鼓励案主及孙子定期参加社工活动，加强与村内其他人的联系，完善其支持系统。社工通过亲子互动活动，加强案主和孙子沟通，也促进案主与其他隔代养育的同辈人交流，缓解案主的焦虑情绪，还为案主孙子提供自我展示的平台，让其孙子更好的成长。一年的团体活动，促进了代际之间的互动，案主焦虑的心情得到缓解。

社工在小组及社区工作中，将案主和其孙子作为重点关注对象，对他们的每个第一次都重点表扬，肯定他们在服务中的积极表现，让他们感到被关注，更是让他们在活动中感受到自己的价值与能力。社工积极鼓励祖孙参加项目服务，通过丰富的活动，对案主孙子进行适当的辅导，为案主孙子提供课外学习的平台，学到不一样的知识，多和朋辈群体接触，避免案主担心出现的"隔代抚养"的不良影响。

社工站在社区内开展"老少同乐，祖孙同堂"趣味运动会，邀请案主过来参加，促进亲子关系的提升。在暑假期间，社工邀请案主孙子来参加鳍无忧课堂，辅导他作业，并提供了一个他和其他儿童交流的平台，增进人际关系交往和改善社交技能。在"鼠您最福"钓鱼城街道鱼城村新年联欢活动中，案主孙子作为表演者参与表演，表现出色。

案主和孙子一起参加"隔代不隔爱，祖孙二人亲"沟通小组，活动分享环节，案主说道她现在心情好多了，看到孙子可以开开心心和其他孩子玩，很高兴，收到了孙子送的小礼物，心里面非常满足。说起孙子在活动上的表现，案主说现在孙子每次小组活动后，心情都会变好，自己也能参与其中，对孙子也更加宽容，看待事情比较乐观，得到了难得的放松。

在和案主面谈的过程中，社工和案主一起回顾让案主压力大的事件（有一次案主孙子病情严重，出现生命危险），运用理性情绪疗法，让案主重新去看待这一件事情，避免案主自责，同时和案主交流对心脏病患者的照顾技巧，增加预防意识，增强案主教养信心。

第五阶段介入重点。回顾服务过程，巩固成果，持续跟进。主要内容：社工与案主一起回顾个案历程，引导案主继续坚持，肯定案主的表现和进步。通过回顾，社工在今后也会深化自身的介入策略，从更深入的方向入手，为案主提供服务。

干预成效。在这个个案中，社工运用社会支持理论，多方链接资源，将侧重点放在案主以及整个家庭，协助案主走出困境。主要成效如下：

社工帮助案主进行情感疏导，案主的负面情绪得到缓解，案主适当增加自己的休闲娱乐时间，放松自己。

社工利用村委资源，做好资源链接者的角色。社工链接志愿者辅导孙子学习，缓解案主对孙子学习情况的焦虑，链接到其他物质资源，为案主提供了米粮油等物质慰问，案主的情绪支持、物资支持得以提升。

为案主孙子提供一个展示自我的平台，邀请孙子加入夏令营活动等，在各类活动中，案主孙子发挥自身的特长，赢得了其他小朋友的友谊，案主照顾他的压力减轻，看到孙子渐渐开朗大方，案主自己非常开心。

最终，案主得到情绪支持，获得生活信心；缓解压力，对目前的生活持有正向态度。

2. 小组工作："耆无忧课堂"祖辈养育能力提升小组

针对鱼城村隔代养育老人在隔代养育上面的困难，聚焦农村隔代养育"替代父母"隔代养育问题，我们为抚养孙辈的农村隔代养育"替代父母"开展了一个学习型小组干预研究，本次干预研究以课堂的形式，结合服务对象的需求，一起聊，一起学，一起动，互动是课堂的格调，社工讲、专家讲、视频教、资料看服务对象的学习参与成为了项目的一种文化，有效地满足了农村隔代养育"替代父母"的社会参与需求，提升了他们关于隔代养育的知识和能力、防跌、防骗、防病小组等服务，满足老年人学习需求及人际交往需求，发掘老年人自身价值，改善自身生活状态，使其更有信心做好隔代养育，更重要的是农村隔代养育"替代父母"的社会支持体系也因此获得提升。

小组干预计划。此次小组共分为五节，分别是认识隔代养育、正确看待隔代养育、掌握隔代养育技巧（2节）、小组总结，具体计划见表33。

表33　小组计划书明细表

小组基本信息	小组名称："耆无忧课堂"知识小组
	小组开展时间、节数：2019年11月—2019年12月每周四（共5节）
	开展地点：鱼城村社区便民服务中心活动室
	小组特征：学习型小组
	小组人数：10人左右
小组开展背景及理论架构	小组背景　农村隔代养育"替代父母"隔代养育问题的解决是本项目的目标。由于鱼城村老人普遍文化程度偏低，思想比较守旧，导致照料孙辈的时候出现了许多困境，不仅让老人感到很头疼，也阻碍了孩子的健康成长。为此，社工计划在11-12月为村里的老人开展一次"耆无忧课堂"知识小组，帮助老人们掌握一些隔代养育的技巧，提升照料孙辈的能力。
	理论架构　此次小组为增能学习型小组，增能理论认为，通过一定的方法可以在一定程度上提升农村隔代养育"替代父母"的自我能力，并有助于他们更好地面对日生活。增能的方式可以是多样的，通过了解农村隔代养育"替代父母"在照料孙辈的习惯、困境出发为其开展针对性的认识引导，普及科学的隔代养育知识技巧，从而改变农村隔代养育"替代父母"对隔代养育问题的认识和观念，本节小组的理论架构是以增能理论为指导，关注老年人的基本价值实现。

小组 目标	总目标：通过本次小组，让鱼城村的隔代养育老人对隔代养育能有一个深入的认识，从而发现自身在照料孙辈上的一些问题和误区，掌握科学的教育方法。 分目标： 1. 引导农村隔代养育"替代父母"掌握合理的教育孙辈的模式； 2. 引导农村隔代养育"替代父母"关注孙辈的成长健康普及一些教育孙辈的技巧； 3. 增强农村隔代养育"替代父母"的生活信心，调整生活心态，以积极的态度去面对照料孙辈。

	节数	日期时间	主题	社工角色	物资
小组工作具体计划	第一节	2019.11.7	认识隔代养育	引导者 传递者	计算机、小蜜蜂、小礼品
	第二节	2019.11.21	正确看待隔代养育	引导者 传递者	计算机、小蜜蜂、小礼品
	第三节	2019.11.26	掌握隔代养育技巧（一）	引导者 传递者	计算机、小蜜蜂、小音响、小礼品
	第四节	2019.12.5	掌握隔代养育技巧（二）	引导者 传递者	计算机、小蜜蜂、小音响、小礼品
	第五节	2019.12.12	小组总结，生活常用药知识教学	引导者 传递者	计算机、小蜜蜂、小音响、小礼品

续　表

预计困难和方法	困难1：农村隔代养育"替代父母"文化程度偏低，对于学习新兴的事物和知识有难度。
	解决方法：用趣味和形象的方式讲解知识，倡导以了解和认识为主，引起老人对隔代养育教养方式的重视。
	困难2：很多农村隔代养育"替代父母"一直坚持自己的办法去教育孩子，而且子女顺利长大，对一些新的思想理念不认同。
	解决方法：尊重老人的想法，在活动中发掘思想先进的分子，让她进行分享，带动其他老人学习。
评估方法	1. 活动成员
	（1）活动参与人数签到表；
	（2）活动参与者满意度问卷评估；
	（3）小组主持人的反思和活动总结。
	2. 工作人员
	（1）主带社会工作者自我评估；
	（2）工作人员自我评估。

小组干预具体活动流程。 本次研究的小组干预由 5 个小节组成，具体的目标和内容如下：

第一干预环节目标及内容。 目标主要是建立关系，制定小组契约，初步认识隔代养育，在这个环境设计了分享、讨论、总结环节，通过这几个环节，让服务对象分享自己在隔代养育中的困惑及经验，让祖辈对隔代养育有一个科学和全面的认识。具体内容见表 34。

表34　小组干预第一节流程明细表

小组基本信息	小组主题：**正确看待隔代养育**
	开展时间：2019 年 11 月 21 日 第二节
	开展地点：鱼城村社区活动室
	小组特征：学习型小组
	小组人数：30 人左右

续 表

序号	时间	环节	内容	负责社工	备注
1	5 分钟	准备环节	布置活动场地 调试音频设备 准备活动用具	毕瑜	
2	5 分钟	介绍	社工介绍本次小组计划及目的，宣布小组正式成立。	毕瑜	
3	10 分钟	热身	座椅热身操	毕瑜	
4	15 分钟	讨论分享	组员分享带孙辈的感受和经验	毕瑜	
5	5 分钟	总结讨论	社工总结讨论成果，鼓励成员再接再厉，用积极的态度和科学的方法照料孙辈。	毕瑜	
6	20 分钟	教学	社工分享隔代养育知识，让组员对隔代养育有一个综合的认识	毕瑜	
7	5 分钟	结束	小组总结，预告下节小组	毕瑜	

第二干预环节目标及内容。目标是正确看待隔代养育，养成科学的教育观念，通过播放视频和小组讨论，让老人充分认识到溺爱孩子不是对孩子的爱，反而会不利于孩子的健康成长。具体内容见表 35。

表 35 小组干预第二节流程明细表

	小组主题：正确看待隔代养育
小组 基本 信息	开展时间：2019 年 11 月 21 日 第二节 开展地点：鱼城村社区活动室 小组特征：学习型小组 小组人数：30 人左右

序号	时间	环节	内容	负责社工	备注
1	5 分钟	热身	社工带领大家做健康手指操热身	毕瑜	
2	10 分钟	启迪	播放关于溺爱孩子的金星秀主题视频	毕瑜	

续　表

序号	时间	环节	内容	负责社工	备注
3	10 分钟	讨论	引导组员讨论老人溺爱孩子带来的危害	毕瑜	
4	25 分钟	正确看待隔代养育	播放主题视频：隔代养育是把双刃剑	毕瑜	
5	10 分钟	讨论及总结	社工引导组员分享观后感，讨论不科学的隔代养育的危害，最后社工对本次视频教学进行知识要点总结	毕瑜	

第三干预环节目标及内容。目标是帮助老人掌握隔代养育的技巧，通过观看相关教育视频和小组成员讨论，总结分享出好的隔代养育技巧，从而更好的去教育孩子。具体内容见表 36。

表 36 小组干预第三节流程明细表

小组基本信息	
小组主题：掌握隔代养育技巧（一）	
开展时间：2019 年 11 月 28 日 第三节	
开展地点：鱼城村三楼活动室	
小组特征：学习型小组	
小组人数：40 人	

序号	时间	环节	内容	负责社工	备注
1	5 分钟	热身	社工带领组员做健康手指操	毕瑜	
2	10 分钟	回顾与介绍	社工带领组员回顾上节内容强化组员对隔代养育的认识，并介绍本节小组内容正式进入小组工作主题	毕瑜	
3	15 分钟	正视问题	播放小品《追星族》，邀请组员对小品里体现出的隔代养育问题进行讨论	毕瑜	
4	25 分钟	学习技巧	播放《退休好时光》里关于隔代养育的主题视频，邀请组员学习隔代养育技巧。	毕瑜	

续 表

序号	时间	环节	内容	负责社工	备注
5	10分钟	讨论与分享	社工与组员一起讨论视频里有用的隔代养育技巧，引导组员分享本期学习心得	毕瑜	
6	5分钟	总结	社工总结本次小组的要点知识，预告下节小组	毕瑜	

第四干预环节目标及内容。目标也是帮助老人掌握隔代养育的技巧，通过观看相关教育视频和小组成员讨论，总结分享出好的隔代养育技巧，从而更好的去教育孩子。具体内容见表37。

表 37 小组干预第四节流程明细表

	小组主题：掌握隔代养育技巧（二）
小组基本信息	开展时间：2019年12月5日 第四节
	开展地点：鱼城村三楼活动室
	小组特征：学习型小组
	小组人数：40人

序号	时间	环节	内容	负责社工	备注
1	5分钟	热身	社工带领组员做健康手指操	毕瑜	
2	5分钟	回顾与介绍	社工带领组员回顾上节内容强化组员对隔代养育的认识，并介绍本节小组内容正式进入小组工作主题	毕瑜	
3	15分钟	互动讨论	与大家讨论孙辈走失和被拐卖的现象，邀请大家分享有效的预防措施	毕瑜	
4	25分钟	学习技巧	播放《退休好时光》里关于预防孙辈走失和被拐卖的隔代养育的主题视频，邀请组员共同学习	毕瑜	
5	10分钟	讨论与分享	社工与组员一起讨论视频里有用预防孙辈走失的技巧和知识，引导组员分享本期学习心得	毕瑜	
6	5分钟	总结	社工总结本次小组的要点知识，预告下节小组	毕瑜	

第五干预环节目标及内容。目标是总结回顾前期活动主题，再次巩固前几次活动的收获，通过社会工作者的带领，在回顾前期小组活动收获的同时，开展生活常用药物知识教学，帮助老人在日常生活中更加从容应对突发情况，更好的去照顾孩子。具体内容见表38。

表38　小组干预第五节流程明细表

小组基本信息	小组主题：小组总结，生活常用药知识教学
	开展时间：2019 年 12 月 19 日 第五节
	开展地点：鱼城村三楼活动室
	小组特征：学习型小组
	小组人数：20 人左右

序号	时间	环节	内容	负责社工	备注
1	5 分钟	热身	社工带领组员做健康手指操	毕瑜	
2	10 分钟	回顾与巩固	社工带领组员回顾前四节小组内容，巩固隔代养育知识	毕瑜	
3	15 分钟	视频教学	播放隔代养育技巧综合讲解视频，进一步强化对隔代养育的综合认识	毕瑜	
4	25 分钟	学习技巧	播放《退休好时光》里关于生活常备药品常识的主题视频，邀请组员共同学习	毕瑜	
5	10 分钟	讨论与分享	社工与组员一起讨论生活中日常用药的情况，呼吁老人注重孙辈用药安全	毕瑜	
6	10 分钟	总结	再次总结本次小组，强调要点知识，宣布小组结束	毕瑜	

小组干预实施。按照上述 5 个干预环节，对隔代养育"替代父母"的干预过程如下：

第一干预环节实施过程。本环节基本达成小组目标，除隔代养育老人外，也有其他老人参与，他们聚集在一起，一方面是认识和学习隔代养育技巧，另一方面老人们渴望聚在一起活动，在小组里，能感受到邻里支持，能进行社会交往。具体过程记录见表39。

表39 小组活动第一节活动记录明细表

小组主题	认识隔代养育	小组节次	第一节
活动时间	2019.10.7	活动地点	鱼城村活动室
出席人数	25人	缺席人数	0人

活动目标	介绍本次小组的目的和意义 介绍组员互相认识，建立信任关系，订立小组契约 让组员初步认识隔代养育，认识一些隔代养育小技巧 让小组成员掌握一套新的座椅热身操
活动过程	上午8点50小组成员陆续到来，由于是第一次活动，不少组员时不时地问社工这次活动有什么好玩的，社工打趣地说道："这次的活动是教你怎样和孙子一起玩。" 活动开始，社工首先介绍了本次小组，大家虽然对隔代养育很陌生，但是在听了社工的介绍后，对小组内容产生了较高的兴趣。 互动热身环节，由于冬季的到来，社工教小组成员做了一套运动量更大的座椅热身操，小组成员对新的热身操很感兴趣，一番运动后大家的身体都暖和了起来。 由于本次小组的成员大都相互认识，况且小组节次紧张，社工省去了小组成员介绍等环节，直接进入教学，首先是邀请组员分享隔代养育的心得和体会，组员纷纷发言，总体来说大家都是在反应：孙辈真的很难带！ 社工为大家的分享进行了总结，鼓励组员再接再厉，以积极的心态带好自己的孙辈，随后为大家讲解了隔代养育的综合知识，让大家初步认识隔代养育，掌握一些典型的技巧，组员们听了社工的讲解后，也认识到了科学带孙辈的总要性。 最后，活动结束，社工告知老人下次活动时间，收拾活动场地，整理资料。

续　表

小组主题	认识隔代养育	小组节次	第一节
活动时间	2019.10.7	活动地点	鱼城村活动室
出席人数	25 人	缺席人数	0 人

社工感受及自评	本次小组中，只有一部分组员家里有孙辈需要照料，但是大多数组员都很积极地参与到小组各个环节中来，可以看出社工对村里的老人的影响力还是很大的，他们很需要参与类似的活动。一方面是认识和学习隔代养育技巧，另一方面老人们渴望聚在一起活动，他们需要社会支持和社会交往，有利于村内形成团结和谐友爱的氛围。 小组氛围：社工和村里的老人都很熟悉了，对社工很信任，有一定的感情基础，所以在第一节小组中，社工与组员相处得很融洽，组员积极与社工互动，活动氛围也很自然、活跃。 小组动力和进程：本次小组社工帮助组员发现自己隔代养育的问题和困难，用抛出问题和分析解决及普及知识的方式推进小组内容，组员有一定的好奇心，促使组员积极参与到了小组的各个环节。
活动评估	组员表现：大多数组员对本次小组工作表现出了较高的兴趣，非常配合社工参与到了小组的各个环节，也有少部分组员不仅迟到了，而且还现场闲谈，为此社工提醒其不要闲谈，让其学习和了解一些隔代养育知识。 小组工作设计：从热身游戏到互动讨论，再到初次教学，社工以循序渐进的方式让小组成员对隔代养育有了初步的认识，尤其是社工分享的经典隔代养育情景模拟，让组员认识到了科学教育孙辈的重要性，提升了组员对本次小组的兴趣。 小组阶段目标：本节小组工作让组员对隔代养育有了初步的认识，意识到了科学教育孙辈的重要性，也为后续开展隔代养育具体教学打下了基础。
小组做出的重大决议及改变	让小组成员认识到隔代养育的重要性，这让改变组员隔代养育观念的重要基础。

第二干预环节实施过程。本环节采取启发＋主动认识的模式，通过抛出案例引起组员的重视吸引组员去了解隔代养育，让组员能够与社工一起去进一步了解和学习隔代养育的更多知识，达到了预期设计目的。社工对本次小组的各个环节准备以及视频的宣传都很准确。具体过程记录见表40。

表40 小组活动第二节活动记录明细表

小组主题	正确看待隔代养育	小组节次	第二节
活动时间	2019.11.21	活动地点	鱼城村活动室
出席人数	30人	缺席人数	0人
活动目标	让组员深入认识和正确看待隔代养育，引导组员发表自己的看法形成组内讨论 提升组员科学地进行隔代养育的意识		
活动过程	上午8点50小组成员陆续到来，本次小组来了不少新面孔，他们大多是小组成员口口相传后吸引过来的，社工对新来的成员表示了欢迎。 活动开始，社工首先来带大家做健康手指操，操作方便，节奏感强，比第一节活动中的座椅热身操更受欢迎。 社工带领大家回顾了上节内容，由于时间较久大家对上一节小组的印象不是很深了，但是都知道讲的是隔代养育的事情。 社工用一段《金星秀》中关于奶奶溺爱孙子的视频让组员认识隔代养育溺爱孩子的危害，同时就溺爱孙辈主题进行了讨论，大多数组员都表示比较溺爱孙辈，而且在孙辈的管教上面感到有心无力。在社工的一番总结后，组员们开始认识到科学进行隔代养育的重要性。 社工为大家播放了隔代养育主题视频《隔代养育是一把双刃剑》，让组员对隔代养育的原因、优势、劣势有一个系统的了解，随后社工分享了隔代养育的科学建议。 社工组织组员分享本节活动学习心得，不少组员表示自己以前从来都没有想过科学带孙辈原来这么重要。小组成员也意识到了学习和了解一些隔代养育技巧的重要性。 最后社工再次强调了本节小组的要点知识，预告了下节小组的主题是隔代养育技巧学习，组员们纷纷表示欢迎。		

续　表

小组主题	正确看待隔代养育	小组节次	第二节
活动时间	2019.11.21	活动地点	鱼城村活动室
出席人数	30 人	缺席人数	0 人

社工感受及自评	本次小组让组员对于隔代养育有了更深入的了解和认识，提升了组员对科学开展隔代养育的意识，是开展后期隔代养育技巧教学的必要环节，社工对本次小组的各个环节准备以及视频的宣传都很准确。
活动评估	小组氛围：本次小组工作中，组员对于隔代养育问题比较关注，大家都能很投入地去观看视频，思考问题，能够很好地跟着社工的节奏。 小组动力和进程：本次小组用一段关于溺爱孩子的《金星秀》视频来提升大家对隔代养育话题的关注，引发了大家的思考，从而吸引大家进一步认识隔代养育，起到了很好的推进效果。 组员表现：本节小组工作中组员的活动纪律性更强，因为视频教学性和知识性都很强，几乎没有小组成员闲谈或做其他事情，大家都跟着社工的节奏完成了小组的各个环节。 小组工作设计：本节小组采取启发＋主动认识的模式，通过抛出现象引起组员的重视，吸引组员去了解隔代养育，让组员能够与社工一起去进一步了解和学习隔代养育的更多知识，达到了预期设计目的。 小组阶段目标：本节小组达到了小组预期目标，组员对于隔代养育有了更深入的认识和了解，提升了组员科学地进行隔代养育的意识。
小组做出的重大决议及改变	组员更加深入地认识了隔代养育，提升了组员科学进行隔代养育的意识。

第三干预环节实施过程。本环节通过生活小事让组员了解了隔代养育的技巧，对干预对象的启发很大，这种视频教学的方式大家都非常喜欢，不仅生动形象，而且非常权威。小组进行到第三节，参与的人数突然增加，这对原本小组的凝聚力产生了一定影响，具体过程记录见表 41。

表 41 小组第三干预节记录明细表

小组主题	掌握隔代养育技巧（一）	小组节次	第三节
活动时间	2019.11.28	活动地点	鱼城村活动室
出席人数	43 人	缺席人数	0 人

活动目标	让组员认识老人与孙辈在认识上的代沟对隔代养育产生的影响。让组员掌握给孙辈科学喂食的技巧以及了解里面蕴含的"育子经"。
活动过程	本次小组工作前来参与活动的老人进一步增加，因为天气原因很多村民没有事情做，都愿意来活动室听听社工讲隔代养育，社工看这么多的村民前来参加活动心里也非常高兴。 活动开始，按照常规习惯，社工带领大家做健康手指操，每一次做手指操，组员们脸上都挂上了惬意的笑容，非常享受手指操的各个动作。 社工带领大家回顾了上节内容，提起隔代养育大家都想了解一下怎样去科学地开展隔代养育，为此社工向大家介绍了本节小组的隔代养育技巧教学内容。 社工用小品《追星族》开始本节小组教学，由于小品节奏诙谐有趣，大家时不时发出阵阵欢笑声，现场互动性增加，大家针对小品说一说自己的看法。 社工组织大家针对小品内容，谈一谈小品涉及的隔代养育问题，大家均反映两代人之间没有共同语言，社工表示这叫代沟，社工为此也呼吁大家多接受新鲜事物和知识，改变思想观念。 在本次小组的核心环节中，社工为组员播放了《我的退休时间》里一段关于隔代养育技巧的视频，组员通过这段视频认识到了喂养孩子的科学观念：对于孩子不仅仅是吃而是要注重孩子的自主意识。 组员对本次播放的视频非常感兴趣，因为视频内容属于综艺节目，视频互动性很强，趣味性很强，大家通过视频也获得了不少知识。 随后，社工组织大家分享视频观后感，大家纷纷表示生活上的小事情如果深入研究还真的能够研究出不少学问来，还希望社工能够继续为活动准备一些隔代养育技巧的视频。最后为本次活动总结要点知识。

续　表

小组主题	掌握隔代养育技巧（一）	小组节次	第三节
活动时间	2019.11.28	活动地点	鱼城村活动室
出席人数	43人	缺席人数	0人

社工感受及自评	本次小组社工通过生活小事让组员了解了隔代养育的技巧，对组员的启发很大，这种视频教学的方式大家都非常喜欢，不仅生动形象，而且非常权威。 小组进行到第三节，参与的人数突然增加，这对原本小组的凝聚力产生了一定影响，村内老人居多，想要参与社工活动的人也很多，这与原本预计的小组人数有出入，一定程度上违背了小组的忠诚度，社工在以后招募组员时需要注意人数的控制，新加入的组员因为闲来无聊中途入组，社工不好拒绝，那么可以适当回顾以前的内容。
活动评估	小组氛围：本次小组工作中，组员对于隔代养育问题比较关注，大家都能很投入地去观看视频，思考问题，能够很好地跟着社工的节奏。 小组动力和进程：本次小组，社工用小品《追星族》吸引大家对隔代养育的兴趣，引发小组讨论，进而引导大家去思考隔代养育的技巧，在后面的隔代养育视频教学中大家均能非常投入地观看和学习。 组员表现：本期小组工作活动互动氛围很强，大家喜欢发表意见，积极与社工互动讨论，现场热闹而不紊乱。 小组工作设计：本节小组采取启发＋主动认识的模式，通过抛出现象引起组员的重视吸引组员去了解隔代养育，让组员能够与社工一起去进一步了解和学习隔代养育的更多知识，达到了预期设计目的。 小组阶段目标：本节小组达到了小组预期目标，组员通过视频教学了解了隔代养育里的一些知识和技巧。
小组做出的重大决议及改变	组员增加，组员更加深入地认识了隔代养育，掌握了一些隔代养育技巧。

第四干预环节实施过程。本环节让组员了解了预防孙辈走失的知识和技巧，对组员的启发很大，这种视频教学的方式大家都非常喜欢，不仅生动形象，而

且非常权威。相比于社工讲解，小品和视频类讲解更能够浅显易懂的让老人接受，以后设计宣讲和普及知识类活动可以多采取这种方式。具体过程记录见表 42。

表 42 小组活动第四节活动记录明细表

小组主题	掌握隔代养育技巧（二）	小组节次	第四节
活动时间	2019.12.5	活动地点	鱼城村活动室
出席人数	43 人	缺席人数	0 人
活动目标	提升老人对于孙辈人身安全的重视意识 让老人们学习和掌握一些有效的预防孙辈走失和被拐的知识和技巧		
活动过程	本次小组工作前来参与活动的老人热情不减，因为天气原因很多村民没有事情做，都愿意来活动室听听社工讲隔代养育，社工看这么多的村民前来参加活动心里也非常高兴。 活动开始，按照常规习惯，社工带领大家做健康手指操，每一次做手指操，组员们脸上都挂上了惬意的笑容，非常享受手指操的各个动作。 社工带领大家回顾了上节内容，提起隔代养育大家都想了解一下怎样去科学地开展隔代养育，为此社工向大家介绍了本节小组的隔代养育技巧教学内容。 首先社工与老人们讨论了怎样预防孙辈走失和被拐卖，老人们虽然没有多少这方面的意识，但是还是分享了一些不错的建议。 在本次小组的核心环节中，社工为组员播放了《我的退休时间》里一段关于预防孙辈走失和被拐卖的视频，组员通过这段视频学到了如何有效预防孙辈走失以及走失后的挽救措施等知识和技巧。 组员对本次播放的视频非常感兴趣，因为视频内容属于综艺节目，视频互动性很强，趣味性很强，大家通过视频也获得了不少知识。 随后，社工组织大家分享视频观后感，大家纷纷表示孙辈的安全不容小视，不光是预防走失，生活上的各个环节都要注意人身安全。 最后为本次活动总结要点知识。		

续　表

小组主题	掌握隔代养育技巧（二）	小组节次	第四节
活动时间	2019.12.5	活动地点	鱼城村活动室
出席人数	43人	缺席人数	0人

社工感受及自评	本次小组让组员了解了预防孙辈走失的知识和技巧，对组员的启发很大，这种视频教学的方式大家都非常喜欢，不仅生动形象，而且非常权威。相比于社工讲解，小品和视频类讲解更能够浅显易懂的让老人接受，以后设计宣讲和普及知识类活动可以多采取这种方式。
活动评估	**小组氛围：**本次小组工作中，组员对于隔代养育问题比较关注，大家都能很投入地去观看视频，思考问题，能够很好地跟着社工的节奏。 **小组动力和进程：**本次小组，社工用互动讨论让大家认识到自己对孙辈安全意识上的不足，让组员愿意跟着社工一起去学习了解，在后面的隔代养育视频教学中大家均能非常投入地观看和学习。 **组员表现：**本期小组工作活动互动氛围很强，大家喜欢发表意见，积极与社工互动讨论，现场热闹而不紊乱。 **小组工作设计：**本节小组采取启发＋主动认识的模式，通过抛出现象引起组员的重视吸引组员去了解隔代养育，让组员能够与社工一起去进一步了解和学习隔代养育的更多知识，达到了预期设计目的。 **小组阶段目标：**本节小组达到了小组预期目标，组员通过视频教学了解了隔代养育里的一些知识和技巧。
小组做出的重大决议及改变	提升了组员对于孙辈的人身安全意识，学到了一些关于预防孙辈走失和被拐卖的隔代养育技巧。

第五干预环节实施过程。本环节研究者为老人们准备的隔代养育技巧回顾视频对于老人们强化小组目标很有帮助，老人们都很投入。安全用药环节里，通过小组讨论让老人们认识到了自己对于用药安全知识的匮乏，激发了老人们的学习热情。具体过程记录见表43。

表43 小组第五干预环节过程记录明细表

小组主题	小组总结及生活常备药品知识讲解	小组节次	第四节
活动时间	2019.12.19	活动地点	鱼城村活动室
出席人数	21人	缺席人数	4人

活动目标	总结小组，巩固学习成果 学习生活常备药知识，提升农村隔代养育"替代父母"的用药安全意识，保障孙辈健康 宣布小组结束，适当解答组员相关疑问，处理组员分离情绪
活动过程	1.活动当日刚过冬至，下着小雨，有一些老人没有到场，但是老人们的活动热情不减，有21名老人前来参加活动。 2.活动开始，按照常规习惯，社工带领大家做健康手指操，每一次做手指操，组员们脸上都挂上了惬意的笑容，非常享受手指操的各个动作。 3.社工带领大家回顾了本期小组的服务内容，社工隔代养育的利弊，隔代养育技巧知识进行了回顾，并为大家准备了一期概括性的隔代养育主题视频，视频里讲师对隔代养育进行了综合讲解，强化了组员对隔代养育的认识。 4.社工还为本节小组带来了新的学习内容，一期以家庭常备药品知识的视频教学，社工在播放视频前与老人们进行了互动，社工了解到每个老人家里都或多或少的有一些日常药品，但是对于药品的保存，药品的疗效及使用知识却了解甚少，为此社工提醒老人们要注意用药安全，不要给孙辈随意用药。 5.社工为组员播放了《我的退休时间》里一段关于生活常备药品的视频，通过视频老人们对日常药品的种类、贮存、药效期等有系统的了解。 6.随后，社工组织大家分享视频观后感，大家纷纷表示自己存在随意用药的行为，尤其对于抗生素类药物认识不足，对于孙辈的用药安全意识有待提升。 7.社工再一次总结了本次小组的所有内容，邀请老人们发表活动心得，老人们对本次小组的趣味性和教学方式很满意，表示很喜欢这种视频教学的方式，不仅能学到知识，还很热闹，很享受。

续　表

小组主题	小组总结及生活常备药品知识讲解	小组节次	第四节
活动时间	2019.12.19	活动地点	鱼城村活动室
出席人数	21人	缺席人数	4人
社工感受及自评	本节小组不仅对本期小组内容进行了有效的巩固，同时还带来了新的生活技巧，老人们受益匪浅。		
活动评估	小组氛围：本次小组工作中，组员对于隔代养育问题比较关注，大家都能很投入地去观看视频，思考问题，能够很好地跟着社工的节奏。 小组动力和进程：本次小组，社工为老人们精心准备的隔代养育技巧回顾视频对于老人们强化小组学习知识很有帮助，老人们都很投入。安全用药环节里，通过小组讨论让老人们认识到了自己对于用药安全知识的匮乏，激发了老人们的学习热情。 组员表现：本期小组工作活动互动氛围很强，大家喜欢发表意见，积极与社工互动讨论，现场热闹而不紊乱。 小组工作设计：本节小组采取启发＋主动认识的模式，通过抛出现象引起组员的重视，吸引组员去了解和学习，从分享家庭日常用药知识升华到孙辈的教育，达到了预期设计目的。 小组阶段目标：本节小组达到了小组预期目标，巩固了往期学习内容，同时也掌握了新的知识。		
小组做出的重大决议及改变	提升了组员对于孙辈用药安全的意识，进一步强化了组员对于隔代养育的认识。		

小组干预效果评估。通过 5 次小组干预环节，老人由开始不愿意参加活动，到后面积极参加，并深入其中。整体活动顺利开展，氛围良好，以多样化和老人乐于接受的形式开展，小组活动达到预期目标，让鱼城村的农村隔代养育"替代父母"对隔代养育能有一个深入的认识，从而发现自身在照料孙辈上的一些问题和误区，掌握科学的教育方法。但是还存在一定的不足，农村隔代养育"替代父母"文化程度很低，年龄很大，学习很困难，为其开展学习型小组，一定

要注重趣味性和互动性，以了解和认识知识为目的，视频教学是一个不错的方式，但是社工也要加强自我知识的储备。村里隔代养育的老人互助意识提升不能仅靠几次活动，还需要社工的长期营造。小组评估见表44。

表44 小组干预评估明细表

小组名称	"耆无忧课堂"知识小组	小组节数	5节
报名人数	25	出席人次	162
小组成员	农村隔代养育"替代父母"及部分其他村民		
小组干预目标	总目标：通过本次小组活动，让鱼城村的农村隔代养育"替代父母"对隔代养育能有一个深入的认识，从而发现自身在照料孙辈上的一些问题和误区，掌握科学的教育方法。 分目标： 1.引导农村隔代养育"替代父母"掌握合理的教育孙辈的模式； 2.引导农村隔代养育"替代父母"关注孙辈的成长健康，普及一些教育孙辈的技巧； 3.增强农村隔代养育"替代父母"的生活信心，调整生活心态，以积极的态度去面对照料孙辈。		
评估	1.目标达成情况：每节小组工作设定的目标都与实际达成情况符合； 2.招募与宣传：通过实际走访、电话邀约等方式来招募宣传，并鼓励组员向周边邻居宣传本小组工作； 3.小组结构：参与这次小组的成员有农村隔代养育"替代父母"，还有许多村民跟风参与； 4.活动的适当性：活动地点选在村活动室，与组员家里的距离不远，组员方便前往；活动时间选在上午9点，这个时候老人正好喜欢外出活动，提升了活动积极性； 5.个别组员的表现和改变：有些老人带着孩子来一起参加活动，对于提升隔代养育技巧有很好的效果； 6.小组互动：本次小组以视频教学+互动讨论相结合的方式开展，组员有看的，有说的，互动性很好；		

续　表

小组名称	"耆无忧课堂"知识小组	小组节数	5节
报名人数	25	出席人次	162

评估	7. 沟通/交往模式：活动中，社工经常抛出话题与老人们进行讨论，让老人们认识到自己知识方面的欠缺，从而引导老人们进一步学习； 8. 小组气氛：参加小组工作的成员与社工都比较熟悉了，没有尴尬期，整个小组的活动氛围都很融洽； 9. 小组规范：组员们按时参加每次活动，纪律感很强，听从社工的指引，每次活动都全程参与其中； 10. 领导模式：民主，听取组员们的建议，及时调整活动流程； 11. 下决定的方式：由组员们和社工共同探讨商议决定，尊重组员的建议； 12. 解决冲突的方式：社工介入了解情况并解决问题； 13. 小组发展的阶段及方式：成熟期。组员对项目的知晓度已经很高，对活动的认可度也很高，组员与村民之间口口相传，吸引了众多的村民前来参与小组，让小组的规模不断壮大，社工也更有信心去开发更好的小组内容； 14. 工作员角色：引导者、观察者、传递者； 15. 工作员的专业态度及所运用的知识：本次小组以隔代养育知识教学为目的，为了达到更好的效果，社工从认识隔代养育到隔代养育技巧教学循序渐进让老人们逐步掌握隔代养育知识，同时社工非常注重老人的活动参与性，不仅精心准备通俗易懂，有趣味的教学视频，还在每节小组中设置了学习心得互动讨论。
参加者表现	小组成员非常喜欢参加本次社工活动，不仅积极参与，还主动宣传吸引其他村民前来参加活动。90%的组员能完整参加每一节小组，在隔代养育知识、饮食健康等方面都有了一定的提升，在和同质性群体讨论的过程中，各个小组成员互相交流，获得了同伴的情感支持及技术支持。

续 表

小组名称	"耆无忧课堂"知识小组	小组节数	5 节
报名人数	25	出席人次	162

社工反思 与跟进	社工反思： 有些老人前来参加活动只是为了凑热闹，没有真正地融入小组，社工有必要引导其积极参与小组的各个环节。 农村隔代养育"替代父母"文化程度很低，年龄很大，学习很困难，为其开展学习型小组，一定要注重趣味和形象，以了解和认识知识为目的，视频教学是一个不错的方式，但是社工也要加强自我知识的储备。 村里隔代养育的老人互助意识提升不能仅靠几次活动，还需要社工的长期营造。 服务跟进： 本次小组工作中社工为老人们分享了很多实用的隔代养育知识，为了让老人们更好地掌握，社工在以后的探访中会了解老人的隔代养育情况，针对遇到的困难进行讲解和帮助；
督导意见	本次隔代养育小组的服务对象主要是老人，大多采取视频教学，传播的知识很多，但是实践性不强，如果有条件希望以后的活动中开展一些以孙辈和老人能进行互动的活动内容。

附件：小组干预研究细节节略

（1）"耆无忧课堂"知识小组第一节简报

农村隔代养育"替代父母"隔代养育问题是合川区钓鱼城街道鱼城村农村隔代养育"替代父母"社会工作服务项目关注的一大主题之一，由于农村隔代养育"替代父母"普遍文化程度偏低，思想比较守旧，导致照料孙辈的时候出现了许多困境，不仅让老人感到很头疼，也阻碍了孩子的健康成长。为此，社工计划在 11 月为村里的农村隔代养育"替代父母"开展一次"耆无忧课堂"知识小组，帮助老人们掌握一些隔代养育的技巧，提升照料孙辈的能力。

11月9日，"耆无忧课堂"小组第一节活动在社工的精心准备下如期开展。"耆无忧课堂"受到了不少农村隔代养育"替代父母"的喜爱，共计25名小组成员报名。上午9时，小组工作正式开始，社工为活动精心准备了冬季座椅热身运动，让老人们从头、颈、肩、手、腿、脚都得到充分的活动。期间，老人们对座椅热身运动甚是喜爱，积极模仿社工的动作，听着社工的口令，一起运动热身。

热身完毕，社工为老人们介绍了本次小组的目的和意义，并邀请小组成员一起分享带孙辈的体会和感受。小组成员纷纷表示孙辈太难带了，不听话，很费心。于婆婆说道："我家孙娃子从早到晚就没有消停过，我的精力真的吃不消。"于婆婆反映道："孩子吃饭从来都靠哄，不爱吃主食，天天闹着要吃零食。"艾婆婆说道："我家孩子还好吧，就是担心他上幼儿园以后不能照顾好自己。"社工对老人们分享的问题和忧虑进行了总结，并建议老人们不要太担心教育孙辈的问题，鼓励大家一起来了解和学习隔代养育的知识和技巧。随后社工，对本次小组的规划和内容进行了介绍，以便让大家了解本次小组的具体规划。

作为第一节小组，社工还在为小组成员们讲解了隔代养育的基础知识，从我国隔代养育的现状、隔代养育的优势和劣势、隔代养育常用技巧等方面对隔代养育知识进行了分享，让小组成员对隔代养育有了新的认识，尤其是隔代养育技巧情景模拟环节，让小组成员们受益匪浅，让大家认识到了掌握隔代养育技巧的重要性，也激发了小组成员参与后续小组内容的积极性。

（2）"耆无忧课堂"知识小组第二节简报

11月21日，钓鱼城街道鱼城村农村隔代养育"替代父母"社会工作服务项目开展了第二节"耆无忧课堂"知识小组，来自鱼城村的30余名农村隔代养育"替代父母"和村民参加了本次活动，通过第一节小组，大家对隔代养育有了初步的认识，本节活动则是让老人们深入地认识隔代养育，提升科学管教孙辈的意识。

上午9时，活动正式开始，社工用大家喜爱的座椅热身操为大家热身，让大家更好地进入活动状态。随后，社工带大家回顾了上节小组的活动内容。社工发现不少农村隔代养育"替代父母"对隔代养育的概念已经快忘完了，为此，社工为本节活动准备了一段关于老人溺爱孩子的短视频。视频里，金星老师形象生动地讲解了一位老人长期营养过剩地喂养孙子，导致其体重严重超标，却不自省，最终导致了严重的家庭矛盾的故事。这个故事让大家认识到了隔代养育不注重科学方法带来的危害。

经过一段简短而又深刻的视频，活动进入本节小组的核心环节。社工首先邀请了一些老人对隔代养育的认识进行了分享。一番分享下来，社工发现农村的老人带孩子的普遍观念就是吃饱穿暖就行，许多老人对于怎样教育孩子根本就没有想过，为此，社工又为老人们播放了一段长视频。视频中，主持人从隔代养育的原因、优势、劣势以及隔代养育的科学建议进行了系统的讲解。视频中附加了很多的故事案例，让大家对隔代养育的利弊有了深刻的认识。随后社工与小组成员根据视频内容进行了互动讨论，围绕不科学的隔代养育会让孩子心理老龄化、行为怪异化，以及导致社交恐惧症和心理脆弱4个问题开展了讨论。通过分享讨论，老人科学教养孙辈的重要性，不少老人表示，自己以前带孩子从来都没有想过要科学地教养孩子，掌握科学的教育方法原来这么重要。

活动最后，社工为大家总结了视频中提及的隔代养育的科学方法，鼓励老人们在带孙辈的时候多与其父母交流，积极接受新的教育观念，注重培养孩子主动管理生活的意识，呼吁老人们不要过于溺爱孩子。

（3）"耆无忧课堂"知识小组第三节简报

11月28日，钓鱼城街道鱼城村农村隔代养育"替代父母"社会工作服务项目开展了第三节"耆无忧课堂"知识小组，社工为小组工作精心准备的隔代养育视频深受老人们的喜爱，本次活动吸引了40名村民和农村隔代养育"替代父母"参与。虽然很多前来参加活动的对象不属于小组招募的成员，但是对于这种大众教育性质的小组，能让更多的人参与，就能够达到更好的项目宣传教育目的。

上午8点多许多老人已经早早来到楼下等待社工的到来，冬季的严寒丝毫挡不住老人们的活动热情。随着社工的到来，老人们有序地进入活动室，自觉地签到、入座，社工和老人们已经达成了非常完美的活动默契。第一个环节自然是活动热身，由于活动人员太多，室内空间有限，社工组织老人们在座位上做健康手指操，简单而富有节奏的热身运动，让老人们的脸上挂上了惬意的笑容，也拉开了本节小组的序幕。

本节小组的重点是帮助老人们掌握一些隔代养育技巧。社工首先为老人们分享了赵丽蓉的经典小品《追星族》，诙谐、搞笑的小品情节不仅活跃了活动氛围，也让大家看到了小品里凸显的隔代养育问题。社工就溺爱孙辈，以及老一辈知识不足，思想守旧的现象与大家展开了讨论。许多老人纷纷表示自己在带孙辈的时候确实会因为太过溺爱孩子而面临管教的困境，孙辈问的很多问题自己也答不上来。为此社工呼吁老人们积极学习和了解知识，接纳新的思想观念，掌握一些科学的隔代养育技巧。

经典的小品成功地提升了老人们学习隔代养育知识的积极性，社工紧接着为老人播放了一段隔代养育主题综艺节目。一期《退休好时光》关于隔代养育的节目，用"一碗饭里的育儿经"为老人们讲解了科学喂孩子的重要性，认识了怎样科学喂娃，孩子及早学会自主吃饭的好处，怎样避免被动、强迫式喂食，孩子食物的科学搭配等知识。

生动的视频节目让老人们感受颇深，社工组织大家进行了讨论分享。周婆婆表示，自己带子女的时候连吃的都不够，现在生活好了，让孙辈孩吃东西反而成了负担，自己很不解。朱婆婆则庆幸自己的孙子很听话，吃东西也很专注。而还有更多的老人们表示，自己的孩子爱吃零食不吃饭，和节目里的孩子非常相似，在看了这个教育视频以后获得了很多启发。社工在听了老人们的讨论以后，对教学视频进行了知识要点总结，呼吁老人们一定要注重孩子的自主能力培养，不仅仅是吃饭，生活的各个环节都要尽早让孩子自主参与完成，同时还呼吁老人们关注孙辈的营养健康，不随意给孙辈买零食，适量吃水果。

（4）"耆无忧课堂"知识小组第四节简报

12月5日，钓鱼城街道鱼城村农村隔代养育"替代父母"社会工作服务项目开展了第四节"耆无忧课堂"知识小组，本次小组一如既往地受到了老人们的欢迎，共有40名村民和农村隔代养育"替代父母"参与。社工发现来参加过前面几节小组的老人们都会坚持来参加后续的小组，可见大家对隔代养育主题的小组工作还是非常欢迎的。

今日的活动中，老人们来得比往日更早一些，社工一边布置活动现场，一边为老人们播放一些舒缓的音乐，老人们也非常享受地一边闲聊，一边欣赏悦耳的旋律。随着成员到齐，按照常规节奏，社工组织老人们做了一遍健康手指操，让大家迅速地进入活动状态。

首先，社工对上节活动内容进行了回顾，为大家强调了培养孩子自主意识的重要性。随后，社工抛出了本节小组的主题——防止孙辈走失和被拐卖。老人们听到这个主题的时候并没有太多的反应，感觉这种事情离他们很远，不会发生在自己身上。社工邀请老人们一起畅谈对于怎样才能防止自己的孙辈走失和被拐卖。有的老人表示，不要让孩子独自出去玩。有的老人说，他从来都没有想过走失这个问题，或许是自己太大意了。也有的老人分享了一些不错的方法，比如：外出不要让孩子脱离视线；时刻牵着孩子的手；让孩子记住家长的电话号码等。经过一番分享讨论，社工对大家的想法进行了总结，对部分有用的点子进行了肯定，并邀请大家一起来学习防止儿童走失和拐卖的权威知识。

本次为老人准备的教学视频也是《退休好时光》栏目里的一节选集，视频中，来自南京市公安局鼓楼分局的民警现场与主持人互动教学，从儿童易走失和被拐卖的场所，看管孙辈的技巧以及孩子走失后的挽救方法等方面系统地讲解了防止儿童走失的知识。视频里不仅有专家的教学，还有走失案例的再现，当老人们看到视频中失去孩子的父母痛不欲生的感受后，大家的心里也发出阵阵的心酸。虽然现场活动氛围变得凝重和悲伤，但是恰恰是这种感受，为现场的老人们敲响了注重孙辈人身安全的警钟。

视频教学完毕，大家似乎还没有从凝重的氛围里走出来，为此社工对大家进行了安慰，并表示，随着我国治安环境越来越好，被拐卖的儿童仅占走失儿童的3%，大多数情况下孩子不见了都是属于走失的情况，告诫大家遇到孩子走失的时候一定要在第一时间做好孩子的寻找工作。最后，社工为大家总结了视频中预防孩子走失和如何有效地寻找走失的孩子的要点知识进行了总结。

（5）"耆无忧课堂"知识小组第五节简报

12月19日，钓鱼城街道鱼城村农村隔代养育"替代父母"社会工作服务项目开展了第五节"耆无忧课堂"知识小组，本节小组是"耆无忧课堂"知识小组的最后一节活动，活动内容以巩固学习成效为主，同时也不忘为老人们带来一些有用的知识技巧。

冬至刚过，天气寒冷，还下着毛毛细雨，本期活动有一些村民未能到场，但是恶劣的天气压不住老人们的活动热情，本期小组工作共计25名老人参加。活动开场，社工为老人们播放了动听的老年歌曲，大家一边听着歌曲，一边做健康手指操热身，迅速地进入活动状态。

首先，社工为老人们做了前四节小组工作的回顾总结，围绕老人转变教育观念，接受新思想、新事物主题分享了自己的心得体会和认识，随后为老人播放了一段隔代养育技巧知识讲解视频，视频系统地讲解了前几期视频里的隔代养育知识技巧，对老人们巩固学习成效，进一步认识隔代养育有着很好的帮助作用。

本节活动里社工一如既往地为老人们带来了新的知识，针对老人们对药物知识了解甚少的情况，社工为老人们精心准备了一期生活常备药品知识视频，一期来自《退休好时光》栏目里的一段公益教育视频。视频里药学科医师从生活常备药品的种类、贮存、保质期等方面对生活常备药品进行了讲解。通过视频教学老人们收获颇多，同时社工也引导老人们注重孙辈的用药安全，不要给孩子随意用药，尤其是抗生素类药物，以及留意药品的保质期，定期清理失效药品。

随着视频教学完毕，本期小组工作也圆满结束了，社工组织老人们分享了学习心得，老人们纷纷表示，自己对于孙辈的照料一直停留在吃饱穿暖的层次上，通过这次小组有了科学教育孙辈的意识，方法技巧也学到了不少，对本期小组工作的开展很满意，很有用。

3. 社区工作干预——"老少同乐，祖孙同堂"氛围营造运动会

由于村内留守儿童较多，村内的小孩子大多都是由祖辈照顾，然而由于农

村隔代养育"替代父母"缺乏对儿童成长过程中各个阶段发展的认知，因而对孩子的一些行为无法理解，不少祖辈跟社工反映：对孩子很多的行为表示困惑，不知道如何对孩子进行教育。很多老人甚至单纯地凭成年人的经验来判断好坏，进而教育孩子，以致阻碍孩子的发展和造成心理上的受挫。

针对这种情况，社工特意开展"老少同堂，祖孙同乐"趣味运动会，旨在通过趣味游戏的形式帮助祖辈了解更多隔代养育的方法和技巧，并将这种育儿观念传递给每一位家庭成员。

活动共分为五个内容，分别为"爱的抱抱""寻找隐藏图""爱的接力""掌上明珠"以及"微孝行动"等环节，在活动过程中，社工引导祖孙共同完成任务来促进他们之间的互动、交流，同时锻炼孩子解决问题的能力，让老年人提高培养孩子独立解决问题的意识。在"微孝行动"环节中，社工特别添加了"孝元素"，孩子们通过为爷爷奶奶捶背揉肩来表达他们的爱意。

整场活动共有 12 对祖孙参加，100% 的服务对象表示非常开心。有趣的游戏让两代人齐心协力，双方有了更多的了解和理解，尤其在微孝环节，孙辈为祖辈捶背揉肩，让不少祖辈感动得热泪盈眶，不停地夸自己的孙子（女）孝顺。正如某干预对象所说："非常感谢你们来我们大队开这些服务，搞得非常好，我们很开心。你们服务态度非常好，收获很大，对小孩儿成长的一些特点都认识了，你们讲得也非常具体。活动搞得非常好，这些老年人都很支持，非常满意，社工表现也很好。一说社工来了，我们都很开心，参加活动很快乐，大家一起学习聊天。"

综上，鱼城村农村隔代养育"替代父母"隔代养育"替代父母"行动研究，通过个案、小组和社区 3 种干预路径，一是提升了隔代养育的能力，开阔了视野，增强自信心；二是通过资源动员、整合，打造了隔代养育农村隔代养育"替代父母"支持体系，增强了该群体与外界联结；三是通过社会工作微信公众号、华龙网等媒体宣传和社区营造，改善隔代养育的氛围。更为重要的是我们初步探索了解决隔代养育"替代父母"问题的实践机制、路径和方法。

第七章

农村隔代养育家庭祖辈"替代父母"的社会支持系统构建与对策

第一节 农村祖辈"替代父母"社会支持现实针对性剖析

由于我国长期的二元经济结构以及比较严格的户籍制度管控，使得我国农村地区普遍落后于城市地区的发展速度和发展水平，农村居民及其家庭收入的增长速度和增加总值都大大低于城市居民及其家庭。而且，经济的"二元性"也导致了制度性社会保障的"二元性"，城乡实施不同的社会保障政策。社会保障政策是现代国家的"社会安全阀"，一般是指国家强制实施的，当面临年老、疾病、生育、失业等各种社会风险或生活困难时，公民有权从国家或社会获得物质帮助以保障其个人及家人基本生活需要，是实现社会公平正义的一种政策制度安排。目前， 在我国社会保障主要体现在社会福利、社会保险、社会优抚和社会救助等领域，其中社会保险是社会保障制度的核心内容，主要包括生育、医疗、失业、工伤、养老等险种；社会福利主要包括公共福利（如公共教育、公共医疗等）、职工福利、专门福利（如残疾人福利、儿童福利、老人福利等）；社会救助主要包括城乡低保、困难者特殊照顾、灾害救助、扶贫救济；社会优抚主要是针对军人及军人家属抚恤和褒扬。

然而，时至今日，上述社会保障体系主要是在我国城市地区建立起来了，在我国广大的农村地区并没有完全建立，农民享受到的制度性社会保障的范围和水平均远低于城市市民。农村隔代养育家庭祖辈"替代父母"大多是出生于"50后"和"60后"的农民，多种因素导致他们收入普遍很低，普遍缺乏国家、政府等正式系统的制度性、持续性支持，他们能够获得的社会支持主要来自家庭等非正式系统的偶然支持。

一、政府支持力度偏低 ☞

社会保障政策是一国政府对该国公民的制度性、持续性的正式社会支持，从我国目前社会保障的制度安排来看，实行的"城乡有别"，目前农民可以获得的社会保障政策支持主要是养老保险、医疗保险、义务教育、农村低保、灾害救助、贫困救助。但是，医疗保险和医疗保险需要受益人承担数额不低的缴费义务，而且，相关保险待遇也比较低；国家义务教育投入占 GDP 的比例偏低，相关费用的减免金额有限；低保、灾害救助、贫困救助虽然是免费获得的，但享受条件很苛刻，门槛很高，因此最终能够获得救助的只占很少比例。

从目前农村地区的实际情况来看，农村隔代养育家庭祖辈"替代父母"能够获得的社会保险主要是新型农村合作医疗保险和大多都没有能力购买需要长期付费的养老保险；由于有父辈外出务工收入，多数农村隔代养育家庭祖辈"替代父母"也不能获得低保、灾害、贫困等社会救助。所以，从总体上来看，目前农村隔代养育家庭祖辈"替代父母"大多数都没有获得政府提供的社会保障这种制度化的持续支持。

二、学校支持薄弱 ☞

学校的支持主要限于智力教育层面的支持，心理调适、情绪控制、人际交往、抗逆力等方面的教育支持普遍不足；农村学校寄宿规模普遍有限，难以满足所有留守儿童的寄宿需求；隔代教育家庭与学校之间的沟通方式比较单一，家长会基本就是缺乏互动的"老师说、家长听"的形式，家庭访问形式通常是学生讨厌的"告状式"或"通报式"，导致家校沟通的效果和目的达成比较有限。

三、农村社区支持力范围狭窄

从当前农村社区的现实情况来看，农村集体经济组织是农村社区的主体，是国家政府在农村的基层组织，承担着政府在农村地区的大量社会事务。农村社区委员会由于事务多、人员编制少，很少有多余的人员、精力对农村隔代养育家庭祖辈"替代父母"提供相应的帮助支持，社区主要是在困难救助、农忙帮扶方面对其提供一些支持，范围很窄，而对其生理健康、隔代教育、心理调适、文化娱乐、和谐家庭关系构建等方面的支持比较少。

四、社会组织提供社会服务极少

进入 21 世纪以来，我国社会组织（非政府组织）得到了较大发展，开始为社会大众提供一些免费、低费的社会服务，但是其服务主要集中在城市地区，较少涉及农村地区及农村的农民。从目前来看，虽然有一些社会组织（比如社会工作机构）开始在农村开展社会服务，但是涉及农村隔代养育家庭祖辈"替代父母"的服务项目普遍偏少。

五、家庭、家族成为主要支持力量

中国社会普遍信守"家本位"理念，特别看重和依赖家庭、家族的支持。但是，随着我国计划生育政策的实施和生育欲望的日益下降，中国的核心家庭的规模越来越少，家庭结构简单化，"四二一"家庭结构成为常态。而在中国过去很长的时期内，多代共同生活的"大家庭"是农村普遍存在的传统家庭现象，多代家庭在过去被视为满足需求的主要方式，能够为年轻人和老年人提供照顾，住在同一个住宅里传达了很多更紧密的互动和共同的生活。但是随着社会的发展和财富的增加，现代家庭中很多父母与子女大都是分居，并不住在一起，这些又导致核心家庭的主导作用大大减弱了，现代"家庭""家族"的作用和地位逐渐弱化了。这些使得农村隔代养育家庭祖辈"替代父母"从家庭、家族获得支持的力量和范围也在逐渐下降。

六、"邻里互助"支持作用降低 ☞

在中国社会传统理念中，"邻里互助"是农村农民的重要支持力量。但是，随着中国城市化、工业化的发展，农村逐渐"空心化"，农村中的青壮年大都离开农村到城市中去打工，农村中留下的基本是儿童、妇女、老年人、残疾人，即属"老、弱、病、残"，自身都可能需要他人帮助。因此，农村隔代养育家庭祖辈"替代父母"的邻居往往也是老弱病残人员，他们作为祖辈"替代父母"的邻居，已经很难对他们提供传统社会中的某种邻里互助作用。

七、社会工作专业力量受限，支持效应显现不足 ☞

首先，社会工作作为一种"助人自助"的高尚专业和职业，在新中国的发展历程都很短，只有三四十年的时间，社会知名度、影响力仍然有限。由于薪资、职业发展前景、价值与伦理要求高等因素的困扰，使得社会工作这个专业和职业的社会吸引力比较偏低，社会工作职业化道路面临诸多困境和难题。

其次，相较于发达国家社会工作的发展历程来看，社会工作历史使命的差异，也使得社会工作目前在我国的影响力有限。在发达国家，社会工作发挥着"传递社会服务，增进社会成员福利"的历史使命，社会工作的社会知名度和认同度都比较高；而在我国，社会福利服务的提供一般是由民政部门来承担的。"上为中央分忧、下为群众解愁"被界定为社会工作的重大使命，社会工作服务或多或少都沾上了一定的"行政性"，误导了社会工作服务对象，导致不少服务对象把社会工作者直接认同为民政部门工作人员，影响了社会工作职业的社会认同度，并进而导致服务对象更倾向于向传统民政机构求助，对社会工作专业服务的需求反而削弱了。没有了需求，社会工作职业化的空间就会变得更窄，并进而会形成恶性循环。

农村隔代教育是针对农村留守儿童青少年的特殊需求而进行的一种教育，社工在为服务对象提供相应的专业服务时，理应拥有较为全面的教育知识。然而目前的现实状况是社工比较缺乏这方面的相关知识储备，加之其他因素的影响，导致在为农村隔代教育家庭及其成员提供社会工作服务时，专业性不高，服务效果不够理想等问题。

首先，资源链接和整合困难。这已成为当前社会工作为农村隔代养育家庭提供专业服务的一大瓶颈问题。社工不是万能的，不能靠自己就能为隔代养育家庭提供全方位的有效服务，必须发挥自身"资源链接者"的角色优势，去寻求其他的社会资源来共同服务于他们。然而，现实情形是不仅社会工作而且包括服务对象群体本身，均面临资源匮乏、合力难成的问题，要么没有资源，要么有资源但链接不来，进而难以有效提升农村隔代养育家庭社会工作服务的成效。

其次，农村地区社会工作知信度偏低。虽然社会工作在我国发展已有几十年的时间了，也有了一定的政策制度安排，但在广大农村地区其知信度并不高，农村村民大多不了解社会工作，社会工作的社会认同度偏低，在为农村隔代养育家庭提供社会工作服务过程中缺乏相应的配合，服务效果不是很理想。同时，社工大多是刚毕业的大学生，自身缺乏相关的娴熟实务技巧，也削弱了为农村隔代养育家庭服务的成效，反过来又降低了服务对象对社工的认可度和满意度。此外，整个社会工作专业人员偏少，能够沉淀到农村去做专业社工的更少，这都必然会影响到农村隔代教育社会工作专业服务的整体水平。

再次，专业服务机构介入农村隔代养育家庭的力度不足。由于隔代教育多存在于经济社会条件落后地区，整个社会对其关注程度不高，缺乏相关的专门政策对其予以有效支持，目前主要还是由学校和教育者为农村隔代养育家庭提供有限的服务和帮助，其他机构或社会组织（包括社会工作机构）在此领域大多居于配角地位，起着比较次要的作用。

最后，专业社工的资源利用能力偏弱。社会工作的本质是"助人自助"，但要真正实现，光靠社工个人是无法有效达成的，社工必须要充分整合、利用各种社会资源，才能解决祖辈在"替代父母"过程中出现的角色冲突和教育观念及行为问题，帮助他们有效识别和解决留守儿童在成长过程中出现的问题，助其健康成长。资源利用能力的强弱严重影响到社会工作对农村隔代养育家庭提供专业服务的成效高低。然而我国的现实现状是农村隔代养育家庭能够利用的资源比较匮乏，加之社会工作职业化尚处起步阶段，社工能力参差不齐，资源整合和利用能力偏弱，使社会工作介入农村隔代教育服务难以为继。

总之，目前我国农村隔代养育家庭祖辈"替代父母"的社会支持系统普遍不足，面临严重的困境，会给祖辈"替代父母"对孙辈的隔代教育产生诸多不良影响，急需予以改善。

第二节 农村隔代养育家庭祖辈"替代父母"社会支持系统构建的总体思路

隔代养育作为一种合作教养方式，是社会急速变迁下的一项产物。四十余年的改革开放，给我国带来了深刻的社会变化，社会结构发生巨大变迁，农村居民可以自由进入城市务工。这些变化给农村居民特别是年轻人既带来了机遇，也造成了诸多的困境。在我国城乡社会的二元化结构下，"如何处理好家庭生计谋取与未成年子女教育的关系问题"，成为农村年轻父母不得不面对的严重困境。当今社会家庭规模小型化，生活节奏快，就业形势不佳，生存竞争压力大，很多年轻父母不得不作出无奈的选择，抛家弃子外出打工，甚至背井离乡而去城市或沿海打工，从而无法亲自给子女提供完整的家庭教育，无法亲自全面履行父辈照顾和教育子女的法定抚育责任。这一责任不得不转移给子女的爷爷奶奶或外公外婆等祖辈来承担，他们自愿或非自愿地承担起孙辈的照护和教育责任，祖辈们实际上成为了"替代父母"，替代自己的子女（即父辈）对孙辈承担起生活照顾和家庭教育的主要责任，由此产生了大量普遍存在的"隔代养育家庭"。据统计，我国农村有近七成的孩子是在隔代养育方式下长大的。[1]

作为"替代父母"的祖辈们的隔代养育虽然有一些正功能，比如较丰富的养育经验、充裕的陪伴时间、更大的耐心、较完整的代际互动等，但负功能却也很明显，如祖辈文化水平低、教育观念陈旧、教育方法不当、宠溺孙辈等，易导致孙辈形成负面性格和不良个性，其教育效果受到诸多质疑。隔代养育不能代替家庭亲代教育，但是，隔代养育已成为我国农村现代家庭教育的主要模式，而家庭教育又是学校教育的基础。因此，基于客观现实，既然无法避免作为"替代父母"的祖辈们的隔代养育现象，那么只是一味地进行批判其利弊是不能解决问题的，而承认隔代养育存在的合理性、力求解决"怎样提高隔代养育的质量"、"如何让处于隔代养育下的儿童能正常成长"等一系列问题，才是目前隔代养育研究的重心所在。为此，笔者认为要想解决当今农村家庭隔代教育面临的困境，最关键的因素是帮祖辈"替代父母"们构建起强有力的社会支持系统，克服祖辈"替代父母"的"短板"，提升其抚育能力，增强隔代家庭的家庭功能，让隔代养育更有活力，进而从真正意义上促进祖辈"替代父母"隔代养育的实际效果，解决农村留守儿童、青少年的教育和成长困境。

作为一种合作教养方式，隔代养育现象不仅仅存在于中国社会，它其实是一种比较普遍的社会现象，在包括发达的欧美国家在内的世界很多国家和地区都是比较常见的。它的成因有很多，比如双亲工作、父母外出工作、双亲离异、丧亲、入狱、遗弃、虐待、未婚生育、孤儿等。我国目前隔代养育的主因是父母外出工作。

隔代养育作为很多国家的家庭的一种"不得已"的教养选择，都面临各种困境和挑战，比如祖辈体能负担过重，祖孙言语沟通及价值观冲突，祖辈管教态度和技巧不当，资源封闭且不足，祖辈承受的情绪、生理和财务压力大，社会福利支持少等。

在经济比较发达的欧美国家，从广义的社会福利角度进行政策方案设计，多年来逐步为隔代养育家庭提供形式多样的社会福利和服务，他们的政策设计理念、服务内容、服务形式等都对我国目前农村隔代教育问题的解决提供有益的借鉴意义，进而为祖辈"替代父母"提供更富成效的支持。

一、社会保障政策的顶层设计应秉持公平正义理念

在现代社会，社会保障权被视为公民的一项基本人权，国家政府有义务通过制定和实施社会保障政策，去满足社会成员的基本生活需要，保障公民的生存权。社会保障范围有狭义和广义之分，狭义的社会保障主要体现为对困难群

体人员的现金帮助，如困难救助、医疗、养老等；而广义的社会保障则包含了所有满足社会成员基本需要的公共服务项目。从中国目前的国情来看，我国社会保障的范围相对是比较狭窄的，主要包括了社会保险、社会福利、社会救助、社会优抚。社会保障政策是现代社会对公民最有力的制度性支持措施，是一个居民社会支持系统中最有效的部分。但是由于我国长期属于"二元经济体制"，户籍制度人为地把国人分成了"农村人"和"城市人"，长期执行"二元社会保障体制"，社会保障"条块分割"，"城市户籍"就意味着高福利，"农村户籍"就意味着无福利或低福利。直到今天，社会保障政策虽已开始逐步推及到农村地区，但农民的购买力以及能够享受到的福利范围和水平仍然无法与城市市民相提并论。因此，在为农村隔代养育家庭祖辈"替代父母"构建社会支持系统时，在顶层设计层面务必遵循公平正义原则，保证农民在社会保障方面能够真正受益。为此，必须改变目前"条块分割""城乡有别"的二元社会保障体制。只有这样，才能为农村隔代养育家庭祖辈"替代父母"提供长期的、制度性的社会支持。

二、大力发展社会组织

在人类社会发展的很长的历史时期中，政府很少介入和干预公民的社会福利领域，公民的各种需要主要由家庭、家族、地方社区以及教会等民间组织来满足。19世纪末，政府开始制度化地介入和干预公民的社会福利事务。首先起源于德国政府的制度性社会保险制度的建立，此后欧美国家开始加强政府对社会福利事务的干预。"二战"后建立起来的"福利国家"，政府在社会政策行动中的责任达到了最高峰，即"政府办福利"。新中国成立后到20世纪90年代之前，我国对城市居民的福利服务实际上也是承担主要责任。这些做法，大幅增加了政府的负担，难以长期施行。20世纪80年代欧美国家的"福利国家"改革和我国的体制改革，就是最好的例证，其主要做法就是让更多社会主体参与到社会政策行动中来，减轻政府的压力，提高服务的成效。

进入21世纪以来，各国社会政策行动的参与主体发生显著变化，即从"国家福利模式"向"多元福利模式"转化。"国家福利模式"强调由政府承担全部或绝大部分社会福利责任；而"多元福利模式"批判"国家福利模式"的弊端，强调政府承担社会福利的基本责任，而个人和其他社会组织也要依法分担相应的社会福利责任，三者共同努力，为公民提供更强有力的保障。政府和社会组织之间形成分工、合作及监督的合理关系。

从总体上来讲，政府在宏观、顶层层面优势明显，但在微观服务供给层面远不如社会组织；而社会组织在微观层面优势明显，但在宏观层面又无法与政府媲美。因此，在为农村隔代养育家庭祖辈"替代父母"构建社会支持系统时，不能把注意力全部放在政府身上，而必须大力发展各类社会组织，充分发挥它们的作用，让二者优势互补，发挥各自的长处，克服不足。从而实现"政社"合作，发挥各自优势，"专业的事交由专业的人去做"。国家可以通过各种优惠政策，鼓励多元主体共同参与，对农村隔代养育家庭祖辈"替代父母"提供多方面服务，通过多元主体的协同管理和服务整合，对他们形成从经济、教育、健康、情绪到服务等多方面的支持体系。

三、分层次制订方案和分阶段实施

我们应结合中国的国情，逐步为其提供相应的服务。

第一阶段的支持方案。可以社区为基础，主要由非正式支持团队（如家庭、医院、学校、老人机构等）来提供相关的专业服务；

主要宗旨：提供情感、婚姻、信息的支持，相关教育问题咨询，包括处理失落与罪恶的情绪、与青少年谈性、如何进行家庭作业、如何管教孙子女等；

主要活动内容：简单性相互协助，相关问题的演讲、讨论与咨询；邀请地方政府人员，说明组织、财政、法律等相关问题；设立衣服玩具、家具银行等；发行小册子、简讯及地方资源手册；进行电话访问或家访；赞助假日节庆、隔代家庭或小孩子的活动；

面临的主要问题：如何满足由婴儿到青少年期间的教养的复杂需求？如何寻求相关经费资助？如何提高活动的出席率？如何获得额外的资源等。

第二阶段的支持方案。形式上要多元化，开始开设一些正式的支持课程，比如传统的情感支持、资源支持、个别咨商服务，重点关涉家长能力提升、教育问题、法律问题、医疗健康、危机应对等方面的内容；

内容上：通常以支持性团体为主，另外还提供一对一的谘商或电话热线、发行简讯或手册、提供儿童照顾服务、提供食物与衣物、成立休闲中心、医疗照顾、教育课程等，形成一个较复杂的支持性方案。

第三个阶段的支持方案。探索并推广农村隔代养育家庭祖辈"替代父母"社会支持理念和模式，成立全国性组织来支持隔代养育方案；

在本阶段，结合对农村祖辈"替代父母"进行社会支持的实践，进行相关社会支持倡导，促进政府从政策面制定各项支持的措施，比如各种老年津贴。

以广设资源中心为本阶段方案的主要内容，具体包括：第一，在区、县设立小资源中心，以为本区域内的祖辈"替代父母"提供小规模的协助为主；第二，在省市设立大资源中心，为本省、本市区域的农村祖辈"替代父母"提供较广泛的资源整合及服务；第三，设立全国性行动导向资源中心，深挖各社会系统，在全国范围内为农村隔代养育家庭祖辈"替代父母"筹集、分配社会资源，并刺激政策及服务相结合等。

中国传统社会中，农村隔代养育家庭祖辈"替代父母"的社会支持网络主要是一种天然的内生性支持，主要是基于血缘、亲缘、地缘而建立。但是随着中国改革开放的深入，农村地区的传统社会结构已发生解体并被重构，其所依赖的社会基础已发生改变，正在日渐解体，家庭的组织规模不断缩小，家庭的生产和保障功能日益弱化，已不能满足祖辈父母隔代养育的需求。为此，只有重构农村隔代养育家庭祖辈"替代父母"的社会支持体系，建立契合中国国情的支持系统。一方面重视构建非正式支持系统，如传统的人情网、人伦关系网；另一方面要更重视构建现代社会福利等制度性、普惠性等正式支持系统，才能为其提供强有力的社会支持，有效缓解农村隔代养育问题。

第三节　农村隔代养育家庭祖辈"替代父母"的
社会支持实施路径

一、发挥正式支持的积极作用，增强隔代养育祖辈的社会支持力量

正式支持是一种制度性的支持，它以公民的需求为基础，强调享有权利和履行义务的统一，以均衡性、普遍性为显著特征的一种社会支持体系。它不同于以血缘和亲缘为基础的非正式支持系统，它根植于工业社会的社会风险远高于农业社会的社会风险。

1. 政府支持

在当今社会，政府在某一个社会群体的社会支持系统的构建过程中，往往处于主导地位，起着不可替代的作用。就我国目前的国情来讲，要为农村隔代养育家庭祖辈"替代父母"构建其健全的社会支持系统，政府无疑是最重要的力量。政府支持应关注以下几个方面：

政策支持。首先，切实有效地执行现有的义务教育政策和农民工子女教育政策。政府是社会政策的最主要的执行者。农村隔代教育的对象主要是处于九年制义务教育阶段的儿童，目前政策主要包括《义务教育法》、"两免一补"政策、农村义务教育学生营养改善计划、义务教育资助政策、农村义务教育经费保障政策、进城务工人员随迁子女平等教育政策等，这些政策本身是有利于解决农村留守儿童的隔代教育问题的，但是在现实中却没有得到有效执行，其政策目标没有得到全面达成。因此，政府层面对农村隔代养育家庭"替代父母"的支持，首先要做的就是真正切实地执行现有的与义务教育相关的社会政策，不要让这些政府承诺变成"空头支票"。其次，创设制度性的农村隔代教育社会福利政策。在为农村隔代养育家庭祖辈"替代父母"提供社会支持时，为祖辈父母们提供制度化的普遍性的社会福利及服务，将会是对他们最强有力的支

持。而政府是我国社会政策的最主要制定者，它可以通过分析、评估现有农村义务教育政策的效果及存在的实际问题，运用掌握的公共权力，创设具有公共权威性的社会政策，为作为弱势群体的农村祖辈父母提供有关隔代教育方面的社会福利和服务，从而从根本上减轻农村隔代养育家庭祖辈"替代父母"面临的困难，促进农村隔代教育的实效。

经济支持。可以说，一切问题的根源均源自经济因素。政府对农村隔代养育家庭及祖辈"替代父母"的经济帮助和扶持，可以说是对其最为现实和迫切的支持。由于农村祖辈父母的经济条件和身体状况普遍不佳，父辈进城务工收入也普遍偏低，农村隔代养育家庭经济条件普遍比较差，而孙辈生活和教育开支以及祖辈父母的医疗开支都不是一笔小数目，政府可以制定相关帮扶政策和规章制度，减免相关费用或提供相应补贴，并依法依规地予以发放，进而通过物质帮助扶持来缓解他们面临的生活压力。

组织支持。祖辈隔代养育问题，不仅仅存在于农村的留守儿童家庭，而且在城市中也是普遍存在的，可以说是我国的一个比较普遍的社会现象，存在很多共性的问题，值得政府去想办法解决。政府可以协助和推动成立具有互助性质的隔代养育家庭全国性组织，比如隔代养育家庭互相协会等，并在各省、市、区（县）也成立相应的类似组织，专门负责为祖辈隔代养育家庭特别是农村隔代养育家庭筹集人力、物力、财力等资源，并在全国范围内进行资源分配、协调，从社会大系统着手，整合社会整体资源，共同协助隔代养育家庭的健全、和谐成长。而这一过程中，支持、帮扶农村隔代养育家庭祖辈"替代父母"将成为该类组织的重要内容。

信息支持。政府可以利用自己的资源优势和权威，由政府相关职能部门筹建有关农村隔代养育家庭的相关数据库，以便及时掌握他们的相关数据，为制定和实施相关支持政策提供充足的信息依据。

2. 社区支持

社区是农村隔代养育家庭祖辈和孙辈日常生活的核心区域，与他们的日常生活联系最紧密。因此社区支持能为农村隔代养育家庭"替代父母"提供更有现实性和可操作性的社会支持，具有更强的实际意义。社区支持应当是多元和动态的，具体包含：安排专门人员和机构，为本社区留守儿童提供课余学业集中辅导；利用信息网络技术，在隔代养育家庭留守儿童与父母之间搭建亲子交流平台，促进亲子关系和谐发展；为祖辈"替代父母"提供生活帮助。由于祖辈父母身体条件和经济条件都不佳，所以社区可以为隔代养育家庭的祖辈父母提供基本粮油等物质帮助、医疗检查，以社区活动为载体提供精神关怀，为祖辈和孙辈提供精神关怀，丰富留守儿童的精神文化生活。

3. 学校支持

农村隔代养育家庭祖辈"替代父母"是农村家庭教育的最主要承担者，在很大程度上影响到对留守儿童的家庭教育成效。由于农村祖辈"替代父母"文化水平普遍偏低，教育观念比较滞后，教育方法失当，对孙辈的教育效果堪忧，这也是隔代养育遭受质疑的最主要表现。而幼儿园、中小学作为专门的教育机构，可以为祖辈父母提供强有力的教育支持，比如提供教育咨询、帮助改善教育观念、改进教育方法、帮助改变教育环境等，这些都能有效提升农村祖辈父母隔代教育的成效。

4. 社会组织支持

近些年，随着国家对社会组织规制的逐步放松，社会组织如雨后春笋般快速发展，社会组织特别是各类专业社会组织，充分发挥了其专业性、非政府性、自主性、灵活性等优势，逐渐承接了政府的相关社会职能，在社会福利事务领域发挥着不可替代的作用，为社会成员提供更富有成效的社会福利服务。所以大力发展各类社会组织，比如社会工作服务机构、心理咨询服务机构、乡村服务组织、共青团、妇联等，鼓励"政社合作"，一方面，搭建社会组织与政府、社会组织与社区互动平台，促进资源共享，为整个农村隔代养育家庭"替代父母"提供更为广泛、专业和规范的社会支持服务；另一方面，促进祖辈"替代父母"社会支持向着多元化、深层次方向发展。

二、强化非正式支持功能，重塑家庭、家族、朋友、邻里关系

家庭是以血缘、姻缘、领养关系组成的社会组织，是人类社会最基本的共同生活单位，是一个社会的基本单元，"家"对中国人显得尤为重要。家本位思想是中国社会主义核心价值观之一，家庭或者家族成为中国人最重要的社会支持力量。在中国社会的很长历史时期内，家庭支持和亲属支持都是中国人的主要社会支持力量。随着中国工业化、城镇化的发展，特别是几十年计划生育政策的施行，以血缘、姻缘为基础的农村家庭由大变小，核心家庭日益小型化，亲属关系日益疏远，导致家庭对其成员的支持作用不断弱化。正因为如此，在中国现有的国情下，要想为农村祖辈"替代父母"构建有效的社会支持系统，就必须重视重构其非正式社会支持系统，把专业化、制度性的正式支持系统与灵活多样的非正式支持系统有机结合起来，发挥各自的优势，才能有效地帮助农村祖辈"替代父母"解决困难。为此，当前就需要重点恢复和构建过去的家庭支持或家族支持，比如适当经济帮扶、情感支持、农活帮助等，为祖辈替代父母消解孤独和寂寞感，提升他们的抗风险力和幸福感。

朋友、邻里支持系统，是农村祖辈"替代父母"日常生活中联系最为密切和交往相对亲近的关系网络，它们一般以地缘、趣缘或业缘为基础，可以说是仅次于家庭的非正式支持系统。俗话说"远亲不如近邻""多个朋友多条路""多个朋友好办事"，农村隔代养育家庭的邻里、朋友，对祖辈父母们有效完成隔代养育有着重要的补充帮助作用。

一是帮助实现自我情感的释放。农村隔代养育家庭"替代父母"可以与邻里、朋友进行交流互动，相互来往，实现情绪宣泄，减少孤单、郁闷等负面情绪的产生，降低心理问题的发生概率。

二是帮助提供照料支持。由于父辈常年在外务工，隔代养育家庭的祖辈和孙辈往往难以获得充分的照护，邻居可以提供一定的照料支持。因此，引导良好的邻里关系，可以在生活支持、情感支持等方面为农村隔代养育家庭祖辈"替

代父母"提供有力的支持。

三、重视专业的社会工作队伍建设为隔代养育祖辈提供有效服务

虽然社会工作随着我国经济社会的不断发展取得了一定的成绩和社会认知度，但是大多数存在与经济社会较发达地区，在农村人们对社会工作的认知基本上处于空白状态，由于认知的不足，容易造成对社会工作产生抵触心理，不利于社会工作开展专业服务。这个现象在农村是较为普遍存在的，除此之外，还不利于社会工作者在链接相关社会资源，导致服务效果大打折扣。对社会工作者自身来说，外部环境的不了解让工作开展困难重重也会对社会工作者自身的工作获得感和成就感大幅降低。营造良好的社会氛围是开展农村隔代教育社会工作服务的前提，整个环境的改善需要从政府层面出发，加强对社会工作的宣传普及，让广大农村群众可以对社会工作有一个清晰的认知。同时，还需要加大政府购买公共服务项目，以政府层面出发，让社会工作者在开展服务时在农村有着更高的公信力，农民群众也更加愿意和配合社会工作的展开。最后，增加资金投入，农村社会工作的工作环境相比起城市差距较大，需要投入更多的待遇激励更多的社会工作者去投入到农村社会工作事业之中去。

社会工作行业的不断发展，专业社会工作分工也更加精细化，当前农村社会工作专业人才相比起广大农村的实际需求差距巨大。培养专业农村社会工作者也是当前的一项重要任务，高校应该增设农村社会工作课程，产出更多的专业人才，以项目为纽带，与农村社区定点培养，让农村社会工作者既要有专业的理论基础也要有丰富的实践经验。形成学校＋农村、理论＋实践的人才培养机制。

农村隔代教育以社区为依托，建立隔代教育平台。社会工作者应链接乡（镇）政府、村委会等相关资源，利用村委会现成资源，在村委会活动中心设立隔代教育平台。根据农村隔代教育的家庭需求和服务内容，开展针对性的隔代教育活动，如开办隔代教育讲座、老人学习班、心理咨询服务、亲子游戏等活动，

增加祖辈和孙辈的情感交流。重点开办老人隔代教育培训班，为老人传授科学的教育观念和方法，不断提升老人的综合素养，改变老人在教育抚养儿童中的落后和错误观念，帮助老人科学地对孙辈进行教育抚养。并以村委会名义邀请其他社会组织参加隔代教育活动，促使社会力量共同参与到隔代教育中去，为每个家庭带来帮助。

社会工作作为一种"助人"专业和职业，拥有个案社会工作、团体社会工作、社区社会工作三大实务方法，在"助人"方面具有明显的专业优势。社工可以根据农村祖辈"替代父母"的实际情况，有针对性地为其提供专业服务。对于老人扮演"替代父母"角色心理问题，社会工作者可以以个案辅导的方式，采用心理咨询，开展专业服务，助其完善角色功能。首先，社工要与祖辈"替代父母"建立良好的专业关系，掌握其心理动态；其次，在老人日常生活中帮助老人平衡好自身角色和"替代父母"角色的方法；最后，链接为祖辈"替代父母"需要的相关资源，改善其不利环境因素，形成良好的外部环境。

社工可通过团体社会工作方法，以老人或儿童为服务对象，开设以成长小组、教育小组、互助小组等为主题的小组活动，帮助老人建立教育信心，相互交流教育心得，消除亲子隔阂，解决儿童在成长过程中的各种问题，实现儿童健康成长。

社会工作者还可以运用社区工作的方法，在整个农村社区营造出良好的隔代教育外部环境，满足老人和儿童的需求，利用好社区资源进行宣传宣讲，改善整个社区居民的认知观念，让社区居民认识到隔代教育的重要性，整个社区资源去帮助隔代教育，为儿童的成长营造出良好的社区环境。

总之，一方面，随着中国家庭规模的小型化，靠关系或者自发孕育的非正式系统的支持力度和作用将逐步弱化，难以满足农村隔代养育家庭的需求；另一方面，随着国家综合国力的提升，现代国家的功能日益完备，一个以国家为主体的普适性的正式支持系统的建立势在必行。所以，在为农村隔代养育家庭"替代父母"构建社会支持网络时，在继续发挥农村天然的支持网络的同时，如何尽快建立起覆盖面广、制度性的正式支持系统就显得尤为重要，从而实现传统支持和现代支持的契合转换。

第四节　实施农村隔代养育家庭社会支持的具体措施

马克思认为，人的本质是一切社会关系的总和。每个人都是生活在一定的社会生态系统之中，比如家庭、学校、社区、单位、社会等。社会生态系统理论认为人类行为与社会环境之间是交互影响的，人与环境进行互惠式的互动，一个人生存的社会环境（如家庭、学校、单位、团体和社区等）是一种社会性的生态系统，人与环境间各系统相互作用，社会生态系统的各要素对于个人的成长和发展起着重要的影响作用；要理解个人必须将其置于环境之中，对个人问题的理解和判定也必须在其生存的环境中来进行。农村隔代养育家庭祖辈"替代父母"同样生活在一定的社会生态系统中，其面临的社会生态系统各要素最终形成为祖辈"替代父母"们的社会支持系统。采取适宜的措施，以社会生态系统理论为基础，构建和强化农村隔代养育家庭祖辈"替代父母"的社会支持系统，将会大幅提升农村祖辈"替代父母"隔代教育的成效。

我们尝试以社会生态系统理论为基础，从宏观、中观、微观角度分层，并借鉴国外对隔代养育家庭的支持政策，探索构建农村隔代养育家庭祖辈"替代父母"的社会支持系统的具体措施。

一、发挥各级政府主导作用创新社会政策 ☞

政府要多渠道、因地制宜地发展本地经济，为年轻父辈在当地创业、就业创造条件，鼓励农村剩余劳动力在"家门口"就业。

如何有效解决农村留守儿童的教育问题，不仅直接关系到他们的健康成长，也关涉农村教育的发展和完善，更关系到"三农问题"解决的大局。要做好对其教育的工作，需要社会各方共同合作。要从根本上解决农村隔代养育问题，不仅要让全社会认识到家庭亲子教育的重要作用，而且必须解决年轻父辈就近就业、创业的问题。

政府要利用各种渠道采取有效形式宣传亲子教育的必要性和重要性，让全社会懂得亲子教育的不可替代性，从情感上留住父母。

政府必须发挥主导作用，积极创造条件，鼓励农村剩余劳动力在"家门口"就业。

我国《促进就业法》规定，促进就业是各级政府的应有责任。所以政府有义务、有责任为年轻父辈就近就业、创业提供和创造便利条件。第一，政府要根据劳务输出地的实际情况，采取多种途径，创造就近就业机会；第二，通过税收减免、低息融资、土地租金优惠、产业扶持等优惠政策，鼓励年轻父辈就近创业；第三，劳务输出地政府要大力招商引资，创造条件引进项目，推动本地经济发展，从根本上解决农村剩余劳动力的就业出路；第四，劳务输出地政府要通过制定各种鼓励措施，把有知识、懂技术的人才吸附在农村，培育本土农村骨干力量，从根本上弥补本土经济发展的短板；同时，利用互联网技术，提高农产品的附加值。这样不仅能够解决他们家庭的生计问题，改善和提升家庭生活水平，而且有效地降低了年轻父辈离乡背井远离户籍所在地外出务工的可能性，尽量减少父母角色在家庭教育中的缺失，健全家庭教育功能，从而尽量避免祖辈"替代父母"隔代教育现象的发生，从根本上解决祖辈隔代教育问题。

各级政府应加大政策调整和创新力度，消除阻碍留守儿童青少年"随读"的各种政策制度障碍。留守儿童青少年隔代养育现象在很大程度上是由社会政策层面造成的。我国目前仍然属于城乡二元经济结构，户籍制度仍然限制人口的自由迁移，进城务工人员工作地对随迁子女的入园、入学接受教育仍然存在诸多政策制度限制，如户籍、居住年限、缴纳社保年限、纳税年限、义务教育费的承担、考试制度等，再加之外出务工人员收入低、高昂的择校费等因素，导致留守儿童青少年随迁到父母工作地接受教育，与父母一起生活存在诸多困难。所以，从宏观上讲，政府可以"大有作为"，采取措施尽力避免隔代养育现象的产生，这可以说是对农村隔代养育家庭祖辈"替代父母"最有力的支持。

进一步弱化户籍制度上所涵盖的社会福利，减少其与教育、就业、医疗、住房等政策之间的关联性，使进城务工人员随迁子女享有与城市市民平等的受教育权利,使更多的留守儿童青少年能随外出务工父母随迁到工作地城市就读,并获得父母良好的家庭教育,这可以在很大程度上减少隔代养育现象的产生,进而大大减轻祖辈"替代父母"的压力。

政府及农民工流入地政府主动制定相关教育政策,消除农民工随迁子女入园、入学的各种障碍性政策、制度。流入地经济、社会发展离不开农民工的巨大贡献,离不开他们的巨大付出,其中就包括无法对自己的子女进行抚育,因此他们理应有权分享流入地的发展成果。从社会公平公正原则角度来讲,流入地政府理应为外来农民工随迁子女接受学校教育提供方便和条件,主动制定、修改、完善相关教育政策,从根源性上消除隔代养育现象,进而彻底解放祖辈父母,间接为其提供支持。

进一步建立健全农村养老、医疗、困难救助等社会保障体系,减轻农村老人的负担,使农村隔代养育家庭的祖辈"替代父母"有更充足的时间、精力照护孙辈,促进隔代养育成效的提升。

由于祖辈"替代父母"年龄普遍偏大,大多达到国家规定的城市劳动者的法定退休年龄,且身体健康堪忧。但他们大多没有养老保险和医疗保险,即使有,也是低水平的,所以仍然需要继续农业劳作来维持家庭生计,没有更多的时间和精力去照顾、教育孙辈。因此,随着我国综合国力的增强,政府应秉持公平公正原则,改革原有的"条块分割"的"二元制"社会保障体制,建立普惠型的养老、医疗、困难救助等社会保障政策,积极减轻农村老人的生活负担,使农村隔代养育家庭祖辈"替代父母"有时间和精力照顾教育农村的留守儿童青少年。

政府实施倾斜政策,扩大农村地区特别是农村劳动力输出地区的教育投入,扩大农村学校的规模,并改善教学设施,普遍推行寄宿制学校,让更多的"隔代养育"儿童青少年进入寄宿制学校。通过这样的方式,让留守儿童、青少年能够与朋辈群体生活在一起,可以在一定程度上消解他们的心理问题,提高他们生活自理能力和与人交往合作的能力,从而缓解农村隔代养育家庭祖辈"替代父母"的教育困境。

政府积极与社会工作服务机构、心理咨询服务机构等社会专业机构进行"政企合作"，为那些隔代养育的留守儿童、青少年提供相关专业服务。比如政府设置学校社会工作、学校心理咨询等岗位，直接招聘相关专业人员；或者通过合同方式，出资直接购买专业服务；或者创造条件吸引志愿者加入，争取相关的专业志愿服务。这样，通过为他们提供相关专业服务，可以帮助他们解决成长过程中面临的相关问题，间接为祖辈"替代父母"们提供支持。

政府应出台相关措施和资源，提升农村祖辈"替代父母"的自身素养。

隔代教育现象已成为我国社会普遍存在的客观现象（不仅仅存在于农村），祖辈"替代父母"是农村隔代养育家庭的主要教育主体，提升他们的素质是改善农村隔代教育质量的根本办法。政府应该主动采取相关政策行动，比如举办祖辈家长学校，培养专门的"隔代教育辅导师"，聘请专业人士或"成功"祖辈父母向他们传授教育实践中科学的知识、方法或经验。具体可以与幼儿园、学校、社区、教育局等有关部门合作举办，或者委托教育培训机构代办，就有关教育问题，采取丰富多彩、适合祖辈"替代父母"的形式进行讨论、对话，直面经验交流，不断优化隔代教育。

政府要强化网络监管，推动"净网"行动，营造绿色网络。当今社会已进入信息网络时代，既不能完全限制留守儿童青少年上网，也不能放任不管，任其沉迷其中。由于他们心智尚未成熟，加之网络信息"鱼沙俱存"，政府必须要建立强有力的信息网络监管部门，进行网络游戏分级控制，加强网吧的经营管理，严控留守儿童出入网吧，网吧上网实行实名制机制；设置未成年人上网时间限制，加大网吧的监管力度和违法、违规处罚力度，不定期实施"净网"行动，同时对留守儿童青少年进行"健康上网"教育，消解"网络成瘾"，从而减轻农村祖辈父母进行隔代教育的压力。

由于农村隔代教育家庭祖辈"替代父母"的文化素质普遍偏低，很难对孙辈的家庭作业进行辅导，政府针对此种现状，拿出一定经费，普遍推广"四点半"课堂，推迟学生的放学时间，让学生在校完成家庭作业，由学校老师予以辅导，这种做法已在重庆市主城区实施，受到了学生家长的普遍欢迎。

政府健全法制，完善相关规章制度，间接缓解农村隔代养育家庭祖辈"替代父母"的养育困境。

协助建立关于农民工、隔代养育家庭的多层次的社会组织，统筹相关社会资源的筹集和公平分配。政府要秉持"小政府、大社会"的理念，不必事事躬亲，要充分发挥各类社会组织在为隔代养育家庭进行资源筹集和社会服务提供方面的优势，可以鼓励成立为农民工、隔代养育家庭提供服务的社会组织，比如简化手续、降低注册资金、税费和房租的减免等，协助和推动成立具有互助性质的隔代养育家庭全国性组织，比如隔代养育家庭互相组织、农民工协会等，并在各省、市、区（县）也成立相应的类似组织，从整个社会层面，整合社会资源，共同协助隔代养育家庭的健全、和谐成长。

二、整合学校、社区、社会组织资源提供多样化支持

学校的教育支持。学校发挥教育主阵地作用，发挥自身教育优势，主动推动家校沟通，高效与祖辈"替代父母"沟通，探索适合留守儿童青少年需求的新教育模式，改善家校合作，促进学生自我健康成长。

学校教育对一个人的一生会产生深远影响，学校老师在留守儿童、青少年心目中有着非常高的地位，因此，学校及其教师对留守儿童青少年进行教育会更富有成效，学生也更容易接受，学校教育做好了，能给农村祖辈"替代父母"的隔代家庭教育提供最直接、最富有成效的支持。因此，幼儿园、小学、中学应积极探索能够适应留守儿童青少年需求的教育模式，来促进他们的健康成长，进而减轻祖辈"替代父母"的压力，提升隔代家庭教育的成效。为此，一方面，家校紧密结合，拧成一股绳，促其健康成长；另一方面，学校对祖辈"替代父母"给予教育指导，弥补其经验不足而导致的教育缺失。

学校及其老师要全面掌握隔代教育学生的背景信息，建立隔代教育学生档案，深入了解隔代教育学生性格、兴趣等养成情况，让祖辈"替代父母"清晰认知自己孙辈成长中的长短板，有针对性地进行策略支持；常关心隔代教育学生的生活、学习，避免"标签化"，尽力帮助他们解决生活、学习问题。

　　加强对隔代教育学生的心理健康教育和思想道德教育。学校要建立心理健康咨询机构，并真正有效地运转起来，及时记载、疏导和解决隔代教育学生的心理困境，比如，可以建立亲子热线、家校热线、进行定期家访等形式，定期与学生父母通过电话、互访、书信、网络等形式联系沟通，使学校教育在时空上有效延伸；通过对学生进行"感恩"等道德教育，培养学生"尊老""敬老"等良好道德品质，促进形成和谐的"祖孙"关系。从而更好弥补祖辈"替代父母"家庭教育的不足。

　　学校尽力推行寄宿制，对留守学生提供集中、规范化管理，为他们提供朋辈环境，减少其孤独感，增强人际交往和生活自理能力。

　　学校建立朋辈关爱辅导机制。朋辈群体在一个人的成长过程中往往会起到很大的作用，可能正面，也可能负面。隔代教育学生由于长期与父母分离，往往缺乏父母的关爱，朋辈群体的关爱成为其健康快乐成长的重要支撑。学校应该积极倡导和谐的同学关系，切忌对隔代教育学生"标签化"；还可以通过引入社会工作等专业服务机构和志愿者，以专业手法开展以自我成长、特长兴趣、结对帮扶等为主题的各类小组，让其在良性互动中获得集体荣誉感、归属感。

　　落实、完善家校合作制度，综合利用各种教育资源，共同培育好留守学生。

　　第一，建立并利用好祖辈家长学校，提升祖辈"替代父母"的隔代照顾技巧，改善祖辈"替代父母"的隔代教育能力。幼儿园、小学、中学作为儿童、青少年的最主要教育机构，要充分发挥好自己的教育优势，主动承办祖辈家长学校，并链接妇联、共青团和关心下一代工作委员会等部门联合举办。通过祖辈家长学校的学习，可以有效转变祖辈的教育思想观念，改变他们陈旧的教育方法，帮助他们树立正确的教育意识，从而促进祖辈"替代父母"隔代教育技巧的提升、隔代教育能力的改善，从总体上提升祖辈"替代父母"隔代教育的质量。

　　第二，学校开展家校联动活动，促进祖辈与孙辈的共同进步。比如家校一日活动，祖辈亲身加入幼儿园、中小学的一日活动中，教师与家长共同参与留守儿童、青少年教育，教师可利用这个教育契机，教育学生"尊老""感恩"，纠正自身不当的言行；同时也促进祖辈家长对学校、教师的信任。

第三，定期开展家长会，完善家长会制度。家长会利于家校之间的沟通，但多是"老师开会，家长瞪眼"，必须予以改变，改为"家长提问，老师解答，共同合作"的形式，建立完善的育儿信息交流平台。

第四，完善"家访"方式，增强"家访"的针对性，学校、教师主动做好与农村隔代养育家庭祖辈"替代父母"的交流沟通工作，帮助提升农村祖辈"替代父母"教育孙辈的针对性，促进隔代教育效果的提升。

社区的关爱支持。提升农村社区软环境，充分整合社会资源，积极营造良好的隔代养育家庭人文关怀氛围，助力减轻祖辈"替代父母"的家庭教育负担。

农村祖辈"替代父母"隔代教育最受争议的无疑是其教育效果，普遍来看，因各种因素的影响，农村留守儿童青少年的隔代教育是比较低效的。家庭功能的缺失是农村隔代养育家庭普遍存在的现象，为此，建立强有力的综合性社会支持体系就显得十分必要。社区是我们生活的第二个家，农村集体经济组织作为农村社区，是祖辈"替代父母"和孙辈生活的最主要的场域，农村社区的大力支持，可以说是对农村祖辈"替代父母"的最直接、最有力的社会支持。农村社区可以积极挖掘所在地区的资源，并成立相应的组织机构，从以下方面对农村隔代养育家庭祖辈"替代父母"提供关爱支持：

充分利用村委会、乡镇的"关工委"，通过组织丰富多彩的活动，为留守儿童青少年进行关护，为祖辈"替代父母"对孙辈进行道德教育、心理健康教育等提供指导。

链接社会工作者、心理咨询师、律师、医生、教育工作者等专业资源，为其提供专业支持，比如育儿知识讲座、家庭教育讲座、儿童安全知识培训等，明确其教育和监护的责任，提高他们的家庭教养能力。

开展社区竞赛评比活动，如孝老敬老典型、家务小能手、模范"替代父母"、优秀儿童等，倡导和谐友爱。增强祖辈"替代父母"价值感、认同感，把"隔代抚养"与"隔代反哺"有机结合在一起。

链接专业资源，成立社区未成年人权益保护委员会，净化社区环境，保护留守儿童青少年的合法权益，形成良好社区氛围。

尽力创造条件，在社区建立多种形式的为留守儿童提供免费服务的相关机构，比如社区校外辅导站、公共学习室、社区留守儿童生活托管中心、社区家教指导中心、留守儿童活动中心等，可以聘请社区的退休老师、退休干部或文化水平较高的热心社区居民、志愿者来承担辅导工作和服务，为祖辈"替代父母"分担对孙辈的学业辅导、生活照护、课余活动等抚育责任。

社会组织的服务支持。社会组织，也称为非政府组织，一般是指政府组织体系之外的各种民间非企业性组织的总称。进入21世纪以来，我国社会政策行动已逐渐从"国家福利模式"向"多元福利模式"发展，社会组织得到了快速发展，政府与社会组织之间逐渐形成分工、合作和监督的关系。政府组织在社会政策的引领、创设方面可以给农村祖辈"替代父母"提供强有力的政策支持，但在社会服务的具体提供、输送、传递方面，因其官僚性、行政化、缺乏有效监督等因素，导致其效率、效益普遍不高；而各种社会组织（非政府组织）由于其服务的民间性、非营利性、福利性、公共性、灵活性、资源多样性等特点，可以使其为农村隔代养育家庭祖辈"替代父母"提供多样化的、直接的、更"接地气"的、更有效的社会福利性质的服务支持。政府与社会组织可以通过"官办民助""民办官助""政府购买服务"等方式分工合作，帮他们增能，为他们解忧，共同为农村隔代养育家庭祖辈"替代父母"提供真正有效的支持。

社会政策倡导。社会组织可以结合自己为祖辈"替代父母"提供社会服务的实践，针对其中存在的实际问题，可以向政府社会政策决策部门进行信息反馈和政策建议，甚至可以参与政策方案的设计。通过进行相关社会政策的倡导，有利于祖辈"替代父母"提供长久的、制度化的福利支持。

生活照护服务支持。社会组织可以考虑从以下方面为农村祖辈"替代父母"提供这方面的服务：

第一，对祖辈老人进行能力评估，包括生活自理能力、生理与心理健康状况、社会交往与参与情况等，并建立照顾档案；

第二，对生活照护有困难的祖辈老人，可以与其一起制订长期照护的具体计划。

救助支持服务。农村隔代养育家庭，大多经济条件不佳，社会组织可以对他们进行直接的物质救助服务：

第一，评估农村祖辈"替代父母"的基本物质生活条件和经济状况；

第二，为困境的农村祖辈"替代父母"提供政府最低生活保障、特困人员供养、高龄津贴及教育、医疗、住房、法律等方面的社会救助信息；

第三，链接社会资源，协助有需要的农村祖辈"替代父母"获得来自社会力量的捐赠、帮扶。

心理辅导服务。农村祖辈"替代父母"由于家庭经济条件、身体健康状况、孙辈教养等问题的影响，大多存在不少的心理问题。社会组织可以对其进行心理健康服务，提供心理支持。

第一，科学、恰当地识别农村祖辈"替代父母"的心理问题，必要时协调其他学科人士进行专业诊断；

第二，为存在心理情绪问题的农村祖辈"替代父母"提供认知调节、情绪疏导等辅导，协助他们缓解心理问题的困扰；

第三，协助农村祖辈"替代父母"适应角色转变，积极适应老年生活。

能力提升服务。农村祖辈"替代父母"由于年龄偏大，科学文化素养普遍偏低，对医疗、养老、孙辈教育、社会新事物新技术等普遍缺乏相关知识认知，普遍落后于时代，社会组织可以广泛开展增能服务。

第一，评估农村祖辈"替代父母"兴趣爱好及其他能力提升的需求情况；

第二，宣讲、传授隔代教育的科学理念、科学方法，改善留守老人的隔代教育能力，如教育理念、亲子沟通技巧等；

第三，开展健康教育，提升农村祖辈"替代父母"的隔代照顾技巧，如营养搭配技巧、疾病照顾技巧等；

第四、开展其他主题的学习培训活动，如文化传统、互联网使用、智能手机使用等主题活动，帮助农村祖辈"替代父母"掌握现代人际沟通、交流的新技术手段。

三、倡导自助、互助、他助，完善家庭功能、增强邻里支持

家庭教育是一个人最早接受的教育，育儿方式主要包括亲代抚育、隔代抚育、日托、课前课后托管等。应优化家庭结构，完善家庭功能，学会分工合作，创设良好家庭环境。

家庭是一个社会最基本的单元，是一个人最重要的支持系统。在中国社会中，家庭往往提供着一种类似"福利"的功能，为家庭成员提供照护、养老、救助等具有福利服务，比如情感支持、相互照护、家庭养老、相互帮扶。但是，自新中国成立至今，我国家庭的"福利"功能经历了"弱化——强化——弱化"的过程。在我国改革开放前，"单位"与"集体"在社会福利中地位显著，而家庭的福利功能弱化甚至缺失。改革开放后，随着单位、集体的解体和重构，家庭的福利功能一度又被强化，把原来由"单位"和"集体"为家庭提供的福利保障，转由家庭自己来承担，比如家庭养老成为了农村的主要养老模式。国家的福利功能相对降低了。但是此间实施的以"一孩"为核心的人口政策，对家庭传统价值观、结构与功能带来了巨大冲击，在很大程度上削弱了家庭原本所承载的福利功能。进入 21 世纪以来，随着经济的转型，社会变迁明显，家庭养育成本大增，核心家庭小型化，不婚、不孕人员及家庭增多，家庭的福利功能日渐式微。随着当前我国家庭规模的日渐小型化，农村隔代教育家庭祖辈"替代父母"能够获得的家庭福利支持也日显弱化。因此，为农村隔代教育家庭祖辈"替代父母"重新构建起完善的家庭结构、功能，可以对他们的隔代教育提供最直接的支持。

祖辈、父辈、孙辈共同商议，充分尊重各方意见，遵循自愿原则和量力而行原则，共同对子女隔代教育的可行性、合理的教育方式进行探讨。充分尊重各自意见，不强迫，工商共决的交流机制应当始终畅通。

父辈增强自身责任意识，不要把对孩子的教育、抚养责任完全交给祖辈"替代父母"。可以采取多种形式比如电话、网络视频、书信、假期共处等与留守

子女进行情感交流、实时教育纠偏；在教育内容上，强调学业关注和心理健康关注同等重要，确保顺利健康成长。

父辈、祖辈协调配合，充分发挥祖辈"替代父母"的优势。父辈应肯定和支持祖辈"替代父母"的辛勤付出，主动教育孙辈尊老、敬老；对祖辈教育观念、教育方法予以合理疏导而非批判，扬长避短，尽量克服隔代教育的负面效应。

充分利用家族、宗亲的力量，发挥"延伸家庭"的作用，为农村祖辈"替代父母"提供坚实可靠的"亲情助力"。目前我国农村的祖辈"替代父母"大多属于"60后"和"50后"，这几代人很少是独生子女，基本都有自己的亲兄弟姐妹、堂兄弟姐妹、表兄弟姐妹，往往都生活在一个大家族之中。中国特别是农村是一个特别注重"人情世故"的社会，家族、宗亲帮扶成为农村居民社会支持的最重要来源。在父辈外出务工无法回家期间，父辈可以向留在农村的家族宗亲人员"打个招呼"，请求他们在祖辈"替代父母"遇到困难时，比如农作物抢种抢收、罹患疾病、孙辈临时照护等时给予适当的帮扶。当然，祖辈"替代父母"也可以基于亲情而直接请求他们予以帮助。从而为自己争取到最有力的支持力量。

中国农村社会是一个典型的"人情社会"，看重"人情往来、互相帮衬"，普遍认同"远亲不如近邻"。因此，农村隔代养育家庭的祖辈、父辈甚至孙辈都要尽力去维持良好和广泛的邻里朋友关系，农村社区也要帮助他们构建起和谐的邻里朋友关系。这样，在遇到困难而父辈却不在身边的情况下，邻里、朋友才会自愿向祖辈"替代父母"及时伸出援助之手，为他们提供实际支持，帮助他们及时有效地解决实际困难。

总之，随着我国工业化、城镇化的发展，农村隔代养育已成为一种普遍的"合作教育"现象，农村祖辈"替代父母"在其中发挥着不可替代的作用。现在已进入信息时代，我国发生了巨大的社会变迁，社会环境日益复杂，留守儿童青少年面临多元文化、不同价值观念的影响和冲击，他们的健康成长，需要政府、学校、社区、社会组织这些正式社会支持力量与家庭、家族、邻里、朋友等非正式支持力量的共同努力和参与，并进而建立一个相互依托、优势互补的社会支持体系，才能顺利实现。隔代教育的实际成效深受他们所获的"社会支持"

的广度和深度的影响，在中国农村目前的现状下，只有利用一切可以利用的社会支持因素，各方面形成合力，才能有效地为农村隔代养育家庭祖辈"替代父母"提供真正的、适宜的帮助，进而才能切实地提升农村隔代教育的成效，解决两亿农民工的"心头之痛"。

参考文献

REFERENCES

[1] 曾毅. 中国人口分析 [M]. 北京 : 北京大学出版社 , 2004.

[2] 郭志刚. 中国人口发展与家庭户的变迁 [M]. 北京 : 中国人民大学出版社 , 1995:109.

[3] 孙丽燕.20 世纪末中国家庭结构及其社会功能的变迁 [J]. 西北人口 , 2004(5):13-16.

[4] 曾毅 , 李伟 , 梁志武. 中国家庭结构的现状、区域差异及变动趋势 [J]. 中国人口科学 , 1992, (2):1-12.

[5] 潘允康. 社会变迁中的家庭 : 家庭社会学 [M]. 天津 : 天津社会科学院出版社 , 2002.

[6] 韩云霞. 新型的隔代教育模式初探 [J]. 中国家庭教育 , 2004(3):19-24.

[7] 张光博. 社会学词典 [M]. 北京 : 人民出版社 , 1989, 1:95.

[8] 李亚妮. 隔代抚养下的亲子关系分析 [J]. 学理论 , 2010(9):53-54.

[9] 李赐平. 当前隔代教育问题探析 [J]. 淮北煤炭师范学院学报 : 社会科学版 , 2004, 25(4):137-139.

[10] 卢乐珍. 四种隔代教育类型的对比分析 [J]. 家庭教育 , 2004(10B):9-11.

[11] 郑杨. 对中国城乡家庭隔代抚育问题的探讨 [J]. 学术交流 , 2008(9):124-126.

[12] 赵梅 , 邓世英 , 郑日昌 , 等. 从祖父母到代理双亲 : 当代西方关于祖父母角色的研究综述 [J]. 心理发展与教育 , 2004(4):94-96.

[13] 李妍 . 隔代教养问题的社会工作视角分析 [J]. 井冈山学院学报 ,2008,7:121-122.

[14] 李梦圆 . 提升隔代抚养中祖辈幸福感的小组工作介入 [D]. 吉林 : 长春工业大学 , 2017.

[15] 马特・G.M. 范德普尔 . 个人支持网概述 [J]. 国外社会科学 ,1994(7):4.

[16] 郑杭生 . 转型中的中国社会和中国社会的转型 : 中国社会主义现代化进程的社会学研究 [M]. 北京 : 首都师范大学出版社 , 1996.

[17] 陈成文 , 喻名峰 . 论社会保障与社会支持 [J]. 长沙理工大学学报 , 2000(1):71-77.

[18] 兀琼杰 . 社会工作介入农村留守老人社会支持研究 [D]. 江西 : 井冈山大学 , 2017.

[19] 张义祯 . 农村老年妇女社会支持状况实证研究——以福建省为例 [J]. 中共福建省委党校学报 , 2010(8):71-78.

[20] 朱婷 . 我国老年人社会支持研究综述 [J]. 法制与社会 , 2010(19):192-193.

[21] 卫焕焕 , 李婷 , 姜月 , 等 . 我国老年人社会支持的研究进展 [J]. 护理研究 , 2016(10):1161-1162.

[22] 王云飞 , 高源 . 论农村社会结构变迁与农村留守家庭的社会支持 [J]. 求实 , 2015(6):84-90.

[23] 张友琴 . 老年人社会支持网的城乡比较研究——厦门市个案研究 . 社会学研究 . 2001（4）.

[24] 程翔宇 . 近 5 年国内隔代教养对儿童社会适应性发展的影响的研究综述 [J]. 金田 , 2013(6):355,343.

[25] 郎佩 . 行为主义理论介入隔代教养之效果研究 [D]. 陕西 : 西北大学 ,2015.

[26] 孔海娥 . 二度母亲 : 社会转型期农村留守老年妇女抚育角色的变化——以湖北省浠水县 L 村为例 [J]. 华中农业大学学报 : 社会科学版 , 2012(3):66-72.

[27] 赵静 . 当前中国农村家庭结构现状调查研究 [J]. 经济研究导刊 , 2010(3):42-43.

[28] 杨菊华，何炤华.社会转型过程中家庭的变迁与延续[J].人口研究，2014(2):36-51.

[29] 李婧.当前城市家庭隔代抚育现象的研究——以合肥为例[D].南京：南京航空航天大学,2011.

[30] 黄国桂，杜鹏，陈功.隔代照料对于中国老年人健康的影响探析[J].人口与发展，2016, 22(6):93-100.

[31] 李洪曾.幼儿的祖辈主要教养人与隔代教育的研究[J].学前教育研究，2005(6):28-30.

[32] 李超，罗润东.老龄化、隔代抚育与农村劳动力迁移——基于微观家庭决策视角的研究[J].经济社会体制比较，2017(2):135-146.

[33] 刘靖.对隔代抚养家庭儿童亲子关系的社会工作实务研究[D].吉林：吉林大学，2014.

[34] 张宝莹，韩布新.隔代教养老年人心理健康状况及影响因素研究[J].中国全科医学，2016, 19(7):835-841.

[35] 张田，傅宏.隔代抚养关系中老年人的心理状态[J].中国老年学杂志，2017, 37(4):970-972.

[36] 王全胜.农村留守老人问题初探[J].学习论坛，2007(1):73-75.

[37] 李树苗，王欢.家庭变迁、家庭政策演进与中国家庭政策构建[J].人口与经济，2016(6):1-9.

[38] 王萍.男性角色失调下的农村留守家庭功能缺失现象——基于社会角色理论[J].改革与开放，2011(8):134, 136.

[39] 唐灿.中国城乡社会家庭结构与功能的变迁[J].浙江学刊，2005(2):201-208.

[40] 张琦妍，李丹.国内外隔代抚养之痛与对策分析[J].外国中小学教育，2015(11):23-28.

[41] 贾亚娟.农村留守老年人口健康状况研究——以陕西农村为例[J].农业考古，2011,(3):204-206.

[42] 罗敏，姜倩，张菊英.农村留守老人健康状况的影响因素研究[J].四川大学

学报（医学版），2011, 42(3):409-412.

[43] 吕颖. 对农村隔代家庭的探讨——关注留守老人健康和留守儿童教育 [J]. 改革与开放，2012(4):141.

[44] GUO B, PICKARD J, HUANG J. A Cultural Perspectiveonthe Health Outcomes of Caregiving Grandparents[J]. Journal of Intergenerational Relationships，2008（5）.

[45] 李舜伟. 认知功能障碍的诊断与治疗 [J]. 中国神经精神疾病杂志，2006(2): 189-191.

[46] 葛国宏，陈传锋，陈丽丽，潘鑫，岑爱飞，丁轶男. 老年人孙辈依赖的现状、特点及其与心理健康的关系 [J]. 心理研究，2012, 5(4):58-62.

[47] 宋璐，李亮，李树茁. 照料孙子女对农村老年人认知功能的影响 [J]. 社会学研究，2013(6):215-237.

[48] 张田，傅宏. 隔代抚养关系中老年人心理状态的影响因素 [J]. 中国老年学杂志，2017,(20):5169-5170.

[49] 吴祁. 进城隔代抚养的祖辈生活满意度及其影响因素 [J]. 南通大学学报（社会科学版），2017(5):79-86.

[50] 董欢枢. 隔代养育对家庭关系的影响 [J]. 商，2015(51):66.

[51] 宋月萍. 精神赡养还是经济支持：外出务工子女养老行为对农村留守老人健康影响探析 [J]. 人口与发展，2014, 20(4):37-44.

[52] 孙奎立，时涛，范立军. 农村隔代留守家庭社会生态系统与社会工作介入探析 [J]. 社会福利（理论版），2013(3):22-24,59.

[53] 吴越. 社会工作服务农村留守家庭隔代教养研究 [D]. 江西：井冈山大学，2017.

[54] 余盼，熊峰. 农村隔代教育中祖辈角色适应分析 [J]. 湖北经济学院学报（人文社会科学版），2014(5):7-8,11.

[55] 徐盼盼. 重庆市农村隔代抚养家庭代际冲突研究 [J]. 法制与社会，2016(4):188-189.

[56] 陈锋.农村"代际剥削"的路径与机制 [J].华南农业大学学报 (社会科学版),
2014(2):54-63.

[57] 李全棉.农村劳动力外流背景下"隔代家庭"初探——基于江西省波阳县的
实地调查 [J].人口与发展, 2004(6):31-36.

[58] 宋璐, 李亮, 李树茁.老年人照料孙子女对农村家庭代际矛盾的影响研究 [J].
心理科学, 2016(5):1137-1143.

[59] 宋璐, 冯雪.隔代抚养 : 以祖父母为视角的分析框架 [J].陕西师范大学学报 :
哲学社会科学版, 2018(1):83-89.

[60] 张静.祖辈分析视角下隔代抚养的不利影响及对策研究 [J].法制与社会,
2018(12):132-133.

[61] Xie X,Xia Y.Grandparenting in Chinese Immigrant Families [J]. Marriage Family
Rev,2011, 47（6）: 383-396.

[62] [76] 梅鹏超.留守家庭隔代教养问题的社会工作探索——以昆明市 Q 社区
为例 [D].云南 : 云南大学,2014.

[63] 张云熙.农村老年人社会支持网的再造和延伸 : 云南藏区农村老年协会 [J].
改革与开放, 2015(6):63-65.

[64] 杜鹏, 丁志宏, 李全棉, 等.农村子女外出务工对留守老人的影响 [J].人口
研究, 2004, 28(6):44-52.

[65] 孙鹃娟.劳动力迁移过程中的农村留守老人照料问题研究 [J].人口学刊,
2006(4):16-20.

[66] 苏锦英, 王子伟.A Survey on the Current Situation of Rural Left-behind Old
People 农村地区留守老人基本状况调查 [J].医学与社会, 2009, 22(2):11-13.

[67] 叶敬忠, 贺聪志.农村劳动力外出务工对留守老人经济供养的影响研究 [J].
人口研究, 2009, 33(4):44-53.

[68] 贺聪志, 叶敬忠.农村劳动力外出务工对留守老人生活照料的影响研究 [J].
农业经济问题, 2010,(3):46-53.

[69] 卫焕焕, 李婷, 姜月, 康丽娜, 谢姣.我国老年人社会支持的研究进展 [J].

护理研究，2016, (10):1161-1162.

[70] 张友琴. 老年人社会支持网的城乡比较研究——厦门市个案研究 [J]. 社会学研究. 2001（4）.

[71] 李强. 中国外出农民工及其汇款之研究 [J]. 社会学研究，2001(4):67.

[72] 王传华. 农村老人赡养问题不容忽视 [N]. 法制日报,2001-1-20.

[73] 吴帆. 第二次人口转变背景下的中国家庭变迁及政策思考 [J]. 广东社会科学，2012(2):23-30.

[74] 胡湛，彭希哲. 家庭变迁背景下的中国家庭政策 [J]. 人口研究，2012(2):3-10.

[75] 韩央迪. 转型期中国的家庭变迁与家庭政策重构——基于上海的观察与反思 [J]. 江淮论坛，2014,(6):136-141.

[76] 黄俊辉，李放. 农村养老保障政策的绩效考察——基于 27 个省域的宏观数据 [J]. 人口学刊，2013(1):15-21.

[77] 张川川，John Giles，赵耀辉. 新型农村社会养老保险政策效果评估——收入、贫困、消费、主观福利和劳动供给 [J]. 经济学（季刊），2015(1):207-234.

[78] 王旭光. 新型农村养老保险政策提升农民消费水平了吗——来自 CFPS 数据的实证研究 [J]. 南方经济，2017(1):1-12.

[79] 贺寨平. 农村老年人社会支持网:何种人提供何种支持 [J]. 河海大学学报(哲学社会科学版),2006(3):9-12.

[80] 贺寨平. 社会经济地位,社会支持网与农村老年人身心状况 [J]. 中国社会科学，2002(3):135-148.

[81] 胡宓. 社会联系、社会支持与农村老年人情绪问题相关研究 [D]. 湖南:中南大学,2012.

[82] 韦艳，刘旭东，张艳平. 社会支持对农村老年女性孤独感的影响研究 [J]. 人口学刊，2010(4):41-47.

[83] Albrecht, R.1954.The parental responsibilities of grandparents. Marriage & Family Living, 16（3）:201-204.

[84] American Association of Retired Persons..Financial assistance for grandparent

caregivers: TANF.AARP Webplace.Retrieved February ,from http://www.aarp.org/confacts/money/tanf.html.

[85] Arpino, B., & Bordone, V..Does grandparenting pay off ? the effect of child care on grandparents' cognitive functioning. Journal of Marriage and Family, 76（2）:337-351.

[86] Binks, Pricilla, Grandmothers Providing Childcare in South Australia: A Study by the Young Women' s Christian Association of Adelaide 1989.

[87] Bruce, E.A.(2004).A parent' s rights under the Fourteenth Amendment: Does Kentucky' s de facto custodian statute violate due process? Kentucky Law Journal, 92: 529.

[88] Burnette, D., & Fei, S.().A comparative review of grandparent care of children in the u.s.and china. Ageing International, 38（1）:43-57.

[89] Cherlin, A.J., & Furstenberg, F.F.(1986).The new American grandparent: A place in the family, a life apart. New York: Basic Books.

[90] Cox, C.B.(Ed.). （2000）.To grandmother' s house we go and stay: Perspective on custodial grandparents. New York: Springer.

[91] Cox, C.(2014).Persoral and community empowerment for grandparent caregivers. Journal of Family Social Work, 17: 162-174.

[92] Dellmann−Jenkins, M., Blankemeyer, M., & Olesh, M.(2002).Adults in expanded grandparent roles: Considerations for practice, policy, and research. Educational Gerontology, 28: 219-235.

[93] Duquin, M., Mccrea, J., Fetterman, D., & Nash, S.(2004).A faith−based intergenerational health and wellness program for grandparents raising grandchildren. Journal of Intergenerational Relationships, 44:105-118.

[94] Erhle, G.M., & Day, H.D.().Adjustment and family functioning of grandmothers raising their grandchildren.Contemporary Family Therapy, 16: 67-82.

[95] Ehrle, J., & Geen, R.(2002).Kin and non−kin foster care: Findings from a national

study.Child and Youth Services Review, 24(1/2):15-35.

[96] Ellis, R.R., & Simmons, T.(2014).Coresident grandparents and their grandchildren: 2012.Retrieved from https://www.census.gov/content/dam/ Census/library/ publications/2014/demo/p20-576.pdf.

[97] Emick, M., & Hayslip, B.(1999).Custodial grandparenting: Stresses, coping skills, and relationships with grandchildren.International. Journal of Aging and Human Development, 48: 35-62.

[98] Fuller-Thomson, E., & Minkler, M.(2000).The mental and physical health of grandmothers who are raising their grandchildren. Journal of Mental Health and Aging, 6:311-323.

[99] Generations United.(2005).Public policy agenda for the 109th Congress. Washington, DC: Author.Retrieved July 26, 2006, from http://ipath.gu.org/ documents/A0/109th_PPA.

[100] Giarrusso, R. Silverstein, M., & Feng, D.（2000）.Psychological costs and benefits of raising grandchildren: Evidence from a national survey of grandparents. In C.Cox (Ed.), To grandmother's house we go and stay: Perspectives on custodial grandparents (pp71-90). New York: Springer.

[101] Grundy, E.M., Albala, C., Allen, E., Dangour, A.D., Elbourne, D., & Uauy, R..（2012）.Grandparenting and psychosocial health among older chileans: a longitudinal analysis. Aging & Mental Health, 16（8）: 1047-1057.

[102] Hall, J.C.（2007）.Kinship ties: Attachment relationships that promote resilience in African American adult children of alcoholics.Advances in Social Work,8, 130-140.Retrieved from other://journals.iupui.edu/index.php/advancesinsocialwork/ article/view/136.

[103] Hank, K., & Buber, I.（2007）.Grandparents caring for their grandchildren: findings from the survey of health, ageing, and retirement in europe. Journal of Family Issues,30（1）: 53-73.

[104] Hayslip, B., & Kaminski, P.（2005）.Grandparents raising their grandchildren: A review of the literature and suggestions for practice.The Gerontologist, 45: 262-269.

[105] Izquierdo, A., Miranda, J., Bromley, E., Sherbourne, C., Ryan, G., & Kennedy, D., et al.（2015）.Grandparenting experiences among adults with a history of depression: a mixed-methods study.General Hospital Psychiatry, 37(2):185-191.

[106] Jenkins, B..（2010）.Grandparent childcare in Australia: a literature review.(report). Elder L.rev.

[107] Keene,J.R..（2010）.Under one roof: a review of research on intergenerational coresidence and multigenerational households in the united states.Sociology Compass, 4（8）:642-657.

[108] Kelley, S.J., Whitley, D.M., & Sipe, T.A.(2007).Results of an interdisciplinary intervention to improve the psychosocial well-being and physical functioning of African American grandmothers raising grandchildren. Journal of Intergenerational Relationships, 5:45-64.

[109] Kicklighter, J.R., Whitley, D.M., Kelley, S.J., Shipskie, S.M., Taube, J.L., & Berry, R.C.（2007）.Grandparents raising grandchildren: A response to a nutrition and physical activity intervention. Journal of the American Dietetic Association,107 :1210-1213.

[110] Kolomer, & Stacey, R..（2009）.Grandparent categories health and management of prescription medication. Journal of Intergenerational Relationships, 7（2-3）:243-258.

[111] Kuhlthau, K., & Mason, K.O..（1996）.Market child care versus care by relatives: choices made by employed and misemployed mothers. Journal of Family Issues, 17（4）: 561-578.

[112] Leder, S., Grinstead, L.N., & Torres, E.（2007）.Grandparents raising grandchildren: Stressors, social support, and health outcomes. Journal of Family

Nursing,109 : 352-361.

[113] Letiecq, B.L., Bailey, S.J., & Porterfield, F.. （2008）."we have no rights, we get no help": the legal and policy dilemmas facing grandparent caregivers. Journal of Family Issues, 29（8）: 995-1012.

[114] Letiecq, B.L., Bailey, S.J., & Kurtz, M.A..（2008）.Depression among rural native american and european american grandparents rearing their grandchildren. Journal of Family Issues, 29（8）: 995-1012.

[115] Livingston, G.（2013）.At grandmother's house we stay.Washington, DC: Pew Research Center Social & Demographic Trends.Retrieved from http:// www.pewsocialtrends.org/2013/09/04/at-grandmothers-house-we-stay.

[116] Loree, A.M., Beliciu, D., & Ondersma, S.J.(2014).KinCareTech: Interactive, internet-based software to support kinship caregivers. Journal of Family Social Work, 17: 154-161.

[117] Mann, R..（2007）.Out of the shadows？grandfatherlyod, age and masculinities. Journal of Aging Studies, 21（4）: 281-291.

[118] McCallion, P., Janicki, M.P., & Kolomer, S.R.(2004).Controlled evaluation of support groups for grandparent caregivers of children with developmental disabilities and delays.American. Journal on Mental Retardation, 109:352-361.

[119] Mills, T.L., Wakeman, M.A., & FEA, C.B.(2001).Adult grandchildren's perceptions of emotional closeness and consensus with their maternal and paternal grandparents. Journal of Family Issues, 22（4）: 427-455.

[120] Minkler, M., & Fuller-Thomson, E.（1999）.The health of grandparents raising grandchildren: Results of a national study.American. Journal of Public Health,93:1384-1389.

[121] Miranne, K.B., & Young, A.H.（2002.）Teen mothers and welfare reform: Challenging the boundaries of risk. Journal of Family and Economic Issues,23: 361-379.

[122] Monserud, M.A.. （2008）.Intergenerational relationships and affectual solidarity between grandparents and young adults. Journal of Marriage and Family, 70（1）:182-195.

[123] Musil, C. （2000）.Health of grandmothers as caregivers: A −month followup. Journal of Women and Aging,12 :129-145.

[124] Musil, C., Schrader, S., & Mutikani, J. （2000）.Social support stress and the special coping tasks of grandmother caregivers.In C.Cox (Ed.), To grandmother's house we go and stay: Perspectives on custodial grandparents (pp56-70). New York: Springer.

[125] Park, E.H.. （2018）.For grandparents' sake: the relationship between grandparenting involvement and psychological well−being.Ageing International，6:1-24.

[126] Park, H.H., & Greenberg, J.S. （2007）.Parenting grandchildren.In J.Blackburn & C.Dulmus (Eds.), Handbook of gerontology: Evidence−based approaches to theory, practice, and policy (pp397-425), Hoboken, NJ: John Wiley.

[127] Pruchno, R.A., & Johnson, K.W. （1996）.Research on grandparenting: review of current studies and future needs.

[128] Roberto, K.A., Allen, K.R., & Blieszner, R..(2001).Grandfathers' perceptions and expectations of relationships with their adult grandchildren. Journal of Family Issues, 22(4):407-426.

[129] Scannapieco, M., & Jackson, S. （1996）.Kinship care: The African American response to family preservation.Social Work, , −.doi:10.1093/sw/41.2.190.

[130] Silverstein, M., Conroy, S.J., Wang, H., Giarrusso, R., & Bengtson, V.L..（2002）. Reciprocity in parent−child relations over the adult life course.The Journals of Gerontology Series B: Psychological Sciences and Social Sciences, S7（1）: S3-S13.

[131] Silverstein, M., Giarrusso, R., & Bengtson, V. （2003）.Grandparents and

grandchildren in family systems.A socio-developmental perspective.In V.Bengtson & A.Lowenstein (Eds.), Global aging and challenges to families (pp75-102). New York: Aldine de Gruyter.

[132] Smith, C.J., & Beitranm, A.（2000）.The role of federal policies in supporting grandparents raising grandchildren families. Journal of Intergenerational Relationships, 1（2）:5-20.

[133] Somary, K., & Strieker, G..（1998）.Becoming a grandparent: a longitudinal study of expectations and early experiences as a function of sex and lineage.The Gerontologist, 38（1）:53-61.

[134] Strawbridge, W.J., Wallhagen, M.I., Shema, S.J., & Kaplan, G.A.1997.New burdens or more of the same？ Comparing grandparent, spouse, and adult-child caregivers.The Gerontologist,37 :505-510.

[135] Sumo, Jen'nea, Wilbur, J.E., Julion, W., Buchholz, S., & Schoeny, M..（2017）. Interventions to improve grandparent caregivers' mental and physical health: an integrative review.Western Journal of Nursing Research,019394591770537.

[136] Taylor, P., Kochhar, R., D'Vera Cohn Jeffrey, S., Passel Velasco, G., Motel, S., & Patten, E.（2011）.Fighting poverty in a tough economy, Americans move in with their relatives.Washington, DC: Pew Research Center Social & Demographic Trends.

[137] Whitley, D.M., White, K.R., Kelley, S.J., & Yorke, B.（1999）.Strengths-based was management: the application to grandparents raising grandchildren. Families in Society,80 :110-119.

[138] Yi, F.Y..（1994）.Piecing together child care with multiple arrangements: crazy quilt or preferred pattern for employed parents of presentol children？ Journal of Marriage and Family, 56（3）:669-680.

[139] Zauszniewski, J.A., Musil, C.M., Burant, C.J., & Au, T.(a).Respeacefulness training for grandmothers: Preliminary evidence of effectiveness.Research in

Nursing & Health, 37: 42-52.

[140] 沈原，社会转型与工人阶级的再形成 [J]. 社会学研究，2006:2.

[141] 叶敬忠，王伊欢，张克云，陆继霞. 父母外出务工对农村留守儿童学习的影响 [J]. 农村经济，2006:7.

[142] 任焰，张莎莎. 儿童劳动与家庭再生产：一个粤西农村的经验研究 [J]. 开放时代，2015: 6.

[143] 任焰，潘毅. 农民工劳动力再生产中的国家缺位 [J]. 中国社会科学内刊 2007:(4).

[144] 周鹏，隔代抚养的测量：现状、困境与改进 ——基于中国生育（率）研究的视角 [J] 南方人口，2019:1.

[145] 周鹏. 隔代抚育的支持者特征研究 [J]. 北京社会科学，2020:3.

[146] 吴培材. 照料孙子女对城乡中老年人身心健康的影响——基于 CHARLS 数据的实证研究 [J]. 中国农村观察，2018 (4) .

[147] 孙鹃娟，张航空. 中国老年人照顾孙子女的状况及影响因素分析 [J]. 人口与经济，2013 (4) .

[148] 车茂娟. 中国家庭养育关系中的 "逆反哺模式" [J]. 人口学刊，1990 (4) .

[149] 王伟同，陈琳. 隔代抚养与中老年人生活质量 [J]. 经济学动态，2019:10.

[150] 郭瑜，孙瑞敏. 隔代抚育与寄宿学校：当代农村劳动力再生产 [J]. 社会政策研究，2018:2.

[151] 宋璐，李树茁，李亮. 提供孙子女照料对农村老年人心理健康的影响研究 [J]. 人口与发展，2008:3.

[152] 陶然，周敏慧. 父母外出务工与农村留守儿童学习成绩——基于安徽、江西两省调查实证分析的新发现与政策含义 [J]. 管理世界，2012:8.

[153] 段成荣，梁宏. 关于流动儿童义务教育问题的调查研究 [J]. 人口与经济，2005:1.

[154] 曲帅，王国辉，陈洋. 参与隔代抚养老年人的精神成本研究——基于 CGSS2015 年中国综合社会调查数据 [J]. 黑龙江社会科学，2019:6.

[155] 李超，罗润东．老龄化、隔代抚育与农村劳动力迁移——基于微观家庭决策视角的研究 [J]．经济社会体制比较，2017:2.

[156] 许琪．父母外出对农村留守儿童学习成绩的影响 [J]．青年研究，2018:6.

[157] 林宏．福建省"留守孩"教育现状的调查 [J]．福建师范大学学报（哲学社会科学版），2003:3.

[158] 唐有财，符平．亲子分离对留守儿童的影响——基于亲子分离具体化的实证研究 [J]．人口学刊，2011:5.

[159] 叶仁荪,曾国华．国外亲属抚养与我国农村留守儿童问题[J]．农业经济问题，2006:11.

[160] 蒋平．农村留守儿童家庭教育基本缺失的问题及对策 [J]．理论观察，2005(4):79～81.

[161] 李宝峰，农村留守子女的心理健康问题及其干预[J]．教育探索，2005(5):82～83.

[162] 耿羽．农村"啃老"现象及其内在逻辑——基于河南Y村的考察[J]．中国青年研究，2010.

[163] 陈锋．农村"代际剥削"的路径与机制[J]．华南农业大学学报(社会科学版)，2014.

[164] Chen F, Liu G, Mair C A. Inter-generational Ties in Context: Grandparents Caring for Grandchildren in China [J]. Social Forces，(2)．

[165] Burnette D，Sun J，Sun F. A Comparative Review of Grandparent Care of Children in the U. S. and China[J]. Ageing International，2013 (1) .

[166] Cynthia Andrews Scarcella , Jennifer Ehrle, and Rob Geen.2003dentifying and Addressing the Needs of Children in Grandparent Care.The Urban Institute Series B,No.B-55.

[167] 江川．对隔代抚养的思考 [J]．老年人,2005 (4):55-56.

[168] 周宏霞．农村隔代抚养对留守儿童成长的影响[J]．科协论坛，2012,(2):187-188.

[169] 黄小娜,吴静,彭安娜.农村留守儿童——社会不可忽视的弱势人群 [J]. 医学与社会 ,2005(2):85-86.

[170] 叶敬忠.父母外出务工对留守儿童情感生活的影响 [J]. 农业经济问题, 2006,(4):77-78.

[171] 赵振国.隔代抚养对幼儿情绪调节策略发展影响的城乡差异研究 [J]. 心理研究, 2012,(4):6.

[172] 黄广文,杜其云,刘智显.监护人员对农村 3~7 岁留守儿童情绪行为问题影响分析 [J]. 中华儿科杂志, 2010,(5):390-395.

[173] 周宗奎,孙晓军.农村留守儿童心理发展与教育问题[J].北京师范大学学报, 2005,(1):71-79.

[174] 古吉慧 ,吴定初 .Grandparents Upbringing in Mainland China: The Status and of Research[J].Cross−Cultural Communication,2012(3).

[175] 余盼 ,熊锋 .农村隔代养育中祖辈角色适应分析 [J]. 湖北经济学院学报 ,2014,(5):7-9.

[176] Roe Kathleen M, Minkler Meredith. Grandparents Raising Grandchildren: Challenges And Responses[J]. Generations,1999.

[177] 布迪厄 华康德 .李猛 ,李康译 . 实践与反思——反思社会学导引 [M]. 北京 : 中央编译出版社 ,2013.

[178] Dannison L,Smith A.B.& Tammy V.H.,When "grandma" is "mum" :what today's teachers need to know, Childhood Education1998.

[179] Joseph Esherick,Mary Rankin.Chinese Local Elites and Patterns of Dominance. Berkeley:University of California Press1990.

[180] Mary L Blackburm,American's grandchildren living in grandparent households, Journal of Family and Consumer Sciences2000.

[181] Robert Hymes.Statesmen and Gentlemen: The Elite of Fu−chou, Chiang−hsi, in Northern and Southern Sung.London:Cambridge University Press1986.

[182] Vincent Mosco,The Political Economy of Communication. Thousand Oaks,

CA: Sage,2009.

[183] 曹成章 . 傣族农奴制和宗教婚姻 [M]. 北京：中国社会科学出版社，1986.

[184] 陈柏峰，郭俊霞 . 农民生活及其价值世界——皖北李圩村查 [M]. 济南：山东人民出版社，2009.

[185] 陈崇山，孙五三 . 媒介人现代化 [M]. 北京：中国社会科学出版社，1997.

[186] 杜赞奇 . 文化、权力与国家——1900—1942 年的华北农村 [M]. 王福明 , 译 . 南京：江苏人民出版社，1996.

[187] 段飞艳 . 近十年国内外隔代教养研究综述 [M]. 上海：上海教育科研，2012:4.

[188] 费孝通 . 乡土中国生育制度 [M]. 北京：北京大学出版社，1998.

[189] 费孝通 . 江村经济——中国农民的生活 [M]. 北京：商务印书馆，2005.

[190] 郭建斌 . 媒介仪式中的家国重构与游离——基于中国西南一个少数民族村庄田野调查的讨论 [J]. 开放时代，2012:5.

[191] 郭建斌 . 电视下乡：社会转型期大众传媒与少数民族社区——独龙江个案的民族志阐释 [D]. 上海：复旦大学博士学位论文，2003.

[192] 贺寨平 . 国外社会支持网研究综述 [J]. 北京：国外社会科学，2001:1.

[193] [英] 霍布斯鲍姆等 . 传统的发明 [M]. 顾杭，等，译 . 南京：译林出版社,2004.

[194] 景军 . 神堂记忆——一个中国乡村的历史、权力与道德 [M]. 吴飞，译 . 福州：福建教育出版社,2013.

[195] 李强 . 社会支持与个体心理健康 [M]. 天津：天津社会科学，1998:1.

[196] 刘建明 . 宣传舆论学大辞典 [M]. 北京：经济日报出版社，1993.

[197] [加] 马歇尔·麦克卢汉 . 媒体通论：人体的延伸 [M]. 何道宽，译 . 成都：四川人民出版社，1992.

[198] 倪赤丹 . 社会支持理论——社会工作研究的新"范式" [J]. 广州：广东工业大学学报，2013:3.

[199] 丘海雄，陈建民，任焰 . 社会支持结构的转变：从一元到多元 [J]. 北京：社会学研究，1998:4.

[200] 裘正义 . 世界宣传史 [M]. 福州：福建人民出版社，1993.

[201] 陶云逵. 车里摆夷之生命环 [M]. 北京：三联书店，2017.

[202] 吴静. 论微信对中国家庭权利关系的重构 [J]. 北京：现代传播，2018:3.

[203] 西尔维亚·克拉文. 社会阶层和社会趋势对祖父母角色的影响 [J]. 家庭协调者，1978:27.

[204] 杨海龙，楚燕洁. 社会资本与 "互构" 的社会支持 [J]. 西安：理论导刊，2007:7.

[205] 中国科学院民族研究所云南民族调查组，云南省民族历史研究所. 伕族简史简志合编.

[206] 王欢. 社会工作介入家庭隔代教育服务模式探析——基于北京市 X 社会组织隔代教育项目实务 [D].2014.

[207] 陈艺玲. 浅谈隔代教育的利弊及对策 [J]. 科技视界 (22 期):143-143.

[208] 薛静华，欧阳文珍. 隔代养育利弊的心理学分析 [J]. 当代教育论坛 (学科教育研究)，2008(2):62-63.

[209] 齐红艳. 隔代养育的家庭教育利弊分析 [J]. 儿童大世界 (上半月)，2017，(4):20-22.

[210] 周荣. 浅析隔代教育在创建学习型家庭中的利与弊 [J]. 教师，2014，(34):127-127.

[211] 旭东英，红西. 当前隔代教育存在的问题、归因及对策 [J]. 西藏科技，2011，(12):8-9.

[212] 胡家祥. 马斯洛需要层次论的多维解读 [J]. 哲学研究，2015(8):104-108.

[213] 宁玉梅. 人在情境中：生态系统理论和增权理论的比较 [J]. 学理论，2013，(25):130-131.

[214] 阿尔伯特·班杜拉，Albert Bandura，班杜拉，等. 社会学习理论 [M]. 北京：中国人民大学出版社，2015.

[215] 章晓. 中国传统文化对我国社会工作价值观的影响 [J]. 华章，2011(14).

[216] 李迎生. 社会工作概论 [M]. 北京：中国人民大学出版社，2010.

[217] 王殿禄. 在服务中践行社会工作的价值理念 [J]. 松州学刊，2012，(4):42-43.

[218] 黄鹏飞.浅谈中国农村家庭教育的缺失与应对[J].教师,2015(19):112-112.

[219] 梁次红,李飞.欠发达地区社会工作实践教学的资源整合——基于优势视角的分析[J].社会工作(下半月),2010(5):23-25.

[220] 张粉霞.中国社会工作的职业化与专业化[D].华东理工大学,2003.

[221] 乜琪.服务对象对社会工作的职业认同研究——对北京、上海两地服务对象的调查[J].新视野,2011,(1):79-81.

[222] 徐毅.欠发达地区社会工作人才队伍建设路向探索[J].社会工作,2009.

[223] 叶兴庆.新时代中国乡村振兴战略论纲[J].改革,2018,(1):65-73.

[224] 文军.在反思中前行：中国社会工作理论研究的回顾与展望[J].青年学报,2014,(4):23-27.

[225] 刁隆信.从西方哲学史看主体自身因素在认识过程中的作用[J].西南大学学报(社会科学版),2004,30(1):21-24.

[226] 杨娟.社会工作介入农村"隔代教育"的模式初探——基于湖北省南漳县S村的实证考察[J].湖北经济学院学报：人文社会科学版,2010(7):27-28.

[227] 马晓霞,张丽维.农村家庭隔代教育的问题分析[J].继续教育研究,2012(6):13.

[228] 林嘉主编.劳动法与社会保障法(第三版)[M].北京：中国人民大学出版社,2014.

[229] 王云飞.论农村社会结构变迁与农村留守家庭的社会支持.求实,2015(6).

[230] 熊洁.农村家庭隔代教育问题及解决策略——以湖北省Z市为例.华中农业大学硕士论文,2012年.

[231] 韩央迪.转型期中国的家庭变迁与家庭政策重构.江淮论坛,2014(6):138.

[232] 山西农业大学学报(社会科学版)第14卷(第12期)2015年.许嘉家,林姿谕,卢玟伶.我国隔代教养的现况及学校的因应策略——参以美国隔代教养方案.学校行政双月刊,2007(1).

后记

本书突破以往学术界对隔代养育现象主要关注未成年人成长问题的习惯性思维，聚焦我国农村隔代养育家庭祖辈"替代父母"问题，以较为敏锐的问题意识和关注特殊人群的研究取向，遵循问题－干预－反思的递进式的研究逻辑，在理论研究和实证研究层面阐释农村隔代养育祖辈"替代父母"实际状况和多样性发展趋向。本书侧重研究和揭示其间的祖辈角色作用、亲子关系、祖孙关系、代际沟通、以及物质生活、精神生活等方面的突出问题和矛盾，在此基础上，从家庭权威变迁的角度、提出隔代养育中的文化反哺和原有社会支持网络的调动的途径消解隔代养育困境。然后，鉴于我国隔代养育发展的多样性和阶段性，针对西南地区的少数民族社会，前瞻性地对早期阶段的隔代养育现状、特点和问题做系统研究观照，最后从社会工作行动研究层面，契合当前学界对本土化社会工作的关注，提出的隔代养育社会工作服务模式与其他传统的社会政策支持系统整合的实施路径和具体措施。

本书为国家社科基金项目《我国农村隔代养育家庭祖辈"替代父母"问题及其社会支持研究》（15BSH061）的研究成果。编写过程中，主编吴永波负责本书组织、统稿等工作；主编邓蓉负责本书框架策划、统筹。完成具体撰写工作如下：邓蓉、刘竹撰写第一章，胡慧、吴永波撰写第二章，吴永波撰写第三章；王璐撰写第四章；施曲海撰写第五章；毕瑜撰写第六章；游清富撰写第七章。

本书的撰写成稿，诚挚感谢重庆工商大学徐宪教授在选题、研究思路等方面提出了许多富有建设性的建议，感谢蒋婕（2014级社会学学生）为文献收集、整理和调查数据收集、统计做了大量的工作！感谢重庆市两江新区鸿杰社会工作服务中心为本书的社会工作行动研究提供的大力支持！感谢中国纺织出版社为本书出版付出的努力！一并感谢其他同志为本书付出的努力！